Frommer's®

MIAMI e as Keys dia a dia

Tradução da 1ª Edição

por Lesley Abravanel

ALTA BOOKS
EDITORA
Rio de Janeiro, 2012

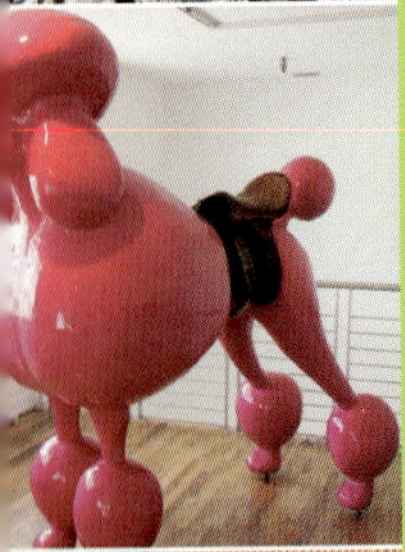

Sumário

ISBN: 978-85-7608-684-0

Produção Editorial
Editora Alta Books

Gerência Editorial
Anderson Vieira

Supervisão Gráfica e Editorial
Angel Cabeza

Supervisão de Qualidade Editorial
Sergio Luiz de Souza

Conselho de Qualidade Editorial
Adalberto Taconi
Anderson Vieira
Natália Gonçalves
Pedro Sá
Sergio Luiz de Souza

Equipe de Design
Bruna Serrano
Iuri Santos
Marco Aurélio Silva

Editoria Frommer's
Licia Oliveira
Rafael Surgek
Vinicius Damasceno

Equipe Editorial
Ana Lúcia Silva
Brenda Ramalho
Camila Werhahn
Claudia Braga
Cristiane Santos
Daniel Siqueira
Evellyn Pacheco
Jaciara Lima
Juliana de Paulo
Marcelo Vieira
Milena Souza
Paulo Camerino
Thiê Alves
Vanessa Gomes

Tradução
Cláudia Coelho

Copidesque e Revisão
Rafael Surgek

Diagramação
Joyce Matos

Marketing e Promoção
Daniel Schilklaper
marketing@altabooks.com.br

1ª edição, 2012

Dados Internacionais de Catalogação na Publicação (CIP)

A161f Abravanel, Lesley.
Frommer's Miami e as Keys dia a dia / por Lesley Abravanel. – Rio de Janeiro, RJ : Alta Books, 2012.
232 p. : il. ; 12x17 cm. + 1 mapa.
Inclui índice.
Acompanhado de um mapa destacável.
Tradução de: Frommer's Miami & the Keys Day by Day (1. ed.)
ISBN 978-85-7608-684-0

1 1. Miami (Flórida, Estados Unidos) - Viagens - Guias. I. Título.

CDU 910.4(759)
CDD 917.59381

Índice para catálogo sistemático:
1. Miami (Flórida, Estados Unidos) : Viagens : Guias 910.4(759)
(Bibliotecária responsável: Sabrina Leal Araujo – CRB 10/1507)

ALTA BOOKS
EDITORA

Rua Viúva Cláudio, 291 – Bairro Industrial do Jacaré
CEP: 20970-031 – Rio de Janeiro – Tels.: 21 3278-8069/8419 Fax: 21 3277-1253
www.altabooks.com.br – e-mail: altabooks@altabooks.com.br
www.facebook.com/altabooks – www.twitter.com/alta_books

Nota do Editor

Ajudá-lo a organizar seu tempo: este é o objetivo deste guia.

Outros guias apresentam uma longa lista de coisas para ver e fazer e esperam que você organize esse quebra-cabeça. Os guias Dia a Dia são diferentes, pois lhe apresentam o que há de melhor e dão dicas de como usufruir das atrações da forma mais inteligente possível, sem perda de tempo. Os autores planejam itinerários detalhados, organizados de acordo com o tempo destinado a cada passeio, a localização e o tipo de atração oferecida. Todos os roteiros sugeridos vêm acompanhados de um mapa que mostra onde cada um dos pontos de parada está situado.

Não importa o que você deseja: misturar-se às beldades de South Beach, jogar dominó com a velha geração de cubanos da Little Havana de Miami, fotografar os edifícios Art Déco, nadar com golfinhos nas águas azul-turquesa das Keys ou caminhar pelas trilhas do Bahia Honda State Park, este guia lhe mostrará a melhor forma de fazê-lo. Nós o levaremos não só aos melhores e mais famosos hotéis, restaurantes e atrações especiais, como também àqueles locais que apenas os moradores locais conhecem – "achados" que transformam um turista em viajante.

O Dia a Dia também é a melhor escolha se você estiver procurando um guia que se adapte às suas necessidades. As melhores opções de hotéis e restaurantes de acordo com o seu orçamento, as melhores lojas a preços acessíveis e o melhor da vida noturna – aqui você encontrará tudo isso.

E por que você deveria nos dar crédito? Simplesmente porque os autores dos guias visitaram todos os lugares que recomendam, são independentes e nunca incluiriam um local que não pudessem sugerir aos seus melhores amigos. Além disso, eles estão abertos às sugestões dos leitores. Caso deseje entrar em contato com eles, envie seus comentários para o e-mail feedback@frommers.com, e nós os encaminharemos para eles.

Aproveite seu Guia Dia a Dia – o melhor companheiro de viagem que o dinheiro pode comprar – e curta uma viagem inesquecível.

Atenciosamente,

Abraços calorosos,

Kelly Regan

Kelly Regan, editora responsável
Frommer's Travel Guides

Sobre a Autora

Lesley Abravanel é uma jornalista *freelancer* que mora em Miami. Quando não está explorando a Flórida em busca dos mais modernos hotéis, restaurantes e encantos da região, está à procura das celebridades que ali se encontram em férias, sobre as quais escreve em seu blog ***Scene in the Tropics,*** no ***Miami Herald,*** e em sua coluna de fofocas e entretenimento ***Velvet Underground,*** publicada a cada três semanas, também pelo ***Miami Herald.*** Ela é colaboradora do guia ***Time Out*** e dos mais famosos tabloides da região. Lesley é autora dos guias ***Frommer's Florida, Frommer's South Florida, Frommer's Portable Miami e Florida For Dummies.***

Agradecimentos

Agradeço a meu marido, meus pais, a Winston e Anuja, por terem me apoiado enquanto escrevia este guia.

Observação Adicional

Não se esqueça de que informações sobre viagens estão sempre sujeitas a alterações a qualquer momento – especialmente em relação aos preços. Sugerimos, portanto, que enquanto estiver planejando sua viagem, escreva ou ligue para os locais de seu interesse. Os autores, editores e a editora não se responsabilizam pelas experiências de viagem dos leitores. Não obstante, é importante para nós que você viaje com segurança, por isso, fique alerta e preste atenção ao que passa ao redor. Fique atento às câmeras fotográficas, bolsas e carteiras – alvos prediletos de assaltantes e batedores de carteira.

Classificação, ícones e abreviações

Todos os hotéis, restaurantes e atrações que aparecem neste guia foram classificados de acordo com sua qualidade, preços, serviços, ***amenities*** e características especiais através de um **sistema de escala de estrelas**. Hotéis, restaurantes, atrações, lojas e points noturnos estão classificados em uma escala que vai desde nenhuma estrela (local recomendado) até três estrelas (excepcional). Além do sistema de escala por estrelas, também se utiliza o ícone Crianças para indicar as melhores dicas para famílias com crianças. Para cada itinerário, recomendamos cafés, bares ou restaurantes onde se possa fazer uma pausa no passeio. Essas indicações aparecem em um pequeno box, marcado com um ícone em forma de xícara de café .

As seguintes **abreviações** identificam os principais cartões de crédito:

AE American Express
DC Diners Club
DISC Discover
MC MasterCard
V Visa

Frommers.com

As informações de viagens da Frommer's não se esgotam com este guia. O site da Frommer's, **www.frommers.com (em inglês),** contém informações para mais de 4.000 destinos. O site é atualizado regularmente, tornando possível o acesso a informações para planejar a viagem e os melhores preços em voos, acomodação e aluguel de carros. Também através do site é possível acessar podcasts, contatar usuários em fóruns on-line, compartilhar fotos de viagem, ler blogs de editores de guias de viagem, outros viajantes e muito mais. Para informações sobre os guias publicados no Brasil, acesse o site www.altabooks.com.br.

Breve Comentário sobre Preços

Nas seções "Nossas dicas" e nos boxes deste guia foi usado um sistema de classificação por cifrão, representando o preço do pernoite em quarto duplo em um hotel ou de um entrée do restaurante analisado, de acordo com a tabela abaixo.

Preços	Hotéis	Restaurantes
$	abaixo de $125	abaixo de $15
$$	$125-300	$15-30
$$$	$300-450	$30-45
$$$$	$450-600	$45-60
$$$$$	acima de $600	acima de $60

Como entrar em contato

Durante as pesquisas para a elaboração deste guia, descobrimos muitos lugares maravilhosos – hotéis, restaurantes, lojas e outras atrações. Temos certeza de que você encontrará mais. Conte-nos sobre suas experiências, pois desta forma poderemos compartilhá-las com outros viajantes em nossas próximas publicações e, caso não fique satisfeito com alguma de nossas indicações, não deixe de nos informar. Se você desejar entrar em contato conosco, escreva para:

Estados Unidos: Frommer's Miami & the Keys Day by Day, 1st Edition
Wiley Publishing, Inc. – 111 River St. – Hoboken, NJ 07030-5774

Brasil: Frommer's Miami e as Keys Dia a Dia, Tradução da 1ª Edição
Editora Alta Books www.altabooks.com.br
Rua Viúva Cláudio, 291, Bairro Industrial do Jacaré – Rio de Janeiro
Cep 20970-031, RJ

ARK CENTRAL HOTEL
Quinn's
Quinn's

16 Momentos **Incríveis**

16 Momentos Incríveis

Página anterior: A agitada vida noturna de Ocean Drive.

1. Dirigir pela Flórida A1A
2. Curtir a vida noturna de South Beach
3. Passear de aerobarco pelos arredores de Everglades
4. Jantar no Big Fish
5. Visitar os Jardins e o Museu Vizcaya
6. Assistir a concertos ao luar no Barnacle State Historic Site
7. Fazer a boquinha da madrugada no Versailles
8. Observar os cruzeiros que partem de South Pointe Park
9. Almoçar no News Cafe
10. Drinques no The Setai ao pôr do sol
11. Apreciar a paisagem de Bill Baggs Cape Florida State Recreation Area
12. Dar uma de Flipper no Dolphin Research Center
13. Admirar as belas propriedades de Palm Beach
14. Passear de barco pelo Intracoastal Waterway
15. Aprender salsa no Bongos Cuban Café
16. Explorar a vida noturna do Design District

Miami é uma cidade onde os paparazzi acampam durante dias atrás de fatos e fotos marcantes; onde antigos presidentes beliscam caranguejos enquanto popstars curtem até o amanhecer; onde a Velha Cuba encontra o século XXI ao som de *techno;* onde você pode fazer tudo ou nada – e isso é apenas um aperitivo do mundo surreal e felliniano que existe aqui.

A A1A cruzando Miami no sentido norte.

1 Dirigir pela Florida A1A. Esta rodovia estadual à beira mar cruza Miami Beach em direção ao norte e representa a essência do sul da Flórida. A A1A é uma das estradas mais trafegadas do estado e você encontrará, ao longo do caminho, hotéis Art Déco ***kitsch*** que parecem ter parado no tempo, em contraste com modernos arranha-céus de milhões de dólares. Em Miami, você poderá pegar a A1A na esquina da Ocean Drive com First Street, continuar em frente pela Collins Avenue, antes de seguir na direção norte. A estrada passa por Sunny Isles, Hollywood antes de chegar a Fort Lauderdale.

2 Curtir a vida noturna de South Beach. Há inúmeras boates e bares onde você pode curtir a noite de Miami. No SET e no Mokai – famosos como Justin Timberlake, Scarlett Johansson, Tom Cruise, Paris Hilton e Sting se misturam à animada multidão de baladeiros, tanto estrangeiros quanto locais. Esses são apenas dois exemplos dos melhores points do momento, que também incluem o Skybar, o Prive, o Mansion, o Opium, The Setai e The Forge. *Ver p. 89.*

3 Passear de aerobarco pelos arredores de Everglades. Intocada por *jet skis*, barcos de passeio e biquínis fluorescentes, a parte mais remota da Flórida é uma exuberante área pantanosa. A melhor forma de explorá-la é fazendo um demorado passeio de canoa, que lhe permite conhecer bem a região – ou, se preferir, um aerobarco, que o levará por um rápido passeio pelos campos de grama de cerrado, além de lhe oferecer a oportunidade de um contato mais próximo e divertido com as espécies que habitam este paraíso, como jacarés, peixes-boi, guaxinins e panteras da Flórida. *Ver p.138.*

Fila na entrada do LIV, uma balada de Miami.

Explore o Everglades em um aerobarco.

4 Jantar no Big Fish. Alguns consideram jantar à beira do Rio Miami um programa chique, outros, decadente (bem no estilo *Miami Vice*). Não importa qual será sua conclusão, não deixe de experimentar este programa. O tranquilo Rio Miami, contrastando com a silhueta dos edifícios do centro da cidade, nos lembra de que, apesar de estarmos em uma metrópole, certos pontos dessa cidade frenética são capazes de desacelerar para um ritmo mais relaxante. *Ver p. 74.*

5 Visitar os Jardins e o Museu Vizcaya. Construída em 1916, esta mansão em estilo renascentista italiano possui 34 cômodos decorados com antiguidades, peças de arte, tapeçarias, quatro hectares de jardins com estátuas e fontes, um orquidário e oferece uma fantástica vista de Key Biscayne. *Ver p. 68.*

Uma das estátuas do Jardim Vizcaya.

6 Concertos ao luar no Barnacle State Historic Site. Uma vez por mês, na noite de lua cheia ou próxima a ela (exceto em julho e agosto), o Barnacle State Historic Site promove um concerto nos fundos de sua sede, uma charmosa casa térrea na Coconut Grove, construída em 1908 sobre uma propriedade de dois hectares próxima ao mar. Traga sua cesta de piquenique e usufrua o espetáculo neste maravilhoso cenário por apenas $5. *Ver p. 22,* 9.

7 Fazer a boquinha da madrugada no Versailles. Neste inusitado e extravagante café restaurante cubano, no centro de Little Havana de Miami, ouve-se o burburinho de cubanos idosos rememorando a era pré-Castro, políticos tentando acalmá-los e vários outros frequentadores sem nenhum interesse partidário que lá se encontram apenas pelos autênticos e modestos preços cubanos. Muito parecido com sua contraparte parisiense, o Versailles reproduz a imagem do palácio francês, e oferece uma esplêndida vista da parte cubana de Miami, que está em constante mudança. *Ver p. 88.*

8 Observar os cruzeiros que partem de South Pointe Park. A não ser que esteja a bordo, você só terá a melhor vista dos enormes navios de cruzeiro que partem do Porto de Miami se estiver no South Pointe Park. Se você observar por bastante tempo, sentirá como se você mesmo estivesse em movimento, o que é quase tão divertido quanto estar em um navio.

9 Almoçar no News Cafe. A experiência quintessencial de South Beach, almoçar no News Cafe é mais do que uma aventura gastronômica, é uma diversão para os espectadores. Sua localização privilegiada em uma calçada da Ocean Drive, permite que você veja a "parada" dos excêntricos e coloridos pedestres. *Ver p. 84.*

10 Drinques no The Setai ao pôr do sol. Pode ser que o mais luxuoso e caro hotel de Miami não caiba no bolso de todos, mas os coquetéis de sexta à noite cabem – e você não pode perdê--los. *Ver p. 125.*

11 Apreciar a vista do Bill Baggs Cape Florida State Recreation Area. Até que tenha tenha visitado o extremo sul de Key Biscayne, você ainda não conheceu o verdadeiro sul da Flórida. Seja pelo mar turquesa ou por Stiltsville – um conjunto de sete casas não habitadas, construídas em 1930, que se erguem sobre palafitas no Biscayne Channel – talvez seja necessário um pouco de "persuasão" para fazer você ir embora. *Ver p. 69.*

Versailles é uma boa escolha, a qualquer hora do dia ou da noite.

12 Dar uma de Flipper no Dolphin Research Center. Aprenda como tocar os golfinhos, como comunicar-se, nadar e brincar com eles no Dolphin Research Center, em Marathon Key. Esta é uma instituição sem fins lucrativos que abriga um total de 15 golfinhos. *Ver p. 150.*

Cais do Porto de Miami para grandes navios de cruzeiro.

News Cafe: o melhor local para observar as pessoas passeando por Ocean Drive.

13 Admirar as belas propriedades de Palm Beach. O playground de inverno dos ricos e famosos, Palm Beach é ladeada por mansões magníficas, que vão deixá-lo de queixo caído. Apesar de muitas delas estarem ocultas por trás de cercas vivas, siga pela estrada South County Road em direção ao sul, a partir da Brazilian Avenue, onde você verá algumas das casas mais luxuosas já construídas. *Ver p. 134.*

14 Passear de barco pelo Intracoastal Waterway. Este canal que liga as baías, lagoas e rios da costa leste da Flórida tem início na divisa da Flórida e Geórgia, terminando no porto de Miami. Um passeio pelo Intracoastal de Fort Lauderdale lhe propiciará uma fabulosa vista das mansões à beira mar, cujo valor chega a milhões de dólares.

15 Aprender salsa no Bongos Cuban Café. Se a única salsa que você conhece é aquela que tempera o seu almoço, vá para o Bongos, o clube de salsa mais quente, ao norte de Little Havana, onde terá aulas com os melhores dançarinos de Miami. *Ver p. 97.*

16 Explorar a vida noturna do Design District. Após esperarem pacientemente que esta badalada área dedicada às artes se tornasse famosa, os baladeiros de Miami foram recompensados com bares, lounges e restaurantes descolados. *Ver p. 38.*

O Design District continua agitado mesmo após o pôr do sol.

1 Explorando **Miami**

Explorando Miami **em Um Dia**

Página anterior: Escultura do Amor e da Angústia, de Kenneth Treister, no Holocaust Memorial.

Caso você tenha apenas um dia para passar em Miami, concentre-se em South Beach, a queridinha da mídia, também conhecida como a Riviera Americana. South Beach é mais do que uma faixa de areia, oferecendo uma variedade de imagens dignas de serem fotografadas – de museus e modelos a cafés e celebridades. Aqui, você encontrará edifícios Art Déco históricos, cujo perfeito estado de conservação rivaliza com os corpos salgados, cheios de silicone e botox da maioria dos moradores da região. PONTO DE PARTIDA: **Art Deco Welcome Center.**

O puro e distinto estilo Art Déco do Colony Hotel.

1 ★★★ **Surpreenda-se com a supermodel original – o Art Deco District.** Consiga um áudio tour para andar pelo Art Deco District, na Ocean Drive, onde edifícios elegantes e lustrosos edifícios em tons pastéis e letreiros em neon estão preparados para os closes de sua câmera. *90 min. Passeie sem pressa, preferencialmente de manhã cedo ou no fim da tarde, para evitar multidões e calor.* ☎ *305/672-2014. www.mdpl.org. O tour custa $20 para adultos e $15 para idosos e crianças.*

2 **Versace Mansion.** A curiosidade mórbida tem levado multidões de turistas e moradores a visitar a antiga residência do falecido estilista Gianni Versace, na Ocean Drive (hoje, transformada em country club e resort frequentado pela nata da sociedade). Se você conseguir ignorar que o estilista foi assassinado nos degraus dessa esplêndida mansão, poderá observar a intricada arquitetura italiana, que faz com que ela se destaque em meio ao moderno Art Déco dos seus vizinhos. Construída na década de 1930, como réplica do palácio do filho de Cristóvão Colombo em Santo Domingo, na República Dominicana. A propriedade, batizada de Casa Casuarina (Casa dos Pinheiros), passou a se chamar Palácio Amsterdam em 1935, quando foi adquirida por George Amsterdam. A despeito dos rumores de que a mansão seria transformada em Museu Versace, ela foi comprada por um texano. A casa oferece tours ocasionalmente, portanto é importante informar-se com antecedência. No local há também um restaurante aberto ao público se você estiver com fome e disposto a gastar uma boa quantia por um lanche. *5 min – 2 h (caso deseje parar*

A piscina ornamentada da Versace Mansion.

para comer). 1114 Ocean Dr. ☎ *305/672-6604. Tours oferecidos por temporada. A entrada custa $65 por pessoa e inclui um mimosa[1*].*

3 Mate a sede no **News Cafe,** catalisador do *revival* da South Beach no final dos anos 80 e ponto de encontro da café society. **800 Ocean Drive.** ☎ **305/538-6397. $.**

4 **Lummus Park.** Esta *é* a South Beach. Atravessando as dunas e quadras de vôlei, você encontrará esta fantástica faixa de areia branca, com pessoas se bronzeando e postos coloridos de salva-vidas. Caso não esteja a fim de deitar sob um guarda-sol e relaxar, vá até a ciclovia para apreciar o cenário. *5 min. – 1 h. Ocean Dr., entre 5th e 14th sts.*

Postos coloridos de salva-vidas enfileiram-se no Lummus Park.

1 *N.C.: *Drinque à base de espumante e suco de laranja.*

5 ★★★ **Wolfsonian-FIU.** Este antigo armazém reformado, construído em 1927, transformou-se em um tesouro de peças Art Déco, que inclui uma antiga caixa de correio da *Grand Central Station* da cidade de Nova York, pôsteres de filmes cubanos da era pré-Castro e diversos exemplares de arte de propaganda. *1 h – 2 h. 1001 Washington Avenue (com 10th St.).* ☎ *305/531-1001. www.wolfsonian.org. $7. Aberto de seg. – qua. e sáb. – dom., de 12 h – 18 h. Qui. – sex., de 18 h – 21 h.*

6 Depois de matar sua fome de conhecimento, faça uma parada no **Dynamo**, o café do Wolfsonian. Aqui, você poderá saborear um panini em um ambiente digno de Fellini. *1001 Washington Ave.* ☎ *305/535-2680. $.*

7 ★ **Espanola Way.** A poucos quarteirões ao norte do Wolfsonian e do Art Deco District encontra-se a magnífica e um tanto turística *Espanola Way.* Uma vila do tamanho de um quarteirão, em estilo hispano-mediterrâneo, onde galerias de arte, boutiques, vendedores ambulantes e cafés preenchem as ruas. Um albergue para jovens foi montado em um prédio que abrigava a sede das casas de jogos

de Al Capone. Will Smith filmou um clipe em homenagem a Miami, a "Magic City", nessas ruas. *30 min. Na esquina da Washington Ave. com a 15th St.*

8 ★★ crianças **Lincoln Road Mall.** Por essa famosa "estrada" reservada para pedestres circulam muitos moradores – de bicicleta, patins, skate, ou simplesmente a pé. Projetada pelo renomado arquiteto Morris Lapidus, o Lincoln Road Mall possui uma grande variedade de cafés, boutiques, o imprescindível Starbucks (duas lojas até o momento), galerias de arte e cinemas. Apesar da maioria dos estabelecimentos serem grandes franquias, as pessoas que andam por aqui dificilmente podem ser classificadas como "comedores de enlatados". Passeie, faça compras e admire os cãezinhos mais bem cuidados da região. Caso você seja louco por doces, não deixe de ir a um dos lugares favoritos de Oprah Winfrey para bolos e tortas; o ***Ice Box Café***, na 1657 Michigan Ave. (☎ 305/538-8448). *1 h.*

9 ★★★ crianças **Holocaust Memorial.** A *Escultura do Amor e da Angústia*, de Kenneth Treister, mostra vítimas dos campos de concentração subindo em direção a uma enorme mão voltada para o céu como se ansiasse por ele, cujo pulso exibe um número tatuado de Auschwitz. A escultura encontra-se no centro de um espelho d'água, circundado por um corredor de blocos de mármore que conta a história do Holocausto. No interior do memorial, há uma série de estátuas e fotos, um dos mais solenes e emocionantes tributos aos milhões de judeus que perderam a vida durante o massacre. *1 h. 1933 Meridian Ave. (na altura do Dade Boulevard).* ☎ *305/538-1663. www.holocaustmmb.org. Entrada franca. Diariamente, de 9 h – 21 h.*

10 ★★★ crianças **Centro Cultural Collins Park.** O Collins Park Cultural Center compreende três edifícios localizados no Collins Park e Park Avenue (transversalmente à Collins Ave.), entre as 21 e 23rd sts. O recém expandido Bass Museum of Art, que

Pôsteres de filmes cubanos da era pré-Castro em exibição no Wolfsonian-FIU.

hoje abriga o Miami City Ballet e a biblioteca Miami Beach Regional Library, um edifício ultramoderno dedicado às artes. O Library Café está localizado no primeiro piso da biblioteca e oferece diferentes tipos de cafés e produtos de confeitaria. O Collins Park, onde ficava a Miami Beach Library, voltou a ser um espaço aberto que se estende para o Atlântico; entretanto, também abriga grandes esculturas e atividades culturais planejadas em conjunto com as organizações que dividem o espaço. *1 h – 3 h. 2121 Park Ave.* ☎ *305/673-7530. www.bassmuseum.org. Entrada: $8 adultos, $6 estudantes e idosos, entrada franca para crianças até 6 anos. Na segunda quinta-feira do mês, de 18 h – 21 h entrada franca para o público convencional. Aberto ter., qua., sex. e sáb., de 10 h – 17 h. Qui., de 10 h – 21 h e dom., de 11 h – 17 h.*

O Lincoln Road Mall é repleto de pessoas passeando com seus cãezinhos e admirando as vitrines.

Explorando Miami em Dois Dias

Durante seu segundo dia em Miami, faça um tour com Dr. Paul George, o melhor guia turístico da cidade e conheça as pessoas, os lugares e os eventos que moldaram a reputação da cidade nos tabloides. Explore a cidade além das praias e dos Hiltons – Paris e a rede de hotéis da família – vá para a água em um magnífico passeio de barco e finalize voltando à praia, dessa vez na Key Biscayne. PONTO DE PARTIDA: **Historical Museum. 101 W. Flagler St.**

1 ★★★ Passeios Históricos com Dr. Paul George. Dr. George, professor de história da Miami-Dade Community College e historiador do Historical Museum of Southern California, organiza diversos passeios aos turistas. O "Mystery, Mayhem, and Vice Crime Bus Tour", explora os mais famosos crimes e criminosos de Miami-Dade, de 1800 até o presente, e inclui visitas a locais onde a série de televisão *Miami Vice* dos anos 80 foi rodada. Os tours concentram-se em Little Havana, Brickell Avenue, Key Biscayne ou locais como os cemitérios da cidade e o Rio Miami. Também são oferecidos roteiros de turismo eco-histórico feitos de ônibus, caminhadas ou tours de bicicleta. Os debates prolongados podem ser um pouco entediantes para aqueles que pretendem apenas dar uma olhada; mas Dr. George com certeza sabe do que está falando. *3 h. 101 West Flagler St. ☎ 305/375-1621. www.hmsf.org/programs-adult.htm. Preços variam entre $5 e $44.*

2 ★ Miami-Dade Cultural Center. Projetado por Phillip Johnson, o Miami-Dade Cultural Center, é um complexo de estilo mediterrâneo que abriga a biblioteca Miami-Dade Public Library e os Historical Museum of Southern Florida e Miami Art Museum. Caso você não deseje passar um dia ensolarado em um ambiente fechado, passeie pelo esplêndido pátio do centro cultural e observe os artistas independentes e a linha do horizonte. *30 min. 101 W. Flagler St (com NW Ave.) ☎ 305/375-1700.*

3 Heritage II Topsail Schooner. Este relaxante passeio a bordo do único grande veleiro de Miami é uma maneira divertida de conhecer a cidade. Essa é a única companhia de turismo que oferece passeios em escuna, em vez de em barcos de cruzeiro. O tour, de aproximadamente duas horas de duração, passa pela Villa Vizcaya, por Coconut Grove e Key Biscayne, oferecendo uma vista do horizonte espetacular de Miami e das casas construídas na ilha de Key Biscayne. *2 h. Bayside Marketplace,*

Exposição no Miami-Dade Cultural Center.

O tour do Heritage II é o único do seu tipo dentro da cidade.

401 Biscayne Boulevard. ☎ *305/442-9697. www.heritageschooner.com. Passeios com duração de duas horas são oferecidos diariamente às 13 h 30 min e às 16 h. $20 adultos e $15 crianças. Passeios noturnos com duração de uma hora às 18 h 30 min e 20 h, diariamente. $15 adultos e $10 crianças.*

4 crianças **Bayside Marketplace.** Típico ponto turístico? Sim, mas Bayside proporciona algumas das melhores vistas da cidade, com suas lojas dispersas, restaurantes, complexos de entretenimento, além de bandas de salsa tocando à beira mar, é o lugar ideal. A despeito do que dizem os locais, Bayside Marketplace, ainda é, para o bem ou para o mal, a verdadeira Miami. *30 min. 401 Biscayne Boulevard.* ☎ *305/577-3344. www.baysidemarketplace.com. Aberto de seg. – qui., de 10 h – 22 h (sex até as 23 h). Dom., de 11 h – 21 h.*

5 Big Fish, um dos locais mais pitorescos para almoçar em Miami, proporciona uma das vistas mais privilegiadas do movimentado Rio Miami, além de servir massas frescas e frutos do mar. As famosas happy hours do Big Fish o transformaram em um dos locais mais disputados para drinques ao pôr do sol. *55 SW Miami Ave. Rd.* ☎ *305/373-1770. www.thebigfishmiami.com. $$$.*

6 Freedom Tower. O local mais impressionante do congestionado trecho da Biscayne Boulevard no Downtown é a Freedom Tower, construída em 1925 e inspirada na Giralda Tower na Espanha. Anteriormente, sede dos extintos jornais *Miami Daily News* e *Metropolis*, a Freedom Tower foi vendida em 1957 para a Agência Independente de Serviços Administrativos do Governo Americano (*US General Services Administration*) que usou o edifício

Freedom Tower, cuja construção foi inspirada na Giralda Tower na Espanha.

para tratar dos pedidos de exílio de mais de 500.000 cubanos que fugiram da ilha quando Fidel tomou o poder. Considerada a Ellis Island da comunidade de exilados cubanos, a Freedom Tower de Miami foi desocupada ao longo dos anos (o governo deixou o edifício em 1974), apesar dos planos frustrados de transformá-la em um museu que refletisse seu significado histórico. Recentemente, o edifício foi doado à faculdade Miami-Dade College pela construtora Terra Group, para ser usado como museu, centro cultural e espaço para salas de aula – contanto que a faculdade permita a construção de um edifício de 62 andares atrás da torre. *5 min. 600 Biscayne Boulevard (com NE 6th St.). 305/237-7700.*

7 ★★★ crianças **Bill Baggs Cape Florida State Recreation Area.** Na extremidade sul de Key Biscayne, a cerca de 20 minutos do centro da cidade, você pode explorar a natureza selvagem e apreciar as praias mais isoladas e tranquilas da cidade. Aqui, você encontrará um farol histórico, construído em 1825, o mais antigo do sul da Flórida. Ele sofreu avarias durante a Segunda Guerra Seminole em 1836 e novamente, durante a Guerra Civil em 1861, ficando inativo até ser restaurado em 1978 pela Guarda Costeira Americana. No local, há uma barraca onde se podem alugar bicicletas, bicicletas aquáticas, caiaques e outros aparatos para a prática de esportes aquáticos. Bill Baggs é um excelente lugar para piqueniques, mas não deixe que os guaxinins comam seu almoço – esses animaizinhos peludos de olhos pretos estão por toda a parte. Bill Baggs tem sido presença constante na lista das dez melhores praias dos Estados Unidos, em virtude de seus 2 km de larga faixa de areia e sua atmosfera tranquila e isolada. *2 h – 4 h. 1200 S. Crandon Boulevard. 305/361-5811. www.floridastateparks.org/capeflorida. $5 por carro com até oito passageiros, $3 por carro com apenas um passageiro, $1 para visitantes que estejam a pé ou de bicicleta. Aberta diariamente, de 8 h até o pôr do sol. Visitas ao farol podem ser feitas de qui. – seg., às 10 h e às 13 h. Chegue com 30 minutos de antecedência, pois as visitas são limitadas a dez participantes por tour. Pegue a estrada I-95 até a Rickenbacker Causeway e siga até o final dela.*

Dentro do parque Bill Baggs Cape Florida State Recreation Area você encontrará o **8** **Lighthouse Cafe** (305/361-8487; $), uma boa opção para um lanche rápido. Para fazer uma refeição rápida enquanto aprecia uma bela vista, experimente o **9** **Boater's Grill.** Localizado à beira mar, tem cerveja gelada, peixe frito e até mesmo perninhas de rã.

10 ★★★ crianças **Marjory Stoneman Douglas Biscayne Nature Center.** O centro, cujo nome é homenagem à escritora e defensora da preservação dos Everglades, está localizado em uma propriedade avaliada em $4 milhões. Aqui, você pode experimentar na prática a exploração marinha, trilhas pela vegetação da costa, passeios de bicicleta e caminhadas pela orla. Ambientalistas e historiadores da região lideram fascinantes passeios pelo habitat local. Ligue para reservar seu lugar em um tour ou programa regular de fim de semana. Lembre-se de calçar sapatos fechados e confortáveis para as trilhas pelos terrenos úmidos ou rochosos. *1 h – 3 h. 6767 Crandon Boulevard. 305/361-6767. www.biscaynenaturecenter.org. Passeios diários de 10 h – 16 h. O ingresso para entrada no parque custa $4 por pessoa e a entrada para o Nature Center é gratuita. Programas e passeios especiais custam $10 por pessoa. Ligue para obter informações sobre os programas de fim de semana. Para chegar ao parque pegue a rodovia I-95 até Rickenbacker Causeway (Exit 1), siga por essa via até o fim até chegar a Crandon Boulevard. O centro está localizado no lado leste de Crandon Boulevard (o lado do Oceano Atlântico) a cerca de 25 minutos do centro de Miami.*

11 crianças **Miami Seaquarium.** Caso você tenha visitado o SeaWorld de Orlando, talvez se decepcione com a versão de Miami – Ele é menor e não tão bem organizado. Mal pode ser considerado um "seaquarium", mas com certeza, você vai querer chegar cedo para curtir os *splashes*. Esse aquário, com cerca de 142.000 m², apresenta diariamente quatro shows, estrelados por uma variedade de mamíferos marinhos que adoram se exibir. Você pode diminuir o tempo dedicado a esse passeio se assistir apenas aos shows *Flipper* and *Killer Whale;* os melhores, ainda que considerados comuns. Durante o famoso *Dolphin Encounter*, os espectadores podem tocar os golfinhos e nadar com eles na *Flipper Lagoon*. Para participar desse show uma taxa extra será cobrada e é necessário fazer reserva. *3 h. 4400 Rickenbacker Causeway (lado sul), em direção a Key Biscayne. ☎ 305/361-5705. www.miamiseaquarium.com. $39,95 adultos, $29,95 crianças de três a nove anos, entrada franca para crianças até dois anos. Aberto diariamente, de 9 h 30 min – 18 h (horário de fechamento da bilheteria: 16 h). Estacionamento: $8.*

12 ★★★ crianças **Jimbo's.** Aqui você não encontrará guardanapos ou talheres ("Este é um lugar onde você come com as mãos"), mas aqui nessa cabana caindo aos pedaços tem o melhor peixe defumado (salmão ou agulhão) da cidade. O Jimbo's já foi um ponto de encontro de pescadores; hoje em dia, você verá pescadores de camarões, políticos e ratos de praia junto a cães de rua e galinhas (este não é um lugar para ir bem vestido – você, com certeza, irá se sujar – o banheiro é repugnante). Pegue uma cerveja de um dólar (só há cerveja, água e refrigerantes, mas você pode trazer sua própria bebida) no refrigerador e aprecie a vista da laguna onde foram filmadas as cenas de *Flipper*; e talvez até consiga ver um manatim ou dois. As outras cabanas vazias das redondezas foram cenários de filmes como *True Lies*. Há um campo de bocha no local e Jimbo, o proprietário, pode chamá-lo para uma rodada. *Rickenbacker Causeway (com Sewerline Road). ☎ 305/361-7026. O peixe defumado custa cerca de $2 por kg. Cartões de crédito não são aceitos. Aberto seg. – sex., de 6 h – 18 h 30 min, sáb. – dom., de 18 h – 19 h 30 min. Pegue a estrada principal no sentido sul,*

Assista a um show de golfinhos no Miami Seaquarium.

Um detalhe da ponte na Rickenbacker Causeway.

em direção a Key Biscayne, vire à esquerda logo após a MAST Academy (você verá uma placa indicando VIRGINIA KEY*); diga ao funcionário do pedágio que você está indo para o Jimbo's e ele lhe indicará o caminho.*

⑬ **The Rickenbacker Causeway.** Aproveite a oportunidade para tirar uma foto sobre a ponte que une o centro de Miami às duas primeiras Keys da Flórida – Virginia Key e Key Biscayne. *5 min.*

Miami: o Cenário Perfeito para Filmagens

Com seu clima quente, as belas construções e o maravilhoso pôr do sol Miami é o cenário perfeito para filmagens.

Desde os primeiros dias da indústria cinematográfica, a cidade teve um papel importante em alguns dos mais famosos clássicos do cinema americano, desde o primeiro filme dos Irmãos Marx, ***The Cocoanuts***, de 1929, a ***Cidadão Kane***, de 1941, que usou a espetacular costa sul da Flórida como cenário para o Xanadu de Kane, inspirado no Castelo Hearst. Com a evolução da indústria cinematográfica e a consequente complexidade das produções, Miami foi usada três vezes como cenário para filmes de um elegante personagem conhecido como Bond, James Bond – ***Dr. No, Viva e Deixe Morrer*** e ***007 Contra Goldfinger***. Várias produções cinematográficas de peso foram filmadas em Miami, incluindo ***Miami Vice***, ***True Lies***, ***Um Domingo Qualquer***, ***Quem Vai Ficar com Mary?***, ***Destinos Cruzados*** e ***Bad Boys II***. Recentemente, Jennifer Aniston e Owen Wilson filmaram ***Marley*** e ***Eu***, que arrancou lágrimas dos espectadores, e George Clooney rodou algumas cenas de ***Amor Sem Escalas***.

Explorando Miami **em Três Dias**

Durante seu terceiro dia em Miami, passeie por Coral Gables. Essa região, também chamada ***The City Beautiful***, foi criada no início dos anos 20 por George Merrick e ostenta fabulosas casas em estilo mediterrâneo e Marcos Históricos Nacionais, ao longo de suas exuberantes ruas arborizadas, que abrem-se para praças estonteantes, a maioria com fontes. Coral Gables também oferece estupendos pontos turísticos, restaurantes e shopping centers. **PONTO DE PARTIDA: Lowe Art Museum. 1301 Stanford Dr. na altura do Ponce de León Boulevard.**

1 ★★ **Lowe Art Museum.** Localizado no campus da Miami University, o museu possui uma deslumbrante coleção de 8.000 peças, incluindo quadros de pintores americanos, arte latino-americana, tapeçarias dos índios Navajo e Pueblo e arte barroca e renascentista. Também há exposições temporárias como pôsteres clássicos da Belle Epoque publicados na revista *Wine Spectator*. O Lowe é conhecido principalmente por sua coleção de antiguidades gregas e romanas; se comparado a museus mais voltados à arte moderna tais como o MOCA, o Bass e o Miami Art Museum, ele privilegia a arte europe ia e internacional de tempos clássicos. *1 h. University of Miami. 1301 Stanford Drive na altura do Ponce de León Boulevard. ☎ 305/284-3603. www.lowemuseum.org. Entrada: $10 adultos, $5 idosos e estudantes (é necessária a apresentação da carteira de estudante). O Donation day ocorre na primeira terça-feira do mês. Aberto ter., qua., sex. e sáb., de 10 h – 17 h, qui., de 12 h – 19 h e dom., de 12 – 17 h.*

2 **Havana Harry's,** um restaurante cubano casual, localizado no coração de Coral Gables; é um negócio de família e serve apetitosos pratos típicos feitos com banana da terra, *tostones e cortaditos. 4612 Lejeune Road. ☎ 305/661-2622. $.*

3 ★ **Village of Merrick Park.** Apesar do Miracle Mile ser o principal ponto de compras do centro de Coral Gables, o amplo e deslumbrante Village of Merrick Park, não é um shopping center comum. A meca das compras a céu aberto é enorme – um complexo de aproximadamente 79 km² – localizado entre o Ponce de León Boulevard e a LeJeune Road, próximo ao Miracle Mile; possui fontes, folhagens exuberantes e jardins espalhados por toda sua extensão. Aqui, você encontrará, lojas

Village of Merrick Park, um shopping a céu aberto.

Biltmore Hotel: o mais antigo de Coral Gables.

das grifes Nordstrom, Neiman Marcus, Armani, Gucci, Jimmy Choo, Yves St. Laurent, entre outros. *1 h. 358 San Lorenzo Avenue. 305/529-0200. www.villageofmerrickpark.com. Aberto de seg. – sáb., de 10 h – 21 h, dom., de 12 h – 18 h.*

4 ★★ **Biltmore Hotel.** O romântico glamour de tempos passados, combinado com a importância histórica do local, impregna o ambiente do Biltmore, tanto quanto o aroma dos caros perfumes usados por seus hóspedes. Construído em 1926, além de ser o mais antigo hotel de Coral Gables, é um Marco Histórico Nacional – um dos dois únicos hotéis em funcionamento na Flórida que receberam esse título. No centro desta fantástica propriedade em estilo espanhol, há uma réplica de 90 metros, revestida de cobre, do campanário Giralda da catedral de Sevilha, que pode ser vista de qualquer ponto de Coral Gables. A área de cerca de 2 km² da piscina de formas sinuosas agora tem uma infraestrutura completa: banheiros privativos, bar ao ar livre e restaurante. Aproveite o tour de 55 minutos gratuito pelo hotel, aos domingos. Caso não esteja ocupada, você terá a oportunidade de visitar a Everglades Suite, que hospedou gângsteres como Al Capone, dignitários, chefes de E stado e celebridades. *1 h. 1200 Anastasia Ave. 305/445-1926. www.biltmorehotel.com. Entrada franca. Passeios com guia oferecidos dom. às 13 h 30 min, 14 h 30 min e 15 h 30 min.*

5 **Coral Gables Congregational Church.** Essa igreja, réplica de uma igreja da Costa Rica revive o estilo mediterrâneo e é um excelente cenário para fotos. Sua construção foi terminada em 1924, e além das cerimônias religiosas lá realizadas ela é palco de famosos shows de jazz, música clássica, folk music e saraus com leituras de obras famosas. *10 min. 3010 DeSoto Boulevard, (com Anastasia Avenue). 305/448-7421.*

Coral Gables Congregational Church, construída nos moldes de uma Igreja costa-riquenha.

A Venetian Pool, aberta ao público.

6 ★★★ crianças **Venetian Pool.** A mais bela e incomum piscina de Miami, construída em 1924, está escondida por trás de paredes de estuque, pintadas em tons pastel, e foi agraciada com a entrada na lista do National Register of Historic Places (Registro Nacional de Locais Históricos). Poços artesianos alimentam essa piscina assimétrica, onde há pórticos de três andares em estilo espanhol, fontes e quedas d'água. A temperatura da água pode ser fria nos meses de inverno. Durante o verão, cerca de 32 mil litros de água são drenados e renovados todas as noites graças ao aquífero subterrâneo, que garante que você possa apreciar um banho de piscina limpo e refrescante. Aqui, os visitantes podem nadar e tomar sol, assim como Esther Williams e Johnny Weissmuler fizeram décadas atrás. *2 h. 2701 DeSoto Boulevard (com Toledo St.). ☎ 305/460-5356. www.coralgablesvenetianpool.com. Entrada: de novembro a março $5,50 adultos e adolescentes acima dos 13 anos, $3,50 crianças e adolescentes até 12 anos; de abril a outubro $10 adultos e adolescentes acima dos 13 anos, $6,75 adolescentes e crianças até 12 anos. As crianças devem ter no mínimo três anos (é necessária a apresentação de certidão de nascimento) ou medirem pelo menos 1 metro de altura para poder nadar na piscina. Aberta diariamente, de 11 h – 16 h 30 min, mas normalmente o horário de funcionamento se estende além de 16 h 30 min.*

7 **Miracle Mile.** Na realidade, esse shopping a céu aberto com apenas 800 metros de extensão, localizado no centro de Coral Gables, era parte do projeto de urbanismo de George Merrick. A princípio, ele cobria uma área delimitada pela Douglas Road e LeJeune Road (sentido leste-oeste) e Aragon Avenue e Andalusia Avenue (sentido norte-sul). Em dezembro de 2007, ele foi ampliado e mais uma quadra foi acrescentada no sentido norte, até a Giralda Avenue. Atualmente, o shopping ainda é bem frequentado, especialmente devido a suas boutiques e restaurantes caros. Hoje em dia, novas cadeias de lojas estão chegando ao Mile, como Barnes & Noble, Old Navy e Starbucks. *30 min. ☎ 305/569-0311.*

8 **George's in the Grove** é um moderno bistrô francês, decorado com elegância, cuja clientela ainda mais elegante aprecia um bom champanhe. Os *entrées* vão de clássicos como *ratatouille* e filé com fritas até *tarte tatin* de manga, típica de Miami. A comida é boa, mas o ambiente é ainda melhor. Conforme a noite adentra, a música fica mais alta e a festa começa. *3145 Commodore Plaza. ☎ 305/444-7878. $.*

9 ★★★ crianças **Barnacle State Historic Site.** A antiga casa do arquiteto naval e colonizador Ralph Middleton Munroe hoje é um museu no coração de Coconut Grove. A mais antiga casa de Miami ainda possui suas fundações originais e está localizada em um terreno de cerca de 20 mil m², cercada de vegetação natural, com uma floresta natural de árvores produtoras de madeira e jardins planejados. Os arredores tranquilos, as amplas varandas e o mobiliário de época mostram como os primeiros *snowbirds*[2*] de Miami viviam antes da febre de condomínios e hotéis luxuosos. Os entusiasmados e bem instruídos funcionários do local oferecem várias informações históricas. O local também tem sessões de ioga durante o entardecer às quartas-feiras, de 18 h às 19 h 30 min, e concertos a luz do luar, uma vez por mês (sinta-se à vontade para trazer sua cesta de piquenique). *1 h. 3485 Main Hwy. (uma quadra ao sul de Commodore Plaza). ☎ 305/442-9445. $1. Concertos $5, entrada franca para crianças até 5 anos. Aberto de sex. – seg., de 9 h – 16 h. Tours de sex. – seg. às 10 h, 11 h 30 min, 13 h e 14 h 30 min. Partindo do Downtown, pegue a rodovia U.S. 1 em direção ao sul até 27th Ave., vire á esquerda e siga até S. Bayshore Dr., vire à direita, siga até o cruzamento com Main Hwy. e vire à esquerda.*

10 **Coconut Grove.** Nos psicodélicos anos 60, Coconut Grove era o ponto de encontro de hippies. Os moradores vestiam-se com roupas tingidas e esvoaçantes, mas atualmente preferem usar as cores padronizadas da Gap. Cadeias de lojas, restaurantes temáticos, cinemas enormes e a infinidade de bares transformaram Coconut Grove em um sucesso comercial; entretanto, essa transformação (além da presença dos hotéis Ritz-Carlton Coconut Grove e Mayfair), levou a maior parte do pessoal alternativo a deixar o local. O cruzamento da Grand Avenue, Main Highway e McFarlane Road é o coração dessa região. E exatamente no centro desse local encontra-se CocoWalk, repleta de boutiques, restaurantes e bares. As calçadas estão sempre lotadas, especialmente à noite, quando os estudantes da Miami University saem para "brincar". *2 h.*

O Barnacle State Historic Site tem sessões de ioga nas noites de quarta-feira.

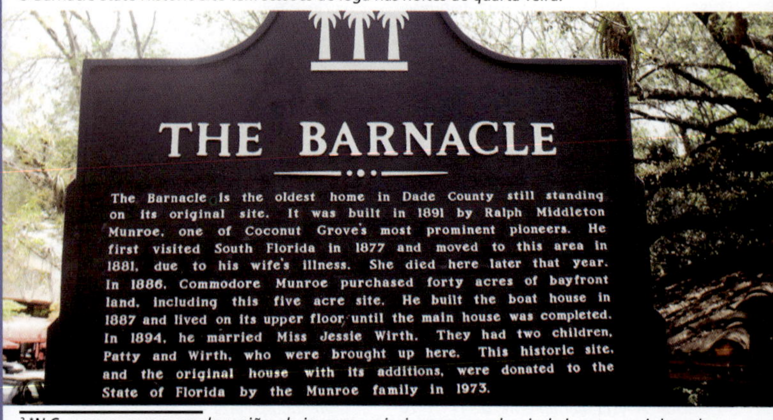

[2] *N.C.: pessoas que saem de regiões de inverno mais rigoroso para locais de inverno mais brando.*

Exposições interativas no Miami Science Museum.

11 crianças **Miami Science Museum.** A ciência é fascinante, sim, mas é ainda mais fascinante no Wildlife Center do Miami Science Museum, onde você encontrará mais de 175 répteis e aves de rapina em exibição. Há ainda mais de 140 exposições interativas, nas quais você pode explorar os mistérios do universo. Apresentações de animais vivo e coleções de raros espécimes da história natural naturais transformam a visita a esse museu instrutiva e divertida.

1 h. 3280 S. Miami Ave. (ao sul da Rickenbacker Causeway). ☎ 305/646-4200. www.miamisci.org. Entrada: $18 adultos, $ 16 idosos e estudantes, $13 crianças de 3 a 12 anos, entrada franca para crianças até dois anos. Aberto diariamente de 10 h – 18 h, ligue para obter informações sobre os horários das apresentações (a última é realizada às 16 h nos dias de semana e às 17 h nos fins de semana).

Escavando Miami

Durante uma investigação de rotina na foz do Rio Miami, em setembro de 2008, arqueólogos descobriram uma estrutura circular no leito de rocha firme com 11 metros de diâmetro, marcas dos pontos cardeais, além de um tubarão de 1,5 metro de comprimento e dois machados de pedra. Tal fato sugere que esse círculo era usado durante alguma cerimônia dos primeiros habitantes de Miami – os índios Tequesta. Testes de carbono confirmaram que o círculo tem cerca de 2000 anos. A grande maioria dos estudiosos acredita que ele seja a fundação de alguma estrutura circular, talvez o local de reunião do conselho ou a casa do chefe da tribo. Aqueles que buscam preservar a herança cultural local formaram uma organização chamada *Save The Miami Circle*, a fim de garantir que as grandes construtoras não destruam o círculo para para fins imobiliários. Até o momento, ele está intacto, apesar de circundado por maquinário usado na construção de mega condomínios. Para mais informações acesse *www.miamicircle.org*.

Excursão pela Herança Hispânica

Para aqueles que desejam mergulhar na rica cultura latino-americana presente em Miami, a excursão da ***Herencia Hispana Tour*** é a mais indicada. Suba no ônibus e aprecie alguns locais tipicamente latinos como Flagler St., no centro de Miami, a imperdível casa de Elián González, o Domino Park e o Tower Theater de Little Havana, entre outros. Este não é um simples tour, pois inclui dois guias experientes, que apesar de caretas, conseguem oferecer uma boa dose de humor à saga do jovem cubano Elián, um episódio que algumas pessoas não consideram tão divertido. As excursões partem do Steven Park Government Center, 111 NW 1st St., às 9 h, 9 h 30 min e 10 h todos os sábados durante o mês de outubro. ☎ 305/770-3131. *www.co.miami-dade.fl.us/transit/hispanicher.asp*. As excursões são gratuitas (em inglês ou espanhol, mas é necessário que você especifique qual o idioma de sua preferência e faça sua reserva com antecedência).

⓬ ★★★ crianças **Vizcaya Museum and Gardens**. Algumas vezes denominado o "Castelo Hearst do Leste", essa exuberante ***villa*** foi construída em 1916 como refúgio de inverno de James Deering, cofundador e antigo vice-presidente do International Harvester. James era um industrial fascinado pela arte e arquitetura do século XVI e foram necessários 1.000 artesãos e cinco anos para construir sua ornamentada mansão, a qual se transformou em uma homenagem a esse período. A mansão possui uma grande variedade de relíquias europeias e peças de arte datadas do século XVI ao século XIX. Grande parte do mobiliário original, além de louças e quadros, continua intacta. Uma visita gratuita com um guia aos aposentos mobiliados do primeiro andar dura cerca de 45 minutos. O segundo andar, no qual há basicamente dormitórios, é também aberto à visitação por conta própria. No centro da ***villa*** há um átrio e jardins ornamentados, com estátuas, balaustradas e belas urnas, com vista para uma enorme faixa da Biscayne Bay. 🕘 *2 h – 3 h. 3251 S. Miami Ave. (ao sul da Rickenbacker Causeway.* ☎ *305/250-9133. www.vizcayamuseum.com. $15 adultos, $10 idosos, $6 crianças de 6 a 12 anos, gratuita para crianças até 5 anos. Visitas diárias à villa de 9 h 30 min – 17 h (a bilheteria fecha às 16 h 30 min), visitas diárias aos jardins de 9 h 30 min – 17 h 30 min.*

⓭ **O Garcia's Seafood Grill and Fish,** localizado às margens do Rio Miami, tem um cardápio simples mas delicioso, que inclui peixe fresco e um ambiente rústico, que vão afastá-lo da atmosfera repleta de luzes de neon da nova Miami e o levará de volta aos velhos tempos de alto mar. *398 NW N. River Dr.* ☎ *305/375-0765. $.* ●

2 Os Melhores Roteiros Temáticos

Do Art Déco ao MiMo

Página Anterior: Galeria Bertin-Toublanc.

A maior concentração de arquitetura Art Déco do mundo encontra-se em Miami Beach mas, na realidade, o local é muito mais do que somente edifícios em tom pastel, hotéis boutique projetados por Philippe Starck e a casa de repouso da vovó. Conheça também o MiMo (*Mid-Century Modern*), o estilo arquitetônico moderno de meados do século XX, chamado pelos moradores da cidade de Miami Modern, que reclamam o estilo para si. **PONTO DE PARTIDA: Ocean Drive com 6th Street em South Beach.**

1 Park Central. Criada em 1937, pelo arquiteto Henry Hohauser, esta obra-prima exibe em sua fachada altas colunas centrais e as famosas "sobrancelhas" sobre as janelas, típicas do Art Déco. *5 min. 630 Ocean Dr.*

2 Imperial. Localizado ao lado do Park Central e também projetado por Hohauser, seu destaque são as ornamentações circulares, inspiradas em escotilhas. *5 min. 650 Ocean Dr.*

3 Avalon. Este hotel é um dos mais puros exemplos do estilo Art Déco ***Streamline***, com linhas angulares, que exemplificam a influência cubista na arquitetura Art Déco. *5 min. 700 Ocean Dr.*

4 The Colony. Além de ser um dos mais famosos hotéis projetados por Hohauser, o Colony é também o mais fotografado da cidade em virtude de seu estilo Art Déco ***Streamline***, as janelas circulares inspiradas em escotilhas e o famoso letreiro que deu início à febre do neon em Ocean Drive. Não deixe de admirar a lareira construída em 1935, revestida de blocos de vitrolite verde no saguão do hotel. *5 min. 736 Ocean Dr.*

5 Waldorf Towers. Além das onipresentes "sobrancelhas" sobre as janelas, o Waldorf apresenta um farol decorativo, dando o título de design "náutico moderno" ao edifício. *5 min. 860 Ocean Dr.*

6 Breakwater Hotel. Este hotel Art Déco ***Streamline***, projetado por Anton Skislewicz, possui uma alta torre central, que lembra a chaminé de um navio, balaustradas que imitam as do convés de navios, além de apresentar um dos ***terrazzos***[1*] originais da Ocean Drive. *5 min. 940 Ocean Dr.*

7 The Carlyle. Pura essência do Art Déco de Miami Beach, este hotel exibe três mastros centrais, curvas laterais, além de ter sido um dos sets de filmagens de ***A Gaiola das Loucas***, de 1996, no qual Robin Williams liberta sua porção feminina como dono de uma boate gay. *5 min. 1250 Ocean Dr.*

8 The Cardozo. Hotel favorito de Barbara Capitman, o Cardozo é, atualmente, propriedade da ***pop star*** Gloria Estefan; seu Déco ***Streamline*** é gritante, com arestas elegantemente arredondadas e seu bar, com um estonteante piso ***terrazzo*** composto de pedra lascada e argamassa. Passeie pelo lobby tome um drinque ou faça uma

Lareira do The Colony, de 1935, revestida de blocos de vitrolite.

*1 *N.C.: Piso composto de vários tipos de minerais.*

A cafeteria Hoffman's, atualmente conhecida como Jerry's Famous Deli, oferece sanduíches e outras delícias.

"boquinha" no Oriente, o restaurante cubano-asiático de Gloria Estefan. 🕘 *5 min. 1300 Ocean Dr.*

9 Hoffman's Cafeteria Building. Projetado por Hohauser, em 1939, possui uma torre central que divide a atenção com as "asas de anjo" do edifício (laterais em "V" iluminadas). Hoje em dia, a Hoffman's é conhecida como Jerry's Famous Deli, mas talvez seja ainda mais conhecida como o saudoso *Warsaw*, uma boate gay que recebeu personalidades como Madonna e Calvin Klein nos dias do renascimento de South Beach, no início dos anos de 1990. 🕘 *5 min – 1 h. 1450 Collins Ave.*

O Carlyle, que, junto com Robin Williams, estrelou A Gaiola das Loucas.

10 Marlin. No passado, um dos mais badalados hotéis de South Beach, hoje o Marlin é famoso em virtude de seu projeto arquitetônico – uma obra-prima de L. Murray Dixon construída em 1939 e inspirada nas coloridas séries de ficção científica da época. 🕘 *5 min. 1200 Collins Ave.*

11 Essex House Hotel. Outra obra-prima de Hohauser, que ostenta janelas em forma de escotilhas e uma torre central de neon em forma de chaminé. 🕘 *5 min. 1200 Collins Ave.*

12 Ideal para um rango rápido, o retrô **11th Street Diner** preserva sua estrutura original (de 1948), tem suas raízes na cidade de Wilkes-Barre, Pensilvânia, e foi reconstruído no coração do Art Deco District. *1065 Washington Ave.* ☎ *305/534-6373. $.*

13 Miami Beach Post Office. Construído em 1939, o prédio do correio é um clássico exemplo do *Déco Federal.* Suas características mais marcantes são a fachada minimalista e a clássica

MiMo

Inspirado na Bauhaus e em Frank Lloyd Wright, o MiMo é a antítese do Art Déco, por seu estilo austero e linhas retas. Entretanto, Miami criou uma versão mais extravagante, com motivos divertidos, linhas rebuscadas e detalhes espaciais anteriores aos Jetsons. Morris Lapidus foi o Don Corleone do MiMo, como se pode observar no hotel **Fontainebleau,** que apesar de recentemente reformado, preservou suas características originais. 4441 Collins Ave. com 44th Street. ☎ 305/538-2000. www.fontainebleau.com. Apesar do hotel ter-se rendido ao estilo moderno do século XXI, ele ainda preserva alguns dos detalhes criados por Lapidus, incluindo o piso e as famosas "escadas que dão em lugar nenhum". Ao lado do Fontainebleau, há outra obra-prima de Lapidus, o **Eden Roc,** 4525 Collins Ave. ☎ 305/531-000. www.boldnewedenroc.com. O hotel também foi reformado mas ainda é um fiel exemplo do glamour do MiMo da década de 1950 e do Rat Pack (Frank Sinatra e cia.). Para uma fabulosa vista dos melhores exemplos do MiMo, não deixe de fazer o **Miami Beach Architecture Cruise,** partindo da 65th Street e Indian Creek Drive. ☎ 305/865-4147. O passeio de 90 minutos em um catamarã de 32 pés custa $30. Sextas-feiras, às 17 h 30 min, no verão e às 16 h, no inverno.

rotunda central, e caso você espere na fila para comprar um selo, não esquecerá o teto "estelar" e seus belos detalhes em bronze, que darão um significado completamente alheio ao violento *going postal*[2**]. ⌚ *5 min (a não ser que precise de selos, pois nesse caso talvez tenha de perder o dia. 1300 Washington Ave.*

Art Deco Weekend

A Miami Design Preservation League (☎ 305/672-2014; www.mdpl.org) promove o anual **Art Deco Weekend**, em janeiro. O evento apresenta uma variedade de atrações, filmes, tours guiados, saraus de música, dança e teatro, automóveis clássicos e até mesmo um desfile. Ocean Drive, entre as 5th e 15th Streets.

A rotunda do Miami Beach Post Office.

---

*2**N.C.: Nos Estados Unidos go postal é uma gíria que significa "ficar furioso", muitas vezes com violência. Esta expressão é decorrente de uma série de incidentes ocorridos a partir de 1983, onde vários funcionários do Serviço Postal Norte-Americano balearam e mataram gerentes, companheiros de trabalho, policiais e civis em rompantes de fúria causados pelo trabalho.*

Little Havana

Little Havana, o centro da comunidade cubana em Miami e sua rota de transporte principal, SW 8th Street, ou Calle Ocho, é uma explosão cultural da Cuba pré e (para a esperança de muitos) pós-Castro. Aqui, você encontrará uma mescla da cultura cubana old e new-school, desde lojas de charuto e seus enroladores que remetem aos dias pacíficos de Havana, até lojas de músicas, restaurantes e outros estabelecimentos administrados pela geração mais jovem de cubano-americanos.
PONTO DE PARTIDA: Memorial Boulevard em SW 13th Avenue.

1 ★ Brigade 2506 Memorial. Na entrada do memorial, há uma chama eterna em memória dos que morreram durante a invasão da Baía dos Porcos, em Cuba. Não deixe de ver o mapa de Cuba, feito em bronze, e a estátua da Virgem Maria, reverenciada pela comunidade cubano-americana de maioria católica. *20 min. Memorial Boulevard com SW 13th Avenue.*

2 Botanica Negra Francisca. Não se assuste caso veja ossos de galinha sob uma grande árvore bem no centro da rua, pois isso é apenas uma oferenda sagrada dos adeptos da Santeria, uma seita originária do Caribe, que tem como base a cultura iorubá da África ocidental. Esta loja, ou botica, atende aos praticantes da seita, vende óleos, velas e oferece consultas espirituais feitas pelos praticantes locais. *20 min. 1323 SW 8th St com SW 13th St.* ☎ *305/860-9328.*

3 Los Piñarenos Frutería. Antes de aproveitar um jantar cubano completo no Versailles, você precisará de algo para forrar o estômago. Experimente um caldo de cana fresquinho nesta quitanda tradicional, que apresenta, além de um ambiente típico, diferentes tipos de

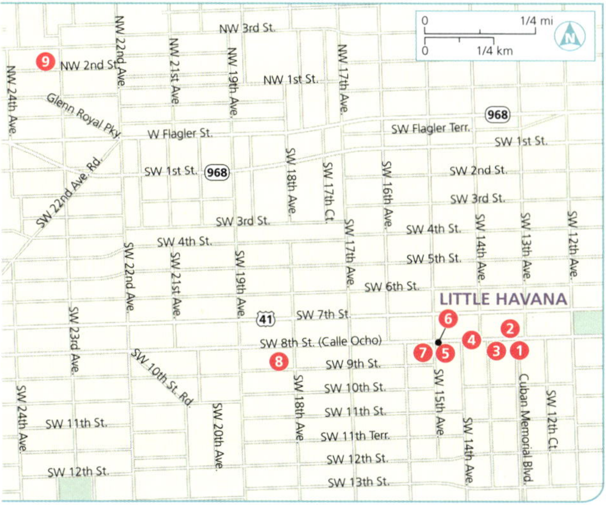

guloseimas cubanas e sucos. 🕘 *20 min. 1334 SW 8th St.* ☎ *305/285-1134.*

4 ★★★ **Calle Ocho.** Nas lojas da Calle Ocho, você encontrará de tudo, desde charutos a ***guayaberas*** (camisas masculinas muito populares na América Latina). Aqueles que apreciam um bom charuto gostarão do **El Credito Cigars.** (1100 SW 8th St. ☎ 305/856-4162), onde experientes enroladores produzem os famosos torpedos (tipo de charuto) e outras variedades. Caso

Recarregue as baterias com sucos de frutas fresquinhas na Los Piñarenos Frutería.

A Calle Ocho leva Cuba à Miami. Não perca a chance de beber um café cubano legítimo.

ainda queira contemplar um pouco mais da Cuba retrô e da era pré-Castro, vá até a loja **Little Havana To Go** na 1442 SW 8th St. (☎: 305/857-9720), lá você poderá folhear (e comprar) uma lista telefônica de Havana de 1958 ou um baralho completo, cujas cartas têm a imagem de Fidel Castro com um grande "X" no rosto.

5 ★★ Maximo Gomez Park. Este marco de Little Havana é ponto de encontro dos aposentados cubanos, que aqui passam o dia jogando dominó e bebendo café e por isso o local é mais conhecido como "Domino Park". Os frequentadores são rígidos em relação ao ingresso de menores de 55 anos, mas caso tenha sorte você pode ser convidado a entrar e observar o parque de perto. *10 min. 801 SW 15th Ave. com SW 14th Ave.* ☎ *305/285-1684.*

Astros e estrelas cubanos são homenageados na Calle Ocho Walk of Fame.

6 ★ Calle Ocho Walk of Fame. Muito parecida com a de Hollywood, com a diferença de que somente importantes astros cubanos têm direito a receber uma estrela, como Celia Cruz, a primeira a entrar para a Calçada, em 1987. *5 min. SW 8th St.*

7 ★★ Tower Theater. No passado, era o único cinema de Miami a apresentar filmes em inglês com legendas em espanhol; hoje, o Tower Theater é uma instituição cultural que apresenta uma enorme quantidade de filmes em espanhol (sem legendas em inglês), shows e performances. *5 min. 1508 SW 8th St. com SW 15th Ave.* ☎ *305/642-1264.*

8 ★★★ Bay of Pigs Museum. O museu apresenta um pequeno, mas impressionante acervo dedicado à invasão da Baía dos Porcos em Cuba, em 1961, o qual inclui peças interessantes, como a bandeira que o então presidente John F. Kennedy segurou durante seu discurso em 1962 no Orange Bowl. *30 min. 1821 SW 9th St. com SW 18th Ave. ☎ 305/649-4719. Entrada franca de seg. a sáb., de 9 h – 16 h.*

9 Casa Elian. Esta residência recebeu o garoto Elián González de seis anos e sua família que morava em Miami (e todo o frenesi da mídia que acompanhou o caso) depois de Elián ter sido resgatado de uma jangada à deriva, em novembro de 1999. Por fim, os agentes federais o enviaram de volta para Cuba para ficar aos cuidados do pai. Mesmo assim, a casa transformou-se em um santuário e monumento dedicado ao sofrimento do movimento de exilados cubanos. As exposições incluem brinquedos, cartas e fotografias do garoto. *10 min. 2319 NW 2nd St. com SW 23rd St. Não há telefone para informações. Entrada franca aos dom., de 10 h – 18 h.*

O acervo do Bay of Pigs Museum relembra a invasão de 1961.

10 ★ **Hy Vong,** talvez o melhor restaurante vietnamita de Miami, é um inusitado marco de Little Havana, mas, caso deseje saborear um *báhn bao* preparado por um expert, esteja preparado para esperar na fila, pois o restaurante tem apenas 35 lugares e está sempre lotado. *3458 SW 8th St. com SW 34th Ave. ☎ 305/446-3674.*

Na esquina oposta, você encontrará o 11 ★ **Versailles**, ponto de encontro dos cubanos mais sonoros e politizados de Miami. O restaurante oferece uma ampla variedade de pratos da culinária cubana, além do encorpado café. Assim como o castelo parisiense homônimo, o Versailles é um marco local. *3555 SW 8th St. ☎ 305/444-0240. $.*

Aposentados passam o dia jogando dominó e xadrez no Maximo Gomez Park.

Miami para Crianças

1. Coral Castle
2. Miami Metrozoo
3. Monkey Jungle
4. Matheson Hammock Park Beach
5. Red Fish Grill
6. Jungle Island
7. Miami Children's Museum
8. Big Pink
9. Miami Duck Tours

Apesar de não ser Disney World, Miami é um verdadeiro playground, com inúmeras atrações, algumas mais exóticas e divertidas que outras para crianças de todas as idades, que incluem parques, museus e até mesmo praias onde você não terá de tapar os olhos dos pequenos. **PONTO DE PARTIDA: Coral Castle.**

1 ★ **Coral Castle.** Apesar da competição acirrada, Coral Castle é provavelmente a atração mais inusitada da Flórida. Reza a lenda que em 1923 um jovem letão de 26 anos, desequilibrado e com o coração partido após ter sido abandonado no altar pela noiva de 16 anos, emigrou da Letônia para South Miami e passou os 25 anos seguintes construindo um "castelo" pré-histórico sem teto, esculpido em blocos de pedra. A canção "Sweet 16", do roqueiro Billy Idol, foi inspirada nessa obra. Você pode fazer um interessante áudio tour de 25 minutos pelo local, que está incluído na lista do Registro Nacional de Locais Históricos (National Register of Historic Places). *1 h – 2 h. 28655 S. Dixie Highway. ☎ 305/248-6345. www.coralcastle.com. O tour custa $12 adultos, $6,50 idosos e $7 crianças entre 7 e 12 anos. Preços especiais para grupos. Aberto diariamente, de 7 h – 20 h. Como chegar: Pegue a 836 West (Dolphin Expwy.), sentido aeroporto Miami International. Entre à direita na 826 South (Palmetto Expwy.) e siga em frente até a Florida Tpk., sentido Homestead. Entre na 288th Street, exit 5 (saída 5), vire à direita na South Dixie Hwy. e à esquerda na SW 157th Avenue. Faça uma curva acentuada à esquerda e pegue o retorno para a South Dixie Hwy. Coral Castle encontra-se à esquerda.*

2 ★★★ **Miami Metrozoo.** Este complexo de 116 hectares um pouco distante das praias e do centro de Miami – cerca de 45 minutos – é um passeio que realmente vale a pena. Além de ser um local isolado e nunca estar lotado, não há jaulas – os animais são mantidos soltos e separados dos visitantes por fossos muito bem construídos. Este é um lugar fantástico para as crianças mais novas; há áreas de recreação maravilhosas e ingressos para safáris. O zoológico também promove diversas atividades diárias que além de divertidas são educativas. Os personagens Mufasa e Simba (de "O Rei Leão") foram inspirados em uma dupla de leões do Metrozoo. Os passeios de monotrilho e bonde, ambos equipados com ar-condicionado, proporcionam ao turista um panorama do parque. Os animais estão divididos em regiões: Ásia, África, Amazônia, etc. Na seção Amazon & Beyond, criada em dezembro de 2008, você poderá vislumbrar onças-pintadas, anacondas, gigantes lontras de rio (uma das mais famosas atrações do parque), harpias, um tanque de arraias, além de duas atrações aquáticas, a Flooded Forest (floresta inundada), que mostra uma floresta

Um homem levou 25 anos para esculpir as enormes pedras do Coral Castle.

antes e durante a época da cheia dos rios, e a Cloud Forest (floresta enevoada), onde há vários répteis. O parque também oferece excursões particulares e pernoites. Lembre-se de que a distância entre os ***habitats*** dos animais é grande e que o clima no verão pode ser extremamente quente. *1 h – 4 h. 12400 SW 152nd St. 305/251-0400. www.miamimetrozoo.com. O tour custa $16 adultos, $12 crianças entre 3 e 12 anos, além do imposto. Aberto diariamente, de 9 h 30 min – 17 h 30 min (a bilheteria fecha às 16 h). Estacionamento gratuito. Como chegar: Pegue a U.S. 1, sentido sul, vire à direita na SW 152nd St. e siga as placas de sinalização por cerca de 4,5 km até a entrada do zoológico. Caso escolha ir pela FL Tpk. S. pegue a Exit 16 West e siga até a entrada do zoo.*

3 ★ **Monkey Jungle.** A não ser que você seja apaixonado por primatas, será difícil ignorar que o local tem um cheiro desagradável, os macacos estão dormindo ou no cio e que o parque é ainda mais distante da cidade do que o zoológico. Entretanto, caso seja um aficionado, poderá admirar raros exemplares de mico-leão-dourado e símios das Índias Orientais. Não há jaulas, mas as trilhas sinuosas usadas pelos visitantes para percorrer os vários quilômetros de "selva" são cercadas. No local há uma interessante exposição arqueológica que exibe artefatos, como dentes humanos e ossos de animais de cerca de 10.000 anos encontrados em uma vala do parque. Na Wild Monkey Swimming Pool, você poderá assisti-los mergulhando em busca de comida. *2 h. 14805 SW 216th St. 305/235-1611. www.monkeyjungle.com. Entrada: $26, $24 idosos e militares da ativa, $20 crianças de 4 a 12 anos. Aberto diariamente, de 9 h 30 min – 17 h (entradas à venda até as 16 h). Como chegar: Siga pela U.S. 1 até a SW 216th St. ou pegue a Florida Tpk., entre na Exit 11 e siga as placas indicativas.*

4 ★★★ **Matheson Hammock Park Beach.** Este belíssimo parque possui uma lagoa artificial de águas tranquilas, alimentada naturalmente pelo movimento das marés da praia de Biscayne Bay, localizada ao lado do **Matheson Hammock**. Um lugar calmo e seguro, onde você pode ter as crianças sempre à vista, além de poder usufruir do conforto de banheiros sempre limpos. *1 h – 4 h. 9610 Old Cutler Road. 305/665-5475.*

Construído com rochas de coral, o restaurante 5 ★ **Red Fish Grill,** localizado no meio do Matheson Hammock Park, oferece frutos do mar e uma vista magnífica. Caso não tenha levado uma cesta de piquenique, este é o lugar perfeito para repor as energias durante ou depois de um dia na praia. *9610 Old Cutler Road. 305/668-8788.*

6 ★★★ **Jungle Island.** Não é bem uma ilha, nem uma selva, mas ainda assim uma excelente diversão para crianças e amantes de animais, além de ser um santuário de

Alimentando girafas no Miami Metrozoo.

pássaros. O passeio pelo parque, com 7,6 hectares não é dos mais baratos, mas lá você poderá admirar uma exposição permanente sobre o parque nacional de Everglades, um pet zoo, vários palcos, trilhas pela selva, viveiros de aves e centenas de papagaios, araras, pavões, cacatuas e flamingos. Não deixe de ver o ***crocossauro***, um crocodilo de água salgada com 3 m de comprimento, que passeia pelo serpentário do parque. Os pontos altos são o Ichimura Miami Japan Garden; os shows Tale of the Tiger e Gator X-treme; os únicos pinguins africanos do sul da Flórida, um Liger (filhote de leão e tigresa) e um raro crocodilo albino. *3 h. 1111 Parrot Jungle Trail, Watson Island (localizado no sentido norte da MacArthur Causeway / I-395). ☎ 305/400-7000. www.jungleisland.com. Entrada: $30 adultos, $28 idosos e militares, $24 crianças. Aberto diariamente, de 10 h – 18 h. Como chegar: Siga pela I-95 e pegue a I-395 E. (MacArthur Causeway) e vire à direita na Parrot Jungle Trail, primeira saída após a ponte. Passe por baixo da ponte, cruze a Causeway e siga em frente até chegar ao estacionamento à sua esquerda.*

7 ★★★ **Miami Children's Museum (Museu Infantil de Miami).** Apesar de sua aparência inusitada, este moderno museu com cerca de 5.250 m² abriga 14 galerias, salas de aula, uma loja de presentes, um auditório com 200 lugares, um Subway e uma área externa para diversões interativas. O museu oferece centenas de exposições bilíngues interativas, assim como atividades, aulas e material didático relacionado à comunicação, às artes, à cultura e à comunidade local. Não deixe de visitar a versão reduzida do Bank of America e do Publix Supermarket, a cópia do estúdio de TV da NBC 6, explorar um navio de cruzeiro Carnival construído no local, além de visitar a galeria de ursinhos de pelúcia de todos os lugares do mundo. A atração mais interessante é o World Music Studio, no qual aspirantes a astros de rock podem gravar algumas de suas músicas e tocar os instrumentos. *2 h. 980 MacArthur Causeway, em frente à*

Jungle Island abriga os únicos pinguins africanos em South Florida.

Jungle Island. ☎ 305/373-5437. www.miamichildrensmuseum.com. Entrada: $12 adultos e crianças acima de um ano. Aberto diariamente, de 10 h – 18 h.

Na altura da ponte de South Beach, o 8 **Big Pink** é o que há de melhor para crianças exigentes, com um cardápio que inclui deliciosos hambúrgueres e *chicken fingers,* filezinhos de peito de frango empanado. Para crianças maiores, o restaurante oferece sua megarrefeição; uma bandeja com seis divisões, que inclui diferentes petiscos e sobremesa. *157 Collins Ave. ☎ 305/532-4700. $.*

9 ★★★ **Miami Duck Tours.** Essa é a forma mais "patológica" de visitar Miami e suas praias. O Watson Willy é o primeiro dos vários veículos anfíbios da Miami Duck Tours, que se locomovem tanto em terra firme quanto no mar e tem o formato de um pato. Os passeios têm início em Watson Island, atrás do parque Jungle Island, passam pelo Downtown, South Beach, Biscayne Bay e por todas as elegantes residências locais. *90 min. 1661 James Ave. ☎ 877/673-2217. www.ducktoursmiami.com. Preço do passeio: $32 adultos, $26 idosos, militares e crianças até 12 anos, $18.*

Art e Design Districts

1. CIFO
2. Diana Lowenstein Fine Arts
3. Frederic Snitzer Gallery
4. Kevin Bruk Gallery
5. Margulies Collection
6. MOCA at Goldman Warehouse
7. Dorsch Gallery
8. Galerie Bertin-Toublanc
9. Gary Nader Fine Art
10. Rubell Family Collection
11. Bernice Steinbaum Gallery
12. NiBa Home
13. Fendi Casa
14. Holly Hunt
15. Kartell
16. Fratelli Lyon
17. Museum of Contemporary Art

O Design District, chamado pelos moradores de Miami de nova South Beach, já foi uma das áreas mais degradadas e perigosas da cidade. Hoje, concentra várias lojas de móveis importados, além de ateliês de decoradores, arquitetos e artistas. A área do Design District é delimitada pela NE 2nd Avenue e a NE 5th Avenue, no sentido leste-oeste e pela NE 36th Street e a 42nd Street, no sentido norte-sul. Um pouco mais ao sul, você encontrará o Wynwood Art District outro point das artes, delimitado a leste pela NE 2nd Avenue e ao norte pela NE 36th Street. Aventure-se por sua conta e risco, de preferência durante o dia. **PONTO DE PARTIDA: CIFO.**

1 ★★★ CIFO. Esta extraordinária galeria de arte sem fins lucrativos foi criada por Ella Fontanals Cisneros e sua família a fim de promover o intercâmbio entre as artes visuais. A CIFO apoia tanto novos quanto experientes artistas multidisciplinares contemporâneos da América Latina. *30 min. 1018 N Miami Ave. Com NW 10th St. ☎ 305/455-3380. www.cifo.org. Aberta de ter. – dom., de 10 h – 16 h, somente durante períodos de exposição. Caso deseje fazer um tour acompanhado por um guia, é necessário marcar com antecedência.*

2 ★★★ Diana Lowenstein Fine Arts. A galeria de Diana Lowenstein, uma das mais importantes colecionadoras de arte moderna de Miami, se situa no Downtown, mais precisamente no Wynwood, e é uma das melhores atrações do local tanto para autênticos colecionadores quanto para amantes de arte em geral. *30 min. 2043 N Miami Ave. NE 20th St. ☎ 305/576-1804. www.dlfinearts.com. Aberta de ter. – sáb., de 10 h 30 min – 18 h.*

A galeria Frederick Snitzer exibe trabalhos de artistas locais e cubanos.

Colecionadores de arte devem visitar a Diana Lowenstein Fine Arts.

3 ★★★ Frederic Snitzer Gallery. Além de ter sido o catalisador da explosão de Wynwood como ponto de encontro das artes, este antigo galpão, transformado em galeria de arte, é um tributo ao trabalho de artistas locais, de estudantes de arte formados pela New World School of Arts, e de artistas cubanos da lendária geração dos anos 80. *15 min. 2247 NW 1st Place com N Miami Ave. ☎ 305/448-8976. www.snitzer.com Aberta de ter. – sáb., de 11 h – 17 h.*

4 ★ Kevin Bruk Gallery. Promissores escultores, fotógrafos e pintores de todo o mundo querem expor suas obras nesta excepcional galeria de arte internacional. *15 min. 2249 NW 1st Place com N Miami Ave. ☎ 305/576-2000. www.kevinbrukgallery.com. Aberta de ter. – sex., de 10 h – 18 h, aos sáb., de 12 h – 17 h.*

A Margulies Collection é considerada a melhor da cidade.

5 ★★★ **Margulies Collection.** Este enorme galpão em Wynwood, com cerca de 4 mil m² é a joia da cidade. A galeria exibe fotografias, esculturas e vídeos contemporâneos e vintage, além de instalações de diferentes estilos, entre os quais *pop art*, minimalismo e expressionismo. *15 min – 1 h. 591 NW 27th St. com 6th Ave. ☎ 305/576-1051. www.margulieswarehouse.com. Aberta de qua.– sáb., de 11 h – 16 h.*

6 ★★★ **MOCA em Goldman Warehouse**. Esta extensão do Museu de Arte Contemporânea (MOCA) de Miami, além de exibir peças arrojadas do acervo permanente do museu, está aberta a artistas promissores. *15 min. 770 NE 125th St. ☎ 305/893-6211. www.mocanomi.org. Aberto de ter. – sáb. (exceto qua.) de 11 h – 17 h e no segundo sáb. do mês, de 7 h – 10 h. $5 adultos. $3 estudantes e idosos.*

7 ★ **Dorsch Gallery.** Esta espaçosa galeria é conhecida pelas fabulosas festas oferecidas para os famosos do mundo da arte e pelas exposições que exibem o que há de mais moderno/inovador no mundo das artes. *15 min. 151 NW 24th St. com N Miami Ave. ☎ 305/576-1278. www.dorschgallery.com. Aberta de qui. – sáb., de 13 h – 17 h. (ou ligue para agendar sua visita).*

8 ★ **Galerie Bertin-Toublanc.** Importada de Paris, esta galeria possui um relaxante jardim zen e vários espaços para exposições com obras de artistas contemporâneos de renome mundial como o indiano Baba Anand e o francês Philippe Chevalier. *15 min. 2534 N Miami Ave. com 25th St. ☎ 305/573-3554. www.galeriebertin.fr. Aberta de ter.– sáb., de 10 h – 18 h e no segundo sáb. do mês, de 11 h – 18 h.*

9 **Gary Nader Fine Art.** Caso você curta a arte latino-americana de Botero, Matta e Lam, este lugar é sob medida para você. Além do acervo permanente, há exposições mensais de novos artistas. *15 min. 62 NE 27th St. com N Miami Ave. ☎ 305/576-0256. ww.garynader.com. Aberta de seg. – sáb., de 10 h – 18 h.*

10 ★★★ **Rubell Family Collection**. Essa impressionante galeria da família Rubell, proprietários de vários hotéis em Miami, está

O amplo espaço da Rubell Family Collection permite a exposição de um imenso conjunto de obras.

localizada em um armazém de dois andares com cerca de 3.700 m² que anteriormente abrigava o Esquadrão Anti Drogas. Construído em uma região modesta ao norte do Downtown, o edifício parece uma fortaleza, o que vem a calhar, também pudera: guarda uma inestimável coleção de mais de mil obras de arte contemporânea de artistas do porte de Keith Haring, Damien Hirst, Julian Schnabel, Jean-Michel Basquiat, Paul McCarthy, Charles Ray e Cindy Sherman. ⌚ *30 min. 95NW 29th St. com 1st Ave.* ☎ *305/573-6090. www.rubellfamilycollection.com. Aberta de qua. – dom., de 10 h – 18 h e no segundo sáb. do mês, de 10 h – 22 h.*

⑪ ★★ **Bernice Steinbaum Gallery.** Não perca as modernas exposições multimídia de artistas contemporâneos como Hung Liu, Glexis Novoa e Maria Gonzalez. ⌚ *15 min. 3550 N Miami Ave.* ☎ *305/573-2700. www.bernicesteinbaumgallery.com. Aberta de seg. – sáb., de 10 h – 18 h.*

⑫ ★★ **NiBa Home**. Aqui você encontra fabulosos acessórios para casa como copos, móveis, luminárias e tudo o mais que esperaria ver em uma revista de decoração. ⌚ *15 min. 39 NE 39th St. com N Miami Ave.* ☎ *305/573-1939. www.nibahome.com.*

Você encontra diferentes acessórios para casa na NiBa Home.

A Fendi Casa exibe os elegantes acessórios para casa desenhados pelo famoso estilista que dá nome ao local.

Aberta de seg. – sex., de 9 h – 18 h e sáb., de 11 h – 17 h.

⑬ ★ **Fendi Casa.** A marca de bolsas sofisticadas aventura-se na arte da decoração com este extravagante *showroom* com sofás e divãs de couro em tons camurça e mesinhas de centro vendidos a preço de grife. ⌚ *15 min. 90 NE 39th St. com NE 2nd Ave.* ☎ *305/438-1660. www.fendicasa.com. Aberto de seg. – sex., de 9 h – 17 h e sáb., de 12 h – 16 h.*

⑭ ★★★ **Holly Hunt.** Um dos mais elegantes *showrooms* de decoração do país, a filial de Miami, localizada no Design District, é um passeio imperdível, mesmo que não seja pelos móveis, tecidos e luminárias, simplesmente pelo espaço em si. ⌚ *15 min. NE 2nd Ave.* ☎ *305/571-2012. www.hollyhunt.com. Aberto de seg. – sáb., de 10 h – 18 h.*

⑮ ★ **Kartell.** Quem imaginaria que artefatos de plástico pudessem ser tão caros? A Kartell tem todos os tipos de móveis, do elegante ao *kitsch* – todos de plástico que podem ser desconfortáveis e caros, mas são, com certeza, bonitos. ⌚ *15 min. 170 NE 40th St.* ☎ *305/573-4010. www.kartell.com. Aberta de seg. – sex., de 10 h – 18 h e sáb., de 11 h – 17 h.*

A Bernice Steinbaum Gallery apoia os modernos artistas multimídia.

Que tal uma parada para uma refeição no 16 ★★★ **Fratelli Lyon**, que além de loja de móveis é uma elegante *trattoria* italiana, onde você pode saborear uma refeição completa, regada a vinho que inclui entrada, prato principal, sobremesa e vinho da casa por $ 24. *4141 NE 2nd Ave.* ☎ *305/572-2901. $-$$$.*

O ambiente da Holly Hunt é tão bonito quanto as peças que exibe.

17 **Museum of Contemporary Art (MOCA).** Aqui, você encontrará uma impressionante coleção de obras de artistas de renome internacional, exibidas com um toque local. O museu também é conhecido por descobrir e divulgar novos talentos e conta com uma moderna sala de cinema. No MOCA, você poderá admirar obras de Roy Lichtenstein, Larry Rivers e Claes Oldenburg, além de exposições de artistas como Sigmar Polke, John Baldessari e Goya. O museu oferece visitas com guias que falam português, inglês, espanhol, francês, alemão e italiano. *770 NE 125th St.* ☎ *305/893-6211. www.mocanomi.org. Entrada: $5 adultos, $3 idosos e estudantes (com comprovante) e gratuita para crianças de até 12 anos. Aberto de ter. – sáb., de 11 h – 17 h e aos dom., de 12 h – 17 h.*

3 As Melhores **Compras**

Nossas Dicas de **Compras**

Melhor **Charutaria**
★★★ El Credito Cigars, *1100 SW 8th St. (p. 49)*

Melhor Moda **Miami-Ibiza**
★★ Base, *939 Lincoln Rd. (p. 50)*

Melhor Loja para **Marias Etiqueta**
★★ The Webster, *1220 Collins Ave. (p. 51)*

Melhor Loja **de Decoração**
★★★ NiBa, *39 NE 39th St. (p. 52)*

Melhor **Showroom de Decoração**
★★★ Holly Hunt, *3833 NE 2nd Ave. (p. 51)*

Melhores **Preços de Joias**
★★★ The Seybold Building, *36 NE 1st St. (p. 52)*

Melhor Loja de **Discos de Música Latina**
★★★ Casino Records, *2990 SW 8th St. (p. 54)*

A Melhor **Galeria de Arte (com Preços Salgados)**
★★★ Kevin Bruk Gallery, *2249 NW 1st Place. (p. 48)*

Melhor Loja **Vintage**
C. Madeleine's, *13702 Biscayne Blvd. (p. 50)*

Melhor Loja de **Artigos Infantis**
★★ Genius Jones, *49 NE 39th St. (p. 49)*

Melhor Loja de **Calçados**
Morgan Miller, no Aventura Mall, *19575 Biscayne Blvd. (p. 54)*

O melhor do **Chique-Urbano Unissex**
Y-3, *150 NE 40th St. (p. 51)*

Melhores **Bijuterias Fashion**
Turchin Jewelry, *130 NE 40th St. (p. 52)*

Melhor Loja de **Discos Indie**
★★ Sweat Records, *5505 NE 2nd Ave. (p. 54)*

Melhor Loja de **Museu**
★★ Wolfsonian-FIU, *1001 Washington Ave. (p. 52)*

Melhor **Shopping Center**
★★★ Aventura Mall, *19575 Biscayne Blvd. (p. 53)*

O **Shopping Center** Mais Sofisticado
★★★ Bal Harbour Shops, *9700 Collins Ave. (p. 53)*

Melhor **Empório Gourmet**
★★★ Marky's, *687 NE 79th St. (p. 51)*

Melhor Empório Gourmet de **Produtos Latinos**
★★★ La Estancia Argentina, *17870 Biscayne Blvd. (p. 51)*

Página anterior: A arrojada linha urbana do estilista japonês Yohji Yamamoto na Y-3.
Abaixo: A loja Crabtree & Evelyn, no Aventura Mall.

Compras em **South Beach**

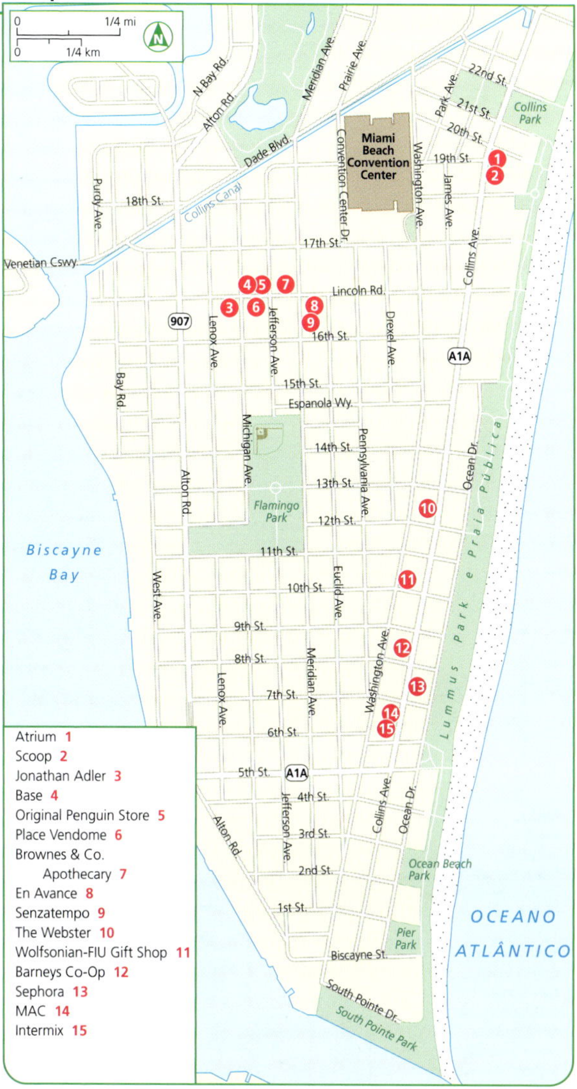

Compras em Miami

Indo às Compras de Metrô

Aventura Mall 1
Morgan Miller 1
La Estancia Argentina 2
C. Madeleine's 3
Mike's Cigars 4
Bal Harbour Shops 5
Dolphin Mall 6
La Casa de las Guayaberas 7
Casino Records 8
El Credito Cigars 9
Shops at Sunset Place 10
Dadeland Mall 11
The Falls 12

Compras em **Miami de A a Z**

Antiguidades

Evelyn Poole Ltd DESIGN DISTRICT Este espaço de cerca de 465 m² reúne a melhor coleção de mobília e decoração europeia dos séculos XVII, XVIII e XIX. *3925 N Miami Ave. ☎ 305/573-7426. www.evelynpooleltd.com. AE, MC, V.* *Veja o mapa da pág. 46.*

Industrian BISCAYNE CORRIDOR Aqui você poderá encontrar harmonia mesmo ao ver uma fabulosa cadeira retrô Charles Eames ao lado de uma bela peça com design futurista à là *Jetsons*. *5580 NE 4th Court. ☎ 305/754-6070. www.industrian.us.com. AE, MC, V.* *Veja o mapa da pág. 46.*

Senzatempo LINCOLN ROAD Se os nomes Charles Eames, George Nelson ou Gio Ponti significam alguma coisa para você, não deixe de visitar a Senzatempo, que tem o melhor da fabulosa mobília com design retrô europeu e arte decorativa da década de 30 à década de 60, assim como vários tipos de relógios. *1655 Meridian Ave. ☎ 305/534-5588. www.senzatempo.com. AE, MC, V.* *Veja o mapa da pág. 45.*

Arte

Barbara Gillman Gallery DESIGN DISTRICT Essa galeria apresenta uma exposição permanente das fabulosas imagens em preto-e-branco do fotógrafo do jazz Herman Leonard. Ele fotografou astros como Billie Holiday e Frank Sinatra; a exposição tornou-se tão famosa que manteve-se invariável ao longo dos anos. A galeria também exibe trabalhos de Andres Serrano, Andy Warhol e James Rosenquist, bem como de novos talentos locais. *4141 NE 2nd Ave. ☎ 305/538-5895. www.barbaragillmangallery.com. AE, MC, V.* *Veja o mapa da pág. 46.*

Diana Lowenstein Fine Arts WYNWOOD Diana Lowenstein é uma das mais importantes colecionadoras de arte moderna de Miami e sua galeria é uma das melhores atrações do local tanto para colecionadores quanto para amantes de arte. *2043 N Miami Ave. ☎ 305/576-1804. www.dlfinearts.com. AE, MC, V.* *Veja o mapa da pág. 46.*

★★★ **Kevin Bruk** WYNWOOD Nesta galeria descolada você encontra alguns dos melhores trabalhos de artistas de todo o mundo, incluindo Jesse Bransford, Alyson Shotz e Su-En Wong. *2249 NW 1st Place. ☎ 305/576-2000. www.kevinbrukgallery.com. AE, MC, V.* *Veja o mapa da pág. 46.*

Na Browne's and Co. Apothecary você encontrará, entre outros produtos, excelentes sabonetes feitos à mão.

Prepare o bolso caso vá com seu filho à Genius Jones.

Produtos de Beleza e Cosméticos

★★★ Brownes & Co. Apothecary LINCOLN ROAD Projetado como um antigo boticário, este recém-ampliado empório da beleza reúne o que há de melhor em termos de cosméticos e maquiagem – MAC, Shu Uemura, Kiehl's, Stila, Molton Brown, François Nars, Dr. Hauschka – além de uma grande variedade de produtos com deliciosas fragrâncias para o cuidado do corpo e para banho. Circule pelo ambiente ou peça a um dos experientes funcionários que o acompanhe. No piso superior, você encontrará o Browne's Beauty Lounge, além do famoso salão de beleza Some Like It Hot. *841 Lincoln Road. ☎ 305/532-8703. www.brownesbeauty.com. AE, MC, V. Veja o mapa da pág. 45.*

MAC COLLINS AVENUE Brinque com as cores vibrantes dessa marca inovadora de maquiagem. Caso esteja com sorte, ganhará uma sessão de maquiagem gratuita. *650 Collins Ave. ☎ 305/604-9040. www.maccosmetics.com. AE, MC, V. Veja o mapa da pág. 45.*

Sephora COLLINS AVENUE Você ficará tonto com a variedade de cosméticos, perfumes e produtos para cabelo oferecidos pela Sephora. Entretanto, ao contrário da Brownes & Co., o atendimento deixa a desejar. Devido ao grande número de artigos à disposição, fazer compras na Sephora pode se tornar uma experiência desagradável. *721 Collins Ave. ☎ 305/532-0904. www.sephora.com. AE, DISC, MC, V. Veja o mapa da pág. 45.*

Crianças

★★ Genius Jones DESIGN DISTRICT Além das encantadoras, porém caras roupas para crianças, a Genius Jones vende móveis infantis de altíssima qualidade assinados por Agatha Ruiz de La Prada, David Netto, entre outros. Prepare o bolso, pois os preços não são nem um pouco baixos. *1661 Michigan Avenue. ☎ 305/571-2000. www.geniusjones.com. AE, DC, DISC, MC, V. Veja o mapa da pág. 46.*

Charutos

★★★ El Credito Cigars LITTLE HAVANA Esta pequena loja emprega cerca de 45 experientes enroladores de charutos, imigrantes cubanos, que passam o dia produzindo os famosos torpedos, além de outros extraordinários blends. Os charutos são normalmente produzidos sob encomenda. Entretanto, vale a pena dar uma parada

Veja os enroladores de charutos em ação na El Credito Cigars.

As celebridades vão à C. Madeleine's para saciar seu vício em vintage.

no local, pois lhe oferecerão uma caixa de charutos e um tour pelo estabelecimento. *1100 SW 8th St. ☎ 305/856-4162. AE, DC, MC, V. Veja o mapa da pág. 47.*

Mike's Cigars BAY HARBOR ISLANDS Uma das melhores e mais antigas charutarias da cidade, a Mike's vende, desde 1950, os melhores charutos produzidos em Honduras, República Dominicana e Jamaica, além de trabalhar com a excelente marca local La Gloria Cubana. Considerada por muitos a charutaria que oferece os melhores preços, aqui você encontrará a maior seleção da cidade. *1030 Kane Concourse. ☎ 305/866-2277. www.mikescigars.com. AE, DC, MC, V. Veja o mapa da pág. 47.*

Moda

Atrium COLLINS AVENUE Os jovens de Hollywood sempre incluem a Atrium em sua lista de compras. Ela oferece roupas de grife a preço de grife, portanto não se surpreenda se vir aquela simples camiseta branca de $200 das páginas das revistas de fofocas americanas. *1931 Collins Ave. ☎ 305/695-0757. www.atriumnyc.com. AE, MC, V. Veja o mapa da pág. 45.*

Barneys Co-Op COLLINS AVENUE Finalmente uma filial da elegante Barneys de Nova York foi aberta em South Beach. A única diferença são os preços mais "acessíveis". *832 Collins Ave. ☎ 305/421-2010. www.barneys.com. AE, MC, V. Veja o mapa da pág. 45.*

★★ **Base** LINCOLN ROAD Uma soma de ponto de encontro dos fashionistas, *Ministry of Sound*[1*] e alta costura de Miami. O lugar, que se autodenomina "a loja de estilo de vida" possui uma coleção de CDs (todos à venda), livros de arte dignos de serem colocados sobre a mesa de centro de sua sala e velas aromáticas. *939 Lincoln Road. ☎ 305/531-4982. www.baseworld.com. AE, MC, V. Veja o mapa da pág. 45.*

C. Madeleine's NORTH MIAMI Esta é a melhor loja ***vintage*** da cidade, onde você encontrará grifes como Gucci, Chanel e Balenciaga. Celebridades como Jessica Simpson e Lenny Kravitz chamam esse empório da moda de casa. *13702 Biscayne Blvd. ☎ 305/945-7770. www.cmadeleines.com. AE, MC, V. Veja o mapa da pág. 47.*

En Avance LINCOLN ROAD Caso tenha sido barrado na porta do SET ou do Mokai, vá à En Avance e compre um modelito das famosas grifes que a boutique oferece. Duvido que algum segurança queira barrar alguém tão bem vestido. *734 Lincoln Rd. ☎ 305/534-0337. AE, MC, V. Veja o mapa da pág. 45.*

Intermix COLLINS AVENUE Aqui as jovens ficam muito produzidas graças à grande variedade de roupas e acessórios femininos modernos e divertidos à venda na Intermix. *634 Collins Ave. ☎: 305/531-5950. AE, DC, MC, V. Veja o mapa da pág. 45.*

La Casa de las Guayaberas LITTLE HAVANA A mais importante fornecedora das tradicionais camisas cubanas estilo retrô-chique conhecidas como ***guayaberas*** – camisas largas, com dobras e botões – foi fundada por Ramon Puig, que migrou para Miami há mais de 40 anos. Ele ainda usa as

---

*1*N.C.: Famosa boate londrina.*

mesmas tesouras de quando começou e só agora contratou uma equipe de costureiras que produzem diariamente 20 camisas, em todas as cores e estilos. Os preços variam entre $15,00 e $375. *5840 SW 8th ST.* ☎ *305/266-9683. AE, MC, V. Veja o mapa da pág. 47.*

Original Penguin Store LINCOLN ROAD Esta descolada linha masculina retrô inclui suéteres, camisas polo e camisetas com o logo da Penguin. *925 Lincoln Road.* ☎ *305/673-0722. www.originalpenguin.com. AE, MC V. Veja o mapa da pág. 45.*

Place Vendome LINCOLN ROAD Aqui você encontrará roupas baratas e ideais para uma balada. *934 Lincoln Rd.* ☎ *305/758-2639. AE, MC V. Veja o mapa da pág. 45.*

Rebel BISCAYNE CORRIDOR A loja oferece roupas descoladas para mulheres de todas as idades, com etiquetas que você não encontrará em nenhum outro lugar. O bom atendimento é um *plus. 6669 Biscayne Blvd.* ☎ *305/758-2639. AE, MC V. Veja o mapa da pág. 46.*

Scoop COLLINS AVENUE A boutique do hotel Shore Club é onde celebridades como Cameron Diaz vão às compras quando estão atrás das últimas novidades de Diane Von Furstenberg, Helmut Lang, Marc Jacobs, Paul Smith, Malo e Jimmy Choo. *Shore Club Hotel, 1901 Collins Ave.* ☎ *305/695-3100. AE, DC, DISC, MC, V. Veja o mapa da pág. 45.*

★★ **The Webster** COLLINS AVENUE Este empório da alta costura parisiense oferece roupas *prêt-à-porter* dignas de passarela tanto para homens quanto para mulheres, maquiadas com etiquetas de todas as marcas famosas encontradas nas revistas de moda. *1220 Collins Ave.* ☎ *305/532-5929. AE, DC, DISC, MV, V. Veja mapa na pág. 45.*

Y-3 DESIGN DISTRICT O famoso estilista japonês Yohji Yamamoto preparou, especialmente para a Adidas, uma arrojada linha urbana de roupas, calçados e outros acessórios. *150 NE 40th St.* ☎ *305/573-1603. AE, MC, V. Veja o mapa da pág. 46.*

Gourmet

★★★ **La Estancia Argentina** NORTH MIAMI Apesar de pequeno, este empório oferece tudo o que há de melhor em produtos latinos, especialmente argentinos. *17870 Biscayne Blvd.* ☎ *305/932-6477. www.laestanciaweb.com. AE, DISC, MC, V. Veja o mapa da pág. 47.*

★★★ **Marky's** BISCAYNE CORRIDOR Aqui você se sentirá na versão russa do restaurante da família Soprano, onde poderá comprar os melhores queijos, caviar e muitos outros produtos que não encontrará em nenhum outro lugar; não se esqueça de perguntar sobre a passagem para a sala secreta nos fundos. *687 NE 79th St.* ☎ *305/628-4650. www.markys.com AE, DC, MC, V, Veja o mapa da pág. 46.*

Móveis e Decoração

★★★ **Holly Hunt** DESIGN DISTRICT O mais fabuloso showroom de decoração da região parece ter saído das páginas de uma revista especializada, não apenas pelos móveis, mas pelo espaço em si. *3833 NE 2nd Ave.* ☎ *305/571-2012.*

A moda encontra os móveis na Holly Hunt.

A NiBa Home tem todos os tipos de acessórios para o lar, em todas as cores do arco-íris.

www.hollyhunt.com. AE, MC, V. Veja o mapa da pág. 46.

Jonathan Adler LINCOLN ROAD A loja oferece todos os tipos de acessórios, dos mais comuns aos mais inusitados, desde travesseiros confortáveis e tapetes até caros artigos de iluminação de ambientes. ***180 NE 39th Street.*** ☎ ***305/576-0200. www.jonathanadler.com. AE, MC, V. Veja o mapa da pág. 45.***

★★★ NiBa Home DESIGN DISTRICT Ponto de encontro dos fashionistas, o colorido é o pretinho básico nesta elegante e badalada loja de decoração onde tudo, realmente tudo, tem um tom especial. ***39 NE 39th St.*** ☎ ***305/573-1939. www.nibahome.com. AE, DC, MC, V. Veja o mapa da pág. 46.***

★★ Wolfsonian-FIU Gift Shop WASHINGTON AVENUE Considerada a melhor loja de presentes de museu em Miami, a Wolfsonian vende de tudo – mesinhas de centro, livros e relógios estilo retrô, anos 60 ou exóticos. ***1001 Washington Ave.*** ☎ ***305/531-1001. www.wolfsonian.org. AE, MC, V. Veja o mapa da pág. 45.***

The Dynamo, no Wolfsonian-FIU, possui uma enorme biblioteca e cafeteria.

Joias e Acessórios

Me & Ro Jewelry COLLINS AVENUE Esta loja vende bijuterias arrojadas, ousadas (e caras) usadas por Debra Messing, Sarah Jessica Parker e Julia Roberts. ***Shore Club Hotel, 1901 Collins Ave.*** ☎ ***305/695-3100. AE, MC, V. Veja o mapa da pág. 45.***

SEE LINCOLN ROAD Esta fantástica ótica possui uma enorme seleção de óculos sofisticados, cujos preços variam entre $169 e $239, incluindo a receita. Os funcionários, além de atenciosos, são experientes. ***921 Lincoln Rd.*** ☎ ***305/672-6622. AE, MC, V. Veja o mapa da pág. 45.***

★★★ Seybold Jewelry Building DOWNTOWN Aqui, todos os dias, uma infinidade de joalheiros especializados em diamantes, pedras preciosas, relógios, anéis etc. se reúnem para vender suas peças. Com trezentas joalherias engastadas neste baú de tesouros, o brilho no interior do edifício é de cegar. Tenha certeza de que verá belas joias, com design moderno, cujo preço não é muito convidativo, a não ser que você seja bom na arte de pechinchar. ***36 NE 1st Street.*** ☎ ***305/374-7922. www.seyboldbldg.com. AE, DC, DISC, MC, V. Veja o mapa da pág. 46.***

Turchin Jewelry. A proprietária Teresa Turchin, amante de lugares exóticos como o Tibete, o Nepal, a Índia e a África, viaja ao redor do mundo em busca de inspiração e materiais para criar suas peças, produzidas no estúdio de sua loja e vendidas a preços salgados. ***130 NE 40th St.*** ☎ ***305/573-7117. www.turchinjewelry.com. Veja o mapa da pág. 46.***

Shoppings

★★★ **Aventura Mall** AVENTURA Uma reforma multimilionária transformou o Aventura em um dos melhores locais de compras do sul da Flórida. Este shopping arejado, em estilo mediterrâneo e com cerca de 215 mil metros quadrados, possui um cinema com uma tela de aproximadamente 7,5 m e 250 lojas que incluem as gigantes JCPenney, Nordstrom, Macy's, Bloomingdale's, Sears e Burdines. *19501 Biscayne Blvd. ☎ 305/935-1110. www.aventuramall.com. Veja o mapa da pág. 47.*

Bal Harbour Shops BAL HARBOUR Esta meca de compras dos Estados Unidos oferece produtos da melhor qualidade dos melhores nomes – Giorgio Armani, Dolce & Gabbana, Christian Dior, Fendi, Harry Winston, Brooks Brothers, Waterford, Cartier, H. Stern, Tourneau e muitas outras grifes ladeadas por grandes lojas de departamento como a Neiman Marcus e a recém-ampliada Saks Fifth Avenue. *9700 Collins Ave. ☎ 305/866-0311. www.balharbourshops.com. Veja o mapa da pág. 47.*

Dadeland Mall KENDALL Além de oferecer 175 lojas especializadas e quatro grandes lojas de departamentos: Macy's, JCPenney, Nordstrom e Saks Fifth Avenue, o Dadeland possui a maior loja Limited/Express do país. *7535 N. Kendall Dr. ☎ 305/665-6226. Veja o mapa da pág. 47.*

Dolphin Mall WEST MIAMI A construção dos 130 mil m² deste mega *shopping* de ponta de estoque custou $250 milhões. Apesar de não possuir lojas de grife, você encontrará aqui, além de outras opções, a Off Fifth, a ponta de estoque da Saks Fifth Avenue e um cinema. *11401 NW 12th Street. ☎ 305/365-7446. www.shopdolphinmall.com. Veja o mapa da pág. 47.*

The Falls KENDALL Você provavelmente terá de enfrentar um congestionamento brutal durante o caminho, mas ao chegar se sentirá no céu. Fontes tropicais decoram este shopping a céu aberto, que oferece dezenas de lojas relativamente chiques ao alcance do bolso. Aqui você encontrará a primeira Bloomingdale's de Miami, além da Macy's, Ralph Lauren, Caswell-Massey e mais de 60 lojas

O Seybold Jewelry Building abriga mais de 300 joalherias.

Vitrine da St. John, no shopping Bal Harbour.

especializadas. *8888 SW 136 Street.* ☎ *305/255-4571. www.shopthefalls.com.* *Veja o mapa da pág. 47.*

Lojas do Sunset Place SOUTH MIAMI Um amplo shopping a céu aberto com lojas de grifes famosas como Victoria's Secret, Gap, Pottery Barn, Forever 21, Urban Outfitters, entre outras. *5701 Sunset Dr.* ☎ *305/663-0482.* *Veja o mapa da pág. 47.*

A Casino Records e sua vasta coleção de música latina.

Música

Casino Records LITTLE HAVANA Aqui, os jovens e antenados vendedores são aficionados por música. A Casino oferece a mais ampla coleção de música latina de Miami, incluindo ícones pop como Willy Chirino, Gloria Estefan, Albita e Nil Lara. O slogan da loja é "Se não tivermos o que você procura, é porque não vale a pena". Mas pode acreditar, eles sempre têm. *2990 SW 8th St.* ☎ *305/856-6888. Veja o mapa da pág. 47.*

★★ **Sweat Records** BISCAYNE CORRIDOR Esqueça os LPs e cassetes do seu pai; aqui é o point dos discos de música Indie, eletrônica, Underground e New Age. *5505 NE 2nd Ave.* ☎ *786/693-9309. www.sweatrecordsmiami.com. MC, V. Veja o mapa da pág. 46.*

Calçados

Morgan Miller AVENTURA A loja dos sonhos para amantes de calçados, a Morgan Miller é uma loja de calçados personalizadas onde você decide todo o design, desde o salto à plataforma – acessórios como cristais Swarovski, correntes douradas e anéis de bambu, não importa; os experts da loja juntam tudo para você. Os preços variam entre $150 e $500. *Aventura Mall, 19575 Biscayne Blvd.* ☎ *305/932-3451. www.morganmillershoes.com. AE, DISC, MC,V. Veja o mapa da pág. 47.*

4 As Melhores Opções Ao Ar Livre

Nossas Dicas de Praias

A Mais Tranquila
Matheson Hammock Beach Park, *9610 Old Cutler Rd. (p. 59)*

A Mais Animada
Crandon Park Beach, *4000 Crandon Blvd. (p. 57)*

A Melhor para Encontrar Gente Bonita
Lummus Park Beach, *Ocean Dr. entre a 5th St. e a 14th St. (p. 58)*

A Melhor para Amantes da Natureza
Bill Bags Cape Florida State Park, *1200 Crandon Blvd. (p. 69)*

A Melhor para Nadar
85th Street Beach, *com Collins Ave. (p. 57)*

A Melhor para a Prática do Windsurf
Hobie Beach, *Rickenbacker Causeway (p. 58)*

A Melhor para Catar Conchas
Bel Harbour Beach, *96th St com Collins Ave. (p. 57)*

A Melhor para um Bronzeado Perfeito
Haulover Beach, *10800 Collins Ave. (p. 58)*

A Melhor para Surfar
Haulover Beach, *10800 Collins Ave. (p. 58)*

A Melhor Vista
Matheson Hammock Beach Park, *9610 Old Cutler Rd. (p. 59)*

A Melhor para a Família
Matheson Hammock Beach Park, *9610 Old Cutler Rd. (p. 59)*

A Mais Isolada
Virginia Key, *ao norte da Rickenbacker Causeway (p. 59)*

A Melhor para o Público Gay
12th Street Beach, *Ocean Dr. com 12th St. (p. 59)*

Surfistas pegando ondas em Haulover Beach.

Página anterior: No parque Fairchild Tropical Garden, você verá muito verde, animais e pássaros.

As Melhores **Praias de Miami**

Bal Harbour Beach Além das conchinhas coloridas, aqui você encontrará um local próprio para a prática de exercícios e poderá relaxar à sombra de palmeiras. Porém, não há salva-vidas, banheiros ou vestiários. *96th St. com Collins Ave. ☎ 305/866-4633. Aberta diariamente, de 8 h ao pôr do sol.*

Bill Baggs Cape Florida State Park Este parque é o pote de ouro no final da Key Biscayne. Lá você poderá curtir a praia com 1,5 km de natureza intocada, vislumbrar um farol histórico, e passear pelas trilhas naturais que o levarão de volta ao tempo em que o sul da Flórida era um paraíso natural. *1200 Crandon Blvd. ☎ 305/361-5811. Aberto diariamente, de 8 h ao pôr do sol.*

Crandon Park Beach Esta praia atrai a todo o tipo de gente, desde frequentadores de academia, que desfilam o corpo sarado, até famílias em busca de diversão e dançam ao ritmo de salsa, disco e reggae, que saem dos aparelhos de som que fazem uma competição e tanto. Com cerca de 5km de extensão, 75 churrasqueiras, três estacionamentos, vários campos de futebol e de *softball* e um campo de golfe público, com 18 buracos, a praia parece mais com um parque temático. Várias atrações são oferecidas, incluindo os Eco-Adventure Tours, tours ecológicos de caiaque e mergulhos com *snorkel*. *6747 Crandon Blvd. ☎ 305/361-5421. Aberta diariamente, de 8 h ao pôr do sol.*

85th Street Beach Esta praia, ao longo da Collins Avenue, é o melhor lugar para fugir da multidão. É uma das poucas faixas de areia de Miami onde não há condomínios ou hotéis fazendo sombra sobre a praia. Os salva-vidas estão a postos durante todo o dia. Também há banheiros à disposição, apesar de estes não serem exatamente o suprassumo da limpeza. *85th St. e Collins Ave.*

Os bons ventos de Hobie Beach fazem dela a favorita dos praticantes de windsurf e kitesurf.

Haulover Beach Aqui você pode se juntar à nudistas de todo o mundo para se bronzear por completo (da cabeça aos pés). Mas caso prefira ficar com sua roupa de banho, há banheiros e vestiários à disposição. Logo após a ponte de Bal Harbour, você encontrará a praia, com as melhores ondas da região. Portanto, chegue cedo para não ser incomodado pelo tumulto dos jovens se preparando para surfar. Use os banheiros somente em caso de extrema necessidade. Os surfistas apreciam o local, não só pelas ondas, mas também por ser ponto de encontro de sua tribo. *10800 Collins Ave.* ☎ *305/944-3040. Aberta diariamente, de 8 h ao pôr do sol.*

Hobie Beach Localizada ao lado da ponte que leva à Key Biscayne, Hobie Beach não é realmente uma praia, mas uma enseada com bons ventos e inúmeros locais onde você pode alugar uma prancha de windsurf. Há banheiros no local, mas as condições destes não são as melhores. *Rickenbacker Causeway.* ☎ *305/361-2833.*

Lummus Park Beach Também conhecida como ***a praia do glamour***, Lummus é a melhor da região caso esteja procurando diversão e um bom bronzeado. A qualquer momento você poderá bisbilhotar modelos posando para fotos, amantes do sol praticamente nuas (o topless é permitido aqui) que não querem ficar com

De Ilha Deserta à Ilha da Fantasia

Miami Beach nem sempre foi um playground à beira mar. Na realidade, até o final de 1800, era uma ilha deserta. Nessa época, um empreendedor decidiu lá criar uma fazenda de cocos o que despertou o interesse de vários outros, incluindo John Collins (daí o nome Collins Avenue) que resolveu plantar abacateiros. Em virtude do sucesso de Collins, vários visionários decidiram se juntar a ele e criaram um serviço de balsas e dragaram partes da baía a fim de facilitar o acesso à ilha. Em 1921, Collins construiu uma ponte de 4 km de extensão, na época a mais longa ponte de madeira do mundo, ligando o centro de Miami a Miami Beach. Atualmente, Miami Beach possui seis pontos de acesso ao continente.

marquinhas de biquíni e e um esquadrão de abdomens tanquinho. Há banheiros e vestiários à disposição. *Ocean Dr., entre a 5th St. e a 14th St. ☎ 305/673-7714. Aberta diariamente, de 8 h ao pôr do sol.*

Matheson Hammock Park Beach Esta praia é o ápice da tranquilidade e oferece uma exuberante vista e pouco movimento – é ideal para os que procuram um "momento de paz". Este é também um lugar fantástico para a família, pois possui uma lagoa artificial alimentada naturalmente pelo movimento das marés de Biscayne Bay. Aqui você pode usufruir do conforto de vestiários e banheiros sempre limpos. *9610 Old Cutler Rd. ☎ 305/665-5475. Aberta diariamente, de 8 h ao pôr do sol. Entrada: $5 por veículo.*

12th Street Beach Esta praia é a melhor para o público gay de Miami. Aqui, enquanto toma seu banho de sol, você verá alguns dos membros mais empertigados, intrometidos e fofoqueiros da glamourosa comunidade homossexual de Miami. Não use o banheiro público; em vez disso vá até o do restaurante Palace em Ocean Drive. *Ocean Drive e 12th St. ☎ 305/673-7714. Aberta diariamente, de 8 h ao pôr do sol.*

12th Street Beach, ponto de encontro da comunidade gay de Miami.

Virginia Key O local Key Biscayne onde as pessoas vão quando não querem ser encontradas. Aqui, há banheiros em boas condições de uso. *Ao norte de Rickenbacker Causeway. ☎ 305/575-5256. Aberta diariamente, de 8 h ao pôr do sol.*

A lagoa artificial do Matheson Hammock Park.

Os Melhores Campos de Golfe

Em Miami, há mais de 50 campos de golfe particulares e abertos ao público. Caso queira uma lista completa dos campos e seus preços, entre em contato com o Greater Miami Convention and Visitor's Bureau. ☎ 800/933-8448. www.miamiandbeaches.com.

★★★ **Biltmore Hotel** Indicamos este como o melhor campo de golfe aberto ao público, devido aos seus ***green fees*** acessíveis, aos 18 buracos e ao ***par*** 71 (nível de dificuldade de 71 tacadas). Localizado no espetacular gramado do hotel, é o campo de golfe preferido do ex-presidente Bill Clinton em Miami. *1210 Anastasia Ave.* ☎ *305/460-5364. www.biltmorehotel.com. Os preços variam entre $115 e $140 por jogo.*

Country Club of Miami Considerado um dos melhores da cidade, este ***country club*** possui três campos, com 18 buracos e diferentes níveis de dificuldade. Aqui você encontrará ***fairways*** exuberantes e ***greens*** inclinadas. *6801 Miami Gardens Dr.* ☎ *305/829-8456. www.golfmiamicc.com. Aberto diariamente, de 7 h ao pôr do sol. Os preços para uso dos campos e dos carrinhos de golfe variam entre $23 e $43, dependendo da temporada e do horário reservado. Preços especiais para partidas realizadas no fim da tarde.*

Crandon Park Golf Course Este parque possui o melhor campo de golfe municipal do estado, além de ser um dos cinco melhores do país. Localizado em uma área de 81 hectares à beira de Biscayne Bay, o local oferece lojas com artigos para profissionais, aulas, aluguel de equipamentos, carrinhos de golfe e um ***driving range*** bastante iluminado. *6700 Crandon Blvd.* ☎ *305/361-9129. www.crandongolfclub.com. Aberto diariamente desde o amanhecer até o pôr do sol. Preço para não residentes (incluindo carrinho) $59. Preços especiais para partidas realizadas no fim da tarde.*

O Crandon Park Golf Course.

Doral Golf Resort e Spa Aqui, você encontrará os melhores campos de golfe dentro de hotéis de Miami: os lendários Blue Monster, Gold, Great White Shark e Silver. *4400 NW 87th Ave. ☎ 800/592-2000. www.doralresort.com. Os preços por partida variam entre $175 e $325.*

Doral Park Country Club Apesar de terem nomes bem parecidos, este *Country Club* não tem nenhuma relação com o Doral Golf Resort e Spa. O local é um dos mais frequentados pelos amantes de golfe. Ligue para fazer sua reserva antecipadamente, pois esse desafiador campo com 18 buracos é um dos mais procurados pelos moradores da região. *5001 NW 104th Ave. ☎ 305/591-8800. Aberto diariamente no inverno das 6 h 30 min às 18 h e no verão das 6 h 30 min às 19 h. Ligue com antecedência, pois os preços estão sujeitos à alteração. Informações: ☎ 305/592-2000, ramal 2104.*

Fairmont Turnberry Isle Resort & Club Este resort possui dois campos de golfe projetados por Robert Trent Jones I, disponíveis para hóspedes e visitantes. *19999 W. Country Club Dr. ☎ 866/612-7739 ou 786/279-6770. www.fairmont.com. Os preços por partida (incluindo carrinho) variam entre $40 e $250.*

Haulover Beach Park Os golfistas à procura de um lugar bonito e barato para treinar, vão apreciar o Haulover Beach Park. O buraco mais distante deste campo de *par* 27 é de cerca de 125 jardas (114,3 m). *10800 Collins Ave. ☎ 305/940-6719. Aberto diariamente no inverno das 7 h 30 min às 18 h e no verão das 7 h 30 min às 19 h 30 min. Preço: $7 por pessoa.*

Miami Beach Golf Club Este clube de golfe possui um maravilhoso campo construído há 79 anos e reformado ao custo de $10 milhões. *2301 Alton Rd. ☎ 305/532-3350. www.miamibeachgolfclub.com. Os green fees variam entre $100 e $200, dependendo da estação.*

O Miami Beach Golf Club.

Miami por Mar

Passeios de barco

Boat Rental Plus Aqui, você pode alugar lanchas de 18 pés (5,4 m), com motores de 50 cavalos pelos melhores preços da praia. Os barcos da Rental Plus podem navegar apenas em Biscayne Bay ou nas regiões vizinhas (passeios em mar aberto são proibidos). O aluguel de barcos é permitido apenas aos maiores de 21 anos. O escritório da Boat Rental está localizado na 23rd Street em Miami Beach. Se quiser alugar algum barco em especial, ligue com antecedência e faça uma reserva, caso contrário vá até lá e aceite o que vier. *2400 Collins Ave.* ☎ *305/534-4307. Passeios com mínimo de duas horas de duração. Os preços variam entre $100 e $500 (e incluem impostos e combustível). Descontos aos domingos. Diariamente, de 10 h ao pôr do sol.*

Club Nautico Oferece lanchas de alta qualidade, próprias para pesca, esqui aquático, mergulho e passeios pela baía ou pelo oceano. Todos os barcos são equipados de acordo com os requisitos da guarda costeira, com rádios de alta frequência e equipamento salva-vidas. Visite o site para informações sobre outros locais onde o serviço é oferecido. *2560 S. Bayshore Dr.* ☎ *305/673-2502. www.clubnauticousa.com. Os preços dos passeios variam entre $359 e $469, $125 por hora. Diariamente, de 8 h – 18 h (dependendo das condições climáticas).*

Pesca

Na Flórida, é necessário que se tenha uma licença para pesca. Caso escolha uma das empresas listadas a seguir, você pode ficar sossegado, pois todas possuem licença. Se decidir pescar por conta própria, você terá de obter uma licença de pesca da Flórida ao custo de $17 por três dias ou $30 por uma semana. Ligue para ☎ 615/263-4257 ou acesse www.wildlifelicense.com. Além das sugestões a seguir, Key Biscayne oferece opções para pesca em alto mar para aqueles dispostos a abrir o bolso. Há diferentes tipos de barcos à sua escolha, mas os preços não variam muito, entre $400 e $ 450 por meio dia de pesca e entre $600 e $700 por um dia inteiro. Para *Surf Casting* (pesca na praia, aproveitando o movimento das marés), um dos melhores locais é ***Haulover Beach Park***, na Collins Ave. com 105th St., onde há uma loja de equipamentos de pesca no píer. Outro local muito procurado pelos amantes de pesca é **South Pointe Park,** onde há um longo píer, confortáveis bancos e uma maravilhosa vista dos navios que passam por Government Cut, o canal artificial construído para o porto de Miami. Na região de Miami também é possível a pesca em alto mar.

O **Kelley Fishing Fleet** (10800 Collins Ave. ☎ 305/945-3801; www.miamibeachfishing.com), oferece passeios de meio-dia, dia inteiro e à noite em barcos a diesel (para grupos) a preços acessíveis. A especialidade do Kelley é a pesca de corrico e a pesca de fundo de agulhões, cavalinhas, e caranhas. Os preços variam entre $22 e $ 49. Saídas diariamente às 9 h, 13 h 45 min e 20 h. Faça sua reserva com antecedência.

Ainda na Haulover Marina, você pode alugar o ***Helen C*** (10800 Collins Ave. ☎ 305/947-4081; www.fishmiamibeach.com). Apesar de haver vários barcos para alugar, o da Capitã Dawn Mergelsberg pode ser uma boa pedida, pois sua empresa reúne locatários individuais na mesma embarcação,até que o barco atinja sua capacidade máxima. O ***Helen C*** tem 55 pés (17 m), possui dois motores e é equipado para pesca de peixes graúdos como marlim, atum, dourado, tubarão e agulhão, ao custo de $150 por pessoa. Saídas diárias às 8 h e às 13 h. Passeios particulares também estão disponíveis.

Caso você esteja atrás de uma experiência inesquecível em um barco de pesca de grande porte procure a ***Sea Dancer*** do capitão Charlie Hotchkiss (☎ 305/733-5126. www.seadancercharter.com), que oferece barcos Luhrs de 38 pés (11 m), com mirante *tuna tower*, e cabine interna com ar-condicionado. Se você aprecia a pesca de grande porte (marlim, golfinho, atum, peixe espada e agulhão) – este barco é sob medida para você. Você pode praticar pesca esportiva ou deixar seu peixe já preparado, cortado em filés, e levá-lo para casa pronto para um belo jantar. A Sea Dancer também oferece passeios em alto mar para aqueles que só querem curtir o sol, como o Bar Cruz, um passeio de 6 horas de Miami a Fort Lauderdale ou o Sandbar Cruz, no qual o barco ancora perto da histórica Stiltsville em Biscayne Bay, onde você poderá nadar, pular de trampolim e praticar esportes aquáticos. A Sea Dancer oferece

Em Haulover Beach há uma loja de equipamentos de pesca no píer.

A Miami Beach Marina.

transporte automotivo de onde você estiver para qualquer ponto onde o barco esteja ancorado. Os preços variam entre $700 por meio dia de pescaria e $1.100 por dia inteiro. Os passeios custam $500.

Jet Skis/Waverunners

American Watersports. Localizado na Miami Beach Marina (Marina de Miami Beach), (300 Alton Rd. ☎ 305/538-7549. www.jetskiz.com), este é um dos melhores locais para você alugar um jet ski. Os preços variam entre $75 por meia hora e $140 por hora. Também são oferecidos passeios de jet ski com vista para casas de celebridades a $160 pela primeira hora e um adicional de $80 pela segunda hora.

Faça um passeio de caiaque acompanhado por um guia no parque Oleta River State Recreation Area.

Caiaque

O **Blue Moon Outdoor Center,** na 3400 NE 163rd St., no Oleta River Park (☎ 305/957-3040; www.bluemoonmiami.com), é o melhor lugar da cidade para se alugar um caiaque. As lojas daqui oferecem um mapa e instruções rápidas sobre como remar um caiaque. Eles também trabalham com belas excursões de quatro horas, com guias especializados, por entre rios em manguezais e ilhas; de três horas em caiaque e ***mountain bike*** a excursões ecológicas e em noites de lua cheia. Os preços variam entre $35 e $75 e o aluguel de caiaque entre $18 e $45. Durante os passeios, você passará pelo Blue Marlin Fish House, onde poderá fazer uma parada para degustar um delicioso peixe defumado. O restaurante está aberto diariamente das 9 h ao pôr do sol.

Passeios à Vela

Aquatic Rental Center, na 1275 NE 79th St., na região norte de Key Biscayne na Pelican Harbor Marina (☎ 305/751-7514, durante o dia, 305/279-7424, à noite; www.arcmiami.com) o levará para um passeio em alto estilo em um veleiro de 22 pés (6,7 m), cujos preços variam entre $85 por duas horas, $150 passeios de meio dia e $225 passeios de dia inteiro. Um passeio para duas pessoas em um veleiro Sunfish custa $30 por hora. Caso seu sonho seja a medalha de ouro de iatismo em Londres, mas não saiba velejar, os instrutores lhe darão uma mãozinha para chegar lá. O local oferece um curso de 10 horas, divididas em cinco dias ao preço de $350 dólares por pessoa ou $500 caso venha acompanhado de um amigo.

Mergulho

Diver's Paradise, 4000 Crandon Blvd. (☎ 305/361-3483. www.keydivers.com) oferece uma expedição submersa diária nos dias de semana e duas nos fins de semana aos mais de 30 navios naufragados e recifes artificiais na costa de Miami Beach e Key Biscayne. Você poderá fazer um curso de três dias para obter um certificado de mergulho por $499, incluindo todos os treinos de mergulhos e o equipamento. Caso você já tenha o C-card, o certificado válido internacionalmente, o passeio custará cerca de $100 caso precise alugar o equipamento e $60 se tiver o seu próprio. A Diver's Paradise está aberta de terça a sexta das 10 h às 18 h e aos sábados e domingos das 8 h às 18 h. Ligue com antecedência para informações sobre horários e locais dos mergulhos. Se quiser fazer um mergulho de ***snorkel***, a loja oferece todo o equipamento e mapas com a localização dos melhores visuais. O aluguel de máscaras, nadadeiras e ***snorkel*** custa $50.

South Beach Divers, 850 Washington Ave. (☎ 305/531-6110; www.southbeachdivers.com), é um centro onde você também poderá obter informações sobre os melhores locais para mergulho e alugar o equipamento necessário por $65. Caso prefira um mergulho de ***snorkel***, o equipamento custa $20. Aqui também são oferecidas expedições em Key Largo três vezes por semana e pela orla de Miami aos domingos por $100, incluindo mergulhos com dois tanques ou $80 se você tiver seu próprio equipamento.

Jose Cuervo Underwater Bar

Este é, com certeza, o mais divertido e inusitado local para mergulho em South Beach. Localizado a 135 metros ao sul do posto de salva-vidas da Second Street, este bar especializado em margaritas, construído com 22 toneladas de concreto foi submerso em 5 de maio de 2000 como parte do programa de construção de recifes artificiais em Miami, e foi, portanto, apelidado de "Sinko de Mayo". O local possui uma bandeira informando aos navegantes que há mergulhadores na área, seis banquetas e uma parede de proteção formada por tetraedros.

Veleje ao sabor dos ventos em Hobie Beach.

Windsurf

Sailboards Miami, Rickenbacker Causeway, Key Biscayne (☎ 305/361-7245. www.sailboardsmiami.com), possui dois pontos de aluguel; grandes caminhões amarelos estacionados na Windsurfer Beach, a mais famosa praia para a prática de windsurf da cidade (apesar de, em nossa opinião, Hobie Beach ser melhor). Para os iniciantes, são oferecidas aulas de duas horas por $69, com satisfação garantida ou seu dinheiro de volta. Depois de praticar, você poderá alugar uma prancha de wind por preços que variam entre $25 e $ 30 por hora. Caso queira curtir por muito tempo, compre um cartão pré-pago que lhe dará o direito de fazer windsurf por 10 horas ao custo de $200, reduzindo o preço em $70 por dia. O cartão tem um ano de validade. Aqui também são alugados caiaques. Aberto de terça a sábado das 10 h às 17 h 30 min. Vire a primeira direita após o pedágio (no início da Rickenbacker Causeway) e encontrará as lojas – não há como errar.

Miami por **Terra**

Passeios de bicicleta

A calçada pavimentada no extremo sul de South Beach é um excelente lugar para um passeio de bicicleta. Pedalar pela praia (propriamente dita ou por essa calçada) é uma forma fantástica de apreciar as ondas, tomar sol, se exercitar e ver gente bonita. A maior parte dos grandes hotéis alugam bicicletas, assim como a loja **Miami Beach Bicycle Center,** (601 5th. ☎ 305/674-0150; www.bikemiamibeach.com), que cobra $8 por hora ou $24 por até 24 horas. Os ciclistas podem circular por mais de 209 km de vias pavimentadas em Miami. As ruas tranquilas de Coral Gables e Coconut Grove (e as várias ciclovias dos locais) são perfeitas para ciclistas, onde árvores antigas formam uma cobertura sobre amplas ruas sem declives, com maravilhosas residências e antigas placas de rua. O terreno de **Key Biscayne** é perfeito para a prática do ciclismo, especialmente no parque e nas ruas à beira mar. Caso não se incomode com o barulho dos carros, pedale pela ponte **Rickenbacker Causeway,** um lugar fantástico, pois é um dos únicos locais onde você poderá vislumbrar Miami e seus canais vistos de cima. Mas não se esqueça de que essa é uma trilha cansativa, especialmente na subida. A **Key Cycling**, na 328 Crandon Blvd. (☎ 305/361-0061; www.keycycling.com), aluga ***mountain bikes*** por $15/duas horas, ou $20/dia inteiro.

Bancas de Fruta

Burr's Berry Farms Localizada no distrito de Goulds, a cerca de uma hora do Downtown, esta fazenda tornou-se famosa pelos deliciosos milk-shakes de morango. *12741 SW 216th St.* ☎ *305/251-0145.*

Burr's Berry Farms é conhecida/famosa pelos milk-shakes de morango.

***Como chegar:** Siga a US 1, sentido sul e vire à direita na SW 216th Street. A banca de frutas encontra-se a 1,5 km, sentido oeste. Aberta diariamente, de 9 h – 17 h 30 min.*

Knaus Berry Farm Para saborear um doce ou uma torta feita com frutas frescas, vá até esse lugar, conhecido como The Redlands (As Terras Vermelhas). Alguns dizem que esta é uma fazenda Amish, mas ela é administrada por um grupo de alemães batistas. A banca de frutas vende desde flores até sorvete caseiro. Não deixe de experimentar os famosos pãezinhos de canela feitos em Knaus Berry e esteja preparado para esperar na fila, pois aqui há pessoas vindas de todos os cantos da Flórida, incluindo Palm Beach. *15980 SW 248th St. ☎ 305/247-0668. Siga pela U.S. 1, sentido sul e vire à direita na 248th Street, a fazenda encontra-se a 4 km, à esquerda. Aberta de seg. – sáb., de 8 h – 17 h 30 min.*

Jardins Botânicos

★★ Fairchild Tropical Garden Este é o maior jardim botânico dos Estados Unidos. Nesta reserva de 34 hectares, você verá uma autêntica floresta tropical com plantas raras e exóticas, além de 11 lagos e muito verde. Palmiteiros, trepadeiras, palmeiras e outras espécies criam um cenário exuberante. Além de abrigar uma grande variedade de animais, mais de 100 diferentes espécies de pássaros foram vistos no local (peça uma lista completa na entrada). Não perca o passeio de bondinho de 30 minutos, narrado por um guia e parte a cada uma hora, entre as 10 h e as 15 h, durante a semana, e entre as 10 h e 16 h nos fins de semana. O local também possui um museu, uma cafeteria, uma área para piqueniques e uma loja de souvenires. Em Fairchild, também são realizadas importantes exposições de artistas como Dale Chihuly e Roy Lichtenstein. A exposição ***Windows to the Tropics*** (Vitrine dos Trópicos) simula uma floresta tropical, em 1 hectare. Reserve pelo menos duas horas de seu tempo para passear pelo local. *10901 Old Cutler Rd. ☎ 305/667-1651. www.ftg.org. Entrada: $25 adultos, $ 18 idosos, $12 crianças entre 6 e 17 anos, gratuita para crianças até 5 anos. Aberto diariamente, exceto no Natal, das 9 h 30 min – 16 h 30 min. Pegue a I-95 sentido sul, em direção à U.S. 1, vire à esquerda na LeJeune Rd. e siga em frente* *até a rotatória, siga pela Old Cutler Rd. O parque se encontra a 3,2 km.*

★★ **Kampong** O Kampong, em Biscayne Bay, Coconut Grove, é um jardim botânico de 3 hectares que possui uma grande variedade de árvores frutíferas tropicais, incluindo mangueiras, abacateiros e pomelos, além de árvores florais. O termo "Kampong", vem do malaio, e significa "casa no jardim", pois a família Fairchild construiu uma casa no local. O jardim faz parte da lista do Registro Nacional de Locais Históricos. Uma atração imperdível para os interessados em horticultura. *4013 Douglas Rd. www.ntbg.org/gardens/kampong.php. Aberto de seg. – sex. É necessário agendar as excursões com antecedência. Para informações sobre passeios e preços, entre em contato pelo ☎ 305/442-7169. Pegue a U.S. 1 até Douglas Rd. (SW 37th Ave.). Siga sentido leste por cerca de 1,5 km, o Kampong está a sua esquerda.*

Miami Beach Botanical Garden Devido ao fato da maioria dos turistas quererem ir às praias, o Jardim Botânico de Miami continua a ser um paraíso secreto. O exuberante Botanical Garden, com cerca de dois hectares é o perfeito refúgio para os que querem fugir da agitação da cidade. *2000 Convention Center Dr. ☎ 305-673-7256. Aberto de ter. – dom., de 9 h às 17 h. Entrada gratuita.*

★★★ **Vizcaya Museum and Gardens.** Esta *villa* magnífica, no melhor estilo *Gatsby,* foi inaugurada em 1916 com o intuito de ser residência de inverno de James Deering, um dos fundadores e antigo presidente da fundação International Harvester. O industrial era um amante da arte e arquitetura do século XVI e foram necessários 1.000 artesãos e cinco anos para construir sua mansão. Caso goste de antiguidades, esta casa é o lugar dos seus sonhos, com relíquias europeias e obras de arte dos séculos XVI a XIX. Um tour gratuito, com guia especializado, pelos 34 aposentos mobiliados no primeiro piso dura cerca de 45 minutos. O segundo piso, onde praticamente só há quartos de dormir, está aberto à visitação. Do lado de fora da mansão, você poderá vislumbrar os exuberantes jardins, decorados com estátuas, balaustradas e urnas decorativas, que oferecem uma bela vista de Biscayne Bay. Não deixe de visitar os aposentos no primeiro piso e depois passear pelos jardins da propriedade. *3251 S. Miami Ave.*

Caso deseje escapar da loucura da cidade, visite o Miami Botanical City Garden.

(ao sul de Rickenbacker Causeway), em North Miami Grove. ☎ 305/250-9133. www.vizcayamuseum.com. Entrada: $15 adultos, $10 idosos, $6 crianças entre 6 e 12 anos, gratuita para crianças abaixo de 5 anos. Visitas à villa/mansão diariamente, de 9 h 30 min – 17 h (a bilheteria fecha às 16 h 30 min). Jardins abertos diariamente, de 9 h 30 min – 16 h 30 min.

Parques e Trilhas

Bill Baggs Cape Florida State Park Bill Baggs tem sido continuamente citada com uma das 10 melhores praias dos Estados Unidos, em virtude de seus 2 km de extensão e seu ambiente tranquilo e isolado. Aqui você também encontrará o mais antigo farol do sul da Flórida, construído em 1825, além de uma barraca que aluga bicicletas, bicicletas aquáticas, caiaques, entre outros itens. Bill Baggs é um incrível local para piqueniques, mas caso não queira se dar ao trabalho de preparar seus quitutes, vá ao **Lighthouse Café** (☎ 305/361-8487) que possui um cardápio que oferece comida latina caseira, além de deliciosas sopas de frutos do mar e sanduíches (eles até mesmo fazem lanches para viagem). Pratos mais elaborados são oferecidos no **Boater's Grill** (☎ 305/361-0080) que oferece ensopado de camarão e sobremesas cubanas feitas pela proprietária de 80 anos. *Entrada: $8 por carro, com até oito passageiros, incluindo o motorista ou ($4 por carro com apenas uma pessoa ou $2 para aqueles de bicicleta ou a pé). Aberto diariamente, de 8 h ao pôr do sol. Visitas ao farol de qui. – seg., de 10 h – 13 h. Chegue com pelo menos uma hora de antecedência para reservar seu lugar pois só são permitidos 10 visitantes por vez. Siga pela I-95 até a Rickenbacker Causeway e continue até o final.*

★★★ Oleta River State Recreation Area Este é o maior parque urbano da Flórida, com uma área de 402 hectares. A beleza do Oleta River, combinada ao fato de ele estar no meio de uma cidade, o transforma em um lugar que vale a pena ser visitado. Aqui, você encontrará longas

O farol histórico do Bill Baggs Cape Florida State Park.

trilhas para ciclismo e canoagem, uma praia, uma loja para aluguel de caiaques e *mountain bikes*, o Blue Marlin Fishing House Restaurant além de locais para piquenique à sombra e um píer para pesca. As instalações contam com 14 cabanas para pernoite com ar-condicionado ao preço de $45 por noite (os hóspedes devem trazer sua própria roupa de cama e banho), banheiros com chuveiros e churrasqueiras. *3400 NE 163rd St. ☎ 305/919-1846, para reservas. ☎ 800/326-3521. Aberto diariamente, de 8 h ao pôr do sol. Entrada: $2 pedestres e ciclistas, $4 por carro ou $6 por carro com até 7 passageiros. Siga pela I-95 até a Exit 17 (saída 17/ S.R 826 E) e continue em frente, sentido leste até pouco antes da Causeway. A entrada do parque fica à direita.*

★★★ Redland Tropical Trail Tours Este tour o levará pelas fazendas do sul da Flórida até The Redlands, perto de Homestead. A excursão reserva muitas paradas, degustações, jardins botânicos, reservas ecológicas, orquidários e bancas de frutas, sem falar na **Schnebly Redland's Winery** (www.schneblywinery.com), vinícola que oferece música ao vivo (aos sábados e domingos) e degustação de vinhos em seu novo salão de $1,5 milhão. Caso queira passear por conta própria, há um mapa da excursão completa disponível online, mas não deixe de ligar com antecedência para se informar sobre o preço das atrações. ☎ *305/245-9180; www.redlandtrail.com.*

Tênis

Crandon Tennis Center O preço do aluguel de quadras rápidas varia entre $3 por hora durante o dia e $5 durante a noite. As quadras de saibro custam $6 por hora, durante o dia e não estão disponíveis no período da noite. *6702 Crandon Blvd.* ☎ *305/361-5263. Aberto de seg. – sex., de 8 h – 21 h; sáb. e dom., até as 18 h.*

Quadras de tênis públicas no Flamingo Park, em Miami Beach Há 19 quadras de saibro que podem ser alugadas por $4 por hora (para moradores) e $8 (para pessoas de fora). Não é possível fazer reserva de quadras; portanto chegue cedo, o que vale é a ordem de chegada. *1001 12th.* ☎ *305/673-7761. Horário de funcionamento: de seg. – sex. de 8 h – 21 h; sáb. e dom., de 8 h – 20 h.*

Surfside Tennis Center Quadras gratuitas para moradores locais e pessoas de fora pagam o mesmo preço do Flamingo Park, $8 por hora. *8750 Collins Ave.* ☎ *305/866-5176.*

Preston B. Bird e Mary Heinlein Fruit and Spice Park

Este parque com 12 hectares é o melhor exemplo do clima peculiar de Miami e abriga árvores frutíferas que você não encontrará em nenhum outro lugar do país. Caso haja um voluntário de plantão, você terá a oportunidade de aprender coisas fascinantes sobre este museu de flora e suas frutas exóticas e especiarias como ***akee***, ***Ugli***, carambola, fruta-pão e manga. Você se deslumbrará com as construções originais feitas com rochas de coral que datam de 1912. O festival de arte em janeiro e o de morangos em fevereiro estão entre os mais populares – e populosos – eventos realizados no parque. E o melhor de tudo? Você pode saborear qualquer fruta que tenha caído no chão (não é permitido pegar frutas diretamente das árvores). Na loja de souvenires do parque, você poderá degustar frutas saborosas e diferentes, comprar geleias preparadas com as frutas do parque, além de ingredientes exóticos e livros de culinária. 24801 SW 187th Ave., em Homestead. ☎ 305/247-5727. www.fruitandspicepark.org. Entrada: $8 adultos, $2 crianças até 12 anos. Aberto diariamente das 10 h às 17 h, (exceto no Natal). Os passeios pelo parque estão incluídos na entrada e são oferecidos às 11 h, 13 h 30 min e 15 h. Pegue a U.S. 1, sentido sul, vire à direita na SW 248th Street, e siga em frente por 8 km até chegar à SW 187th Avenue.

5 A Melhor **Gastronomia**

Nossas Dicas de Restaurantes

A Melhor **Churrascaria**
★★★ **Prime 112,** *$$$ 112 Ocean Dr. (p. 85)*

O Melhor **Hambúrguer**
★★★ **Clarke's, $$** *840 1st St. (p. 79)*

O Melhor quando **Você Não Está Pagando**
★★★ **Casa Tua,** *$$$ 1700 James Ave. (p. 78)*

O Melhor **Sushi**
★★★ **Nobu**, *$$$ 1901 Collins Ave. (p. 85)*

O Mais **Kitsch**
★ **Barton G. The Restaurant,** *$$$ 1427 West Ave. (p. 76)*

Os Melhores Pratos **de uma Chef Famosa**
★★★ **Michy's,** *$$$ 6927 Biscayne Blvd. (p. 84)*

O Melhor para **Ocasiões Especiais**
★ **The Forge,** *$$$$ 432 Arthur Godfrey Rd. (p. 80)*

O Melhor **Bistrô Francês**
★ **A La Folie,** *$ 516 Espanola Way (p. 75)*

O Melhor Restaurante **Cubano**
★★ **Puerto Sagua,** *$ 700 Collins Ave. (p. 86)*

Você apreciará Hambúrgueres e New Beetles no Big Pink.

O Mais **Romântico**
★★★ **Wish,** *$$$ 801 Collins Ave. (p. 88)*

O Melhor **Jantar ao Ar Livre**
★ **Big Fish,** *$$ 55 SW Miami Ave. Rd. (p. 77)*

O Melhor Restarurante **Italiano**
★★★ **Escopazzo,** *$$ 1311 Washington Ave. (p. 80)*

O Melhor Restaurante **Orgânico**
★★★ **Michael's Genuine Food & Drink,** *$$$ 130 NE 40th St. (p. 84)*

O Melhor Restaurante **Asiático**
★ **China Grill,** *$$$ 404 Washington Ave. (p. 78)*

O Melhor **Brunch**
★★★ **Blue Door, no Delano.** *$$$ 1685 Collins Ave. (p. 77)*

Os Melhores **Frutos do Mar**
★★ **Garcia's Seafood Grille & Fish,** *$ 398 NW N. River Dr. (p. 81)*

Os Melhores **Bolos**
★ **Icebox Café,** *$ 1657 Michigan Ave. (p. 82)*

A Mais Bela **Vista**
★★★ **Smith & Wollensky,** *$$$$ 1 Washington Ave. (p. 87)*

As Melhores **Boquinhas do Fim de Noite**
★ **La Sandwicherie, $** *229 14th St. (p. 83)*

O Melhor para **Crianças Exigentes**
★ **Big Pink**, *$ 157 Collins Ave. (p. 77)*

O Melhor para **Ver e Ser Visto**
★ **News Cafe**, *$ 800 Dr. (p. 85)*

Os **Preços mais Convidativos**
★ **Dogma Grill**, *$ 7030 Biscayne Blvd. (p. 79)*

Página anterior: Martini com queijo de cabra no Meat Market.

Restaurantes em **South Beach**

Restaurantes em Miami

Restaurantes em Miami de A a Z

★ **A La Folie** SOUTH BEACH *CULINÁRIA FRANCESA* A La Folie é um autêntico café francês, com mesinhas, balcão de madeira, e paredes repletas de jornais e revistas estrangeiros à disposição dos frequentadores, fará você checar a passagem para ver se viajou para Miami mesmo ou está na cidade errada. *516 Espanola Way. ☎ 305/538-4484. www.alafoliecafe.com. Entrées de $5 a $10. MC, V. Aberto diariamente para almoço e jantar. Veja o mapa da pág. 73.*

★★★ **Azul** BRICKELL *CULINÁRIA CONTEMPORÂNEA* O chef Clay Conley, ex-pupilo do renomado Todd English, cria o que há de melhor em termos de cozinha internacional, inspirado nos sabores da culinária mediterrânea, asiática, latino americana, e mesmo americana. A comida é um complemento do ambiente agradável deste restaurante à beira mar, que possui um amplo salão, com pé direito alto, cadeiras com estofados em seda e grandes vidraças que permitem a você apreciar a baía de Brickell Key enquanto janta. Os destaques incluem: cordeiro à moda marroquina, peito de pato marinado com missô e o nosso favorito "A Study in Tuna Roll", atum cru, tempurá de abacate, molhos asiáticos e caviar Ossetra. *Localizado no hotel Mandarin Oriental. 500 Brickell Key Dr. ☎ 305/913-8254. Entrées de $24 a $ 55. AE, DC, DISC, MC, V. Aberto de seg. – sáb., somente para jantar. Veja o mapa da pág. 74.*

★ **Balans** LINCOLN ROAD *CULINÁRIA INDO-MEDITERRÂNEA* Importado diretamente do Soho de Londres, o Balans oferece um cardápio baseado nas culinárias mediterrânea e asiática. Com um interior colorido, inspirado nos filmes das gangues de motoqueiros dos anos de 1960, o restaurante é um dos pontos de encontro favoritos dos gays e artistas para o *brunch* do fim de semana. O local oferece boa comida a preços acessíveis. Os destaques do cardápio incluem suflê de queijo acompanhado de folhas verdes temperadas com molho cítrico, curry vermelho

Frutos do mar e linda vista no Big Fish.

Restaurantes em **Coral Gables e Coconut Grove**

tailandês, filé de tilápia com ensopado indiano de grão de bico e iogurte. Se ficar na dúvida, o US1 Burger, prato mais famoso da casa, é sempre uma boa pedida. *1022 Lincoln Rd.* ☎ ***305/534-9191. Entrées de $9 a $37. AE, DISC, MC, V. Aberto diariamente para café da manhã, brunch, almoço e jantar. Veja o mapa da pág. 73.***

★ **Baleen** COCONUT GROVE ***CULINÁRIA MEDITERRÂNEA*** Aqui, a qualidade da comida compensa os preços salgados. ***Crab cakes***[1*] graúdos, vieiras defumadas em carvalho e carnes de alta qualidade estão entre as melhores ofertas do Baleen. A ***bisque***[2**] de lagosta é a melhor de Biscayne Bay. Os pratos são servidos ***à la carte***, portanto preste atenção aos preços de cada prato para não se assustar na hora de pagar a conta. Aproveite para apreciar a bela vista da orla de Miami que, com certeza, o deixará de queixo caído. ***4 Grove Isle.*** ☎ ***305/858-8300. www.groveisle.com. Preços entre $18 e $50. AE, DC, MC, V. Aberto diariamente para café da manhã, almoço e jantar. Veja o mapa acima.***

★ crianças **Barton G. The Restaurant** SOUTH BEACH ***CULINÁRIA AMERICANA*** Uma homenagem ao gourmet ***kitsch***; este é o ambiente do Barton G., que parece ser apenas mais um restaurante da moda. Entretanto, o cardápio oferece o que há de melhor da culinária americana, incluindo pratos apresentados com maestria. ***1427 West Ave.*** ☎ ***305/576-8881. www.bartong.com. Entrées de $10 a $50. AE, DC, DISC, MC.***

---

*1 *Bolinhos de caranguejo.*
*2 **Prato francês; com consistência de uma sopa cremosa.*

Aberto diariamente para jantar. Veja o mapa da pág. 73.

★ **Big Fish** DOWNTOWN *FRUTOS DO MAR* Não é fácil encontrar este pitoresco restaurante, às margens do Miami River, mas o esforço vale a pena. No menu, que tem como base frutos do mar, há algumas opções de delícias italianas (incluídas para atrair mais clientes). Além da boa comida, o restaurante oferece uma vista magnífica do horizonte de Miami. *55 SW Miami Ave. Rd.* ☎ *305/373-1770. Entrées de $15 a $ 35. AE, DC, MC, V. Aberto de seg. – sáb., para almoço e jantar. Veja o mapa da pág. 74.*

★ crianças **Big Pink** SOUTH BEACH *CULINÁRIA AMERICANA Scooters* e motos lotam as ruas que cercam o Big Pink, favorito dos ratos de praia e de boates, oferecendo porções generosas de pizzas, sanduíches, saladas e hambúrgueres. *157 Collins Ave.* ☎ *305/538-9996. www.bigpinkrestaurant.com. Preços entre $9 e $20. AE, DC, MC, V. Aberto diariamente para café da manhã, almoço e jantar. Veja o mapa da pág. 73.*

★★★ **Blue Door** SOUTH BEACH *CULINÁRIA FRANCO-BRASILEIRA* Perfeito exemplo do que há de mais requintado em termos de culinária em South Beach, este restaurante merece ser elogiado com termos que vão além de um medíocre "fabuloso". Com certeza, aqui você se concentrará mais na comida do que nas beldades que circulam pelo local, graças ao comando do renomado chef Claude Troigros. O cardápio oferece clássicos da culinária francesa preparados com ingredientes tropicais. O bufê do *brunch* de domingo é o melhor da cidade. *1685 Collins Ave.* ☎ *305/674-6400. Entrées de $31 a $46. AE, DC, MC, V. Aberto diariamente para café da manhã, almoço e jantar. Veja o mapa da pág. 73.*

★ **Brosia** DESIGN DISTRICT *CULINÁRIA MEDITERRÂNEA* O Brosia traz vida a este tranquilo reduto do Design District, com mosaicos decorando as paredes da parte externa e vários carvalhos de mais de 100 anos. O cardápio oferece pratos típicos da culinária mediterrânea como linguiça calabresa ***sopresatta*** e queijo ***manchego***, acompanhados de azeitonas e geleia de figo; camarão salteado preparado com alho e vinho xerez e costeletas de cordeiro grelhadas. Mas não deixe de reservar espaço para saborear o filé de carne de porco grelhado com alcaparras, pepininhos em conserva e mostarda em grão e as porções de fritas e aspargos assados temperados com alho. *163 NE 39th St.* ☎ *305/572-1400. www.brosiamiami.com. Entrées de $18 a $29. AE, DC, DISC, MC, V. Aberto de seg. – sex. para café da manhã, almoço e jantar e aos sáb. e dom., somente para jantar. Veja o mapa da pág. 74.*

★ **Café at Books & Books** SOUTH BEACH *CULINÁRIA AMERICANA* Nesta cafeteria, você encontrará mais do que os típicos sanduíches de atum com pão integral. As saladas e hambúrgueres são apetitosos, mas, após as 17 h, é a vez do chef Bernie Matz reinar com pratos únicos, como a suculenta fraldinha marinada servida com um molho de abacaxi e cebolas. *927 Lincoln Rd.* ☎ *305/695-8898. Preços entre $5 e $25. AE, NC, V. Aberto diariamente para café da manhã, almoço e jantar. Veja o mapa da pág. 73.*

★★★ **Casa Tua**

Clássicos da culinária francesa ganham um toque tropical no Blue Door.

Com diversos salões, o Casa Tua oferece o melhor da culinária italiana.

SOUTH BEACH *CULINÁRIA ITALIANA* O fantástico Casa Tua é um sofisticado hotel e restaurante com ar de *villa* italiana, localizado em uma casa estilo mediterrâneo construída em 1925, reformada para atender os hóspedes e clientes em alto estilo. No Casa Tua você poderá saborear seu jantar em um jardim encantador, em um salão confortável decorado no melhor estilo Ralph Lauren ou na área interna, onde poderá observar os chefs em ação. O preço das costeletas de cordeiro assadas é estratosférico, acima de $50, o que não é nada se comparado ao *Branzino* (peixe) para duas pessoas, que custa o dobro. Entretanto, o serviço deixa a desejar; você pode ser atendido por um garçom ultra profissional ou por outro totalmente displicente. Com esses preços, o Casa Tua deveria cortar nossa carne e nos estender um tapete vermelho. *1700 James Ave. ☎ 305/673-0973. www.casatuahotel.com. Entrées de $24 a $100. AE, DC, MC, V. Aberto diariamente para jantar. Veja o mapa da pág. 73.*

★ **Chef Allen's** AVENTURA *CULINÁRIA DO NOVO MUNDO* Neste restaurante, cuja especialidade é a culinária do novo mundo, que mistura ingredientes da cozinha latino-americana e caribenha com formas de preparo europeias, o chef Allen é o cara. Um verdadeiro *expert* na combinação de frutas tropicais, temperos e legumes exóticos, ele transforma de maneira espetacular limas e mangas provenientes das Keys em suculentos molhos e temperos; usa fubá, ***tamarindo***, cebolinha e queijo ***manchego*** no preparo de petiscos de camarão e ***grits brûlée***; combina garoupa com camarão, alho poró, manga e rum de coco e prepara peixe olhete com açafrão e quinoa vermelha. *19088 NE 29th Ave. ☎ 305/935-2900. www.chefallens.com. Preços entre $19 e $48. AE, DC, MC, V. Aberto diariamente somente para jantar. Veja o mapa da pág. 74.*

★ **China Grill** SOUTH BEACH *CULINÁRIA ASIÁTICA* Além do ambiente agradável e das porções generosas, este restaurante oferece carnes, peixes, frutos do mar e massas preparados ao estilo típico das culinárias chinesa e japonesa, como salmão na grelha, com molho de mostarda à moda chinesa e espinafre crocante, acompanhado de purê de batata com raiz forte, sem falar no atum assado com pimenta japonesa, bolinho de talo de brócolis e panquecas de lagosta e uma tentadora vitrine de sobremesas. *404 Washington Ave. ☎ 305/534-2211. www.chinagrillmgt.com/restaurants-and-bars/china-grill-miami. Entrées de $26 a $59. AE, DC, DISC, MC, V. Aberto de seg. – qui. para almoço e de sex. – sáb. para jantar. Veja o mapa da pág. 73.*

★★★ **Christy's** CORAL GABLES *STEAKHOUSE* O Christy's é um lugar onde as conversas são sussurradas e ninguém liga para quem está sentado ao lado, seja um João Ninguém ou Britney Spears. As estrelas do restaurante são as costeletas de cordeiro grelhadas, as carnes de primeira, preparadas com molho de raiz-forte, o filé-mignon marinado à *teriyaki*, o peixe grelhado com ervas, os empanados de caranguejo e Caesar Salad perfeitamente misturada. *3101 Ponce de Leon Blvd. ☎ 305/446-1400. www.christysrestaurant.com. Entrées de $20 a $48. AE, DC, DISC, MC, V. Aberto de seg. – sáb. para almoço e jantar, aos dom. somente para jantar. Veja o mapa da pág. 76.*

★★ **Clarke's** SOUTH BEACH *CULINÁRIA IRLANDESA* Aqui, você encontrará muito mais do que a canecas de *Guinness*. Aqui, o ponto alto é o ambiente acolhedor, com mesinhas, um belo bar com balcão de madeira de lei, repleto de bebidas, além do cardápio gourmet que não oferece apenas salada de batata com salsichão e sanduíches, transforma o Clarke's em um *gastropub. 840 1st St. ☎ 305/538-9885. www.clarkesmiamibeach.com. Entrées $10 e $27. AE, MC, V. Aberto de seg. – sex. para almoço e jantar, sáb. somente para jantar, e dom., para brunch e jantar. Veja o mapa da pág. 73.*

★ **Dogma Grill** BISCAYNE CORRIDOR *CULINÁRIA AMERICANA* Um pedacinho de Los Angeles (na forma de banca bem-humorada de hot-dogs) em um trecho simples da Biscayne Boulevard. *7030 Biscayne Blvd. ☎ 305/759-3433. www.dogmagrill.com. O preço dos hot-dogs varia entre $3 e $5. Cartões de crédito não são aceitos. Aberto diariamente para almoço e jantar. Veja o mapa da pág. 74.*

No Clarke's você encontrará muito mais do que um simples pub.

★ **El Rancho Grande** SOUTH BEACH *CULINÁRIA MEXICANA* O El Rancho Grande, um dos favoritos dos moradores de South Beach, oferece além do ambiente simples, pratos típicos da culinária mexicana preparados com ingredientes super frescos. *1626 Pennsylvania Ave. ☎ 305/673-0480. Entrées de $10 a $ 20. AE, DC, MC, V. Aberto diariamente para almoço e jantar. Veja o mapa da pág. 73.*

Além de servir hot-dogs, o Dogma traz bom humor à Miami.

Café Cubano

Apesar das dezenas de filiais da Starbucks espalhadas por Miami, os moradores ainda procuram/vão às cafeterias cubanas para garantir sua dose diária de cafeína. Mas, fique atento, pois muitas delas servem um simples ***espresso*** como se fosse um café cubano. Caso queira provar o verdadeiro, vale a pena ir a uma das duas mais famosas (e animadas) cafeterias cubanas: a **La Carreta** (3632 SW 8th St. ☎ 305/444-7501) e a **Versailles** (3555 SW 8th St. ☎ 305/444-0240).

O café cubano tornou-se uma tradição em Miami. Normalmente, é servido nos balcõezinhos externos das centenas de cafeterias e ***lancherías*** da cidade, especialmente em Little Havana, Downtown e nas praias. Dependendo do local e do pedido, você irá gastar entre $0,40 e $1,50 por xícara.

O melhor café cubano tem uma espuma espessa que se forma na superfície quando a xícara, já contendo açúcar, é colocada na máquina de café. A combinação do jato de café saído da máquina com o açúcar cria uma bebida doce, caramelizada e forte, apreciada pelos moradores, independentemente de suas origens.

E, para apreciar esta delícia, peça em espanhol: "***¿Tienen café cubano?***"

★ **11th Street Diner** SOUTH BEACH *CULINÁRIA AMERICANA* Além de ser o único autêntico ***diner*** na praia o ambiente do 11th Street é muito mais alegre do que o encontrado nas grandes franquias. Aqui, você verá os tipos mais inusitados, em especial os beberrões, que aqui se reúnem a qualquer hora do dia ou da noite. Seu passeio, com certeza, vai se transformar em uma divertida aventura. ***11th Street & Washington Ave. ☎ 305/534-6373. www.eleventhstreetdiner.com. Preços entre $8 e $15. AE, MC. Aberto diariamente para almoço e jantar. Veja o mapa da pág. 73.***

★★★ **Emeril's Miami Beach** SOUTH BEACH *CULINÁRIA CREOLE* Caso você nunca tenha visitado a matriz de Nova Orleans comandada pelo chef Emeril e queira experimentar o melhor da culinária ***Creole*** – uma combinação da culinária espanhola com a culinária africana, típica da Louisiana, cujos pratos ***principais*** são o ***gumbo*** (ensopado com quiabo e ***camarões***) e o ***jambalaya***, uma espécie de paella com arroz, frango, presunto cru, lagostins e muita pimenta – vale a pena ir à filial de South Beach. O restaurante com 740 m² é uma das grandes atrações locais. Decorado com curiosos lustres na área do bar e iluminação ambiente no salão, o Emeril's possui uma grande adega e uma cozinha aberta à visitação, algumas vezes comandada pelo próprio chef Emeril. ***Localizado no Loews Hotel em 1601 Collins Ave. ☎ 305/695-4550. www.emerils.com. Preços entre $18 e $50. AE, MC, V. Aberto diariamente para almoço e jantar, aos domingos também aberto para brunch. Veja o mapa da pág. 73.***

★★★ **Escopazzo** SOUTH BEACH *CULINÁRIA ITALIANA* Caso tenha sorte de conseguir uma mesa no romântico Escopazzo, escolha o último salão, que possui uma fonte e janelas ornamentadas com paisagens deslumbrantes – lembra um legítimo pátio italiano. O cardápio inclui macarrão de manjericão com lula, carnes, peixes e pratos especiais para vegetarianos, todos preparados com sofisticação e estilo. As massas feitas à mão e o risoto beiram a perfeição. ***1311 Washington Ave. ☎ 305/674-9450. www.escopazzo.com. Preços entre $27 e $55. AE, MC, V. Aberto diariamente para jantar. Veja o mapa da pág. 73.***

★ **The Forge** MIAMI BEACH *STEAKHOUSE.* Os painéis de carvalho em estilo inglês e os magníficos vitrais Tiffany são um prenúncio de preços altos e cozinha de primeira qualidade, e é exatamente isto o que encontrará no The Forge. Como o restante do cardápio, as entradas oferecem clássicos que vão desde caviar Beluga e sopa de cebola até coquetel de camarão e escargot. Caso seja temporada de pesca de caranguejos, não deixe de experimentar os famosos ***stone crabs***. Como prato principal, você pode escolher qualquer uma das opções de frutos do mar, frango ou vitela, mas é sempre bom lembrar que o restaurante foi agraciado com vários prêmios de culinária por sua carne bovina. A seleção de vinhos do The Forge também é admirável, portanto não deixe de pedir para visitar a adega. *432 Forty 1st Street ☎ 305/538-8533. Entrées de $25 a $60. AE, DC, MC, V. Aberto diariamente para jantar. Veja o mapa da pág. 73.*

★ Fratelli Lyon DESIGN DISTRICT *CULINÁRIA ITALIANA* Localizado em um fabuloso showroom de móveis modernos, o Fratelli é uma das grandes atrações do Design District. As cadeiras – desconfortáveis e bonitas – estão à venda e custam uma fortuna; em contrapartida, quando falamos de vinhos e queijos, os preços são bem mais leves. Propriedade do antigo dono de um ***catering***, o restaurante oferece uma enorme variedade de antepastos, pizzas e saladas e um delicioso risoto de açafrão com ossobuco desossado. O Fratelli também é uma excelente opção para almoço. *4141 NE 2nd Ave. ☎ 305/572-2901. www.fratellilyon.com. Preços dos pratos principais entre $8 e $25. AE, DC, DISC, MC, V. Aberto de seg. – sáb. para almoço e jantar, fechado aos domingos. Veja o mapa da pág. 74.*

★ Front Porch Café SOUTH BEACH *CAFÉ DA MANHÃ* Localizada em um modesto hotel Art Déco, esta cafeteria é muito conhecida pelo café da manhã de preço baixo. Aqui alguns dos garçons são arrogantes e displicentes, portanto, caso esteja com pressa, procure outro lugar. O Front Porch fica lotado nos fins de semana e as filas são regra, não exceção. Deguste as famosas ***French toasts*** à moda da casa com bananas e nozes, deliciosas omeletes e frutas frescas. *Localizada no Penguin Hotel, em 1418 Ocean Dr. ☎ 305/531-8300. Pratos principais entre $5 a $18. AE, DC, DISC, MC, V. Aberto diariamente para café da manhã, almoço e jantar. Veja o mapa da pág. 73.*

★★ Garcia's Seafood Grille & Fish DOWNTOWN *FRUTOS DO MAR* Excelente opção para uma refeição, literalmente, às margens do Miami River, o Garcia oferece, além da bela vista, um cardápio simples, mas que inclui saborosos peixes e frutos do mar sempre frescos, preparados das mais diversas formas: grelhados, fritos, ensopados e cozidos. Os melhores peixes, em nossa opinião, são os feitos com alho ou molho de ervas. Os pratos principais costumam vir acompanhados de salada de folhas verdes ou sopa de garoupa, e arroz com açafrão e cominho ou fritas. A entrada é cortesia da casa. *398 NW N. River Dr. ☎ 305/375-0765. Entrées de $5 a $18. AE, DC, DISC, MC, V. Aberto diariamente para café da manhã, almoço e jantar. Pratos principais entre $14 e $23. AE, DC, DISC, MC, V. Aberto diariamente para almoço e jantar. Veja o mapa da pág. 74.*

★ George's in the Grove COCONUT GROVE *CULINÁRIA FRANCESA* Este sofisticado bistrô francês, com atmosfera agradável e um toque

Fogo de Chão

Essa churrascaria, legitimamente brasileira (fundada em Porto Alegre, Rio Grande do Sul) transcende os padrões sendo, de fato, um complexo gastronômico onde você pode provar os mais variados tipos de frios, saladas, queijos, vinhos e muito mais. Mesmo com tantas opções, não perca a oportunidade de degustar os 15 deliciosos cortes de carne que o restaurante oferece. 836 1st St., Miami Beach. ☎ 305/672-0011. Almoço $29,50 ($19,50 somente bufê de frios) de seg. – sex., de 12 h – 14 h 30 min. Jantar $46,50 ($19,50 somente bufê de frios) de seg. – qui., de 17 h 30 min – 22 h 30 min; sex., de 17 h 30 min – 23 h; sáb., de 17 h – 23 h; dom., de 15 h – 21 h. Crianças com 5 anos ou menos não pagam – de 6 a 10 anos, pagam metade do preço.

cosmopolita, oferece desde clássicos como *ratatouille* e filé com fritas até uma deliciosa *tarte tatin* de manga, bem ao estilo Miami. A comida é boa, mas o ambiente é ainda melhor e conforme a noite avança a música aumenta e tudo vira festa. *3145 Commodore Plaza.* ☎ *305/444-7878. Pratos principais de $13 a $40. AE, DC, MC, V. Aberto de terça a domingo para jantar.* *Veja o mapa da pág. 76.*

★ **Grass** DESIGN DISTRICT *CULINÁRIA ASIÁTICA E AMERICANA* O Grass é um restaurante e lounge, onde a prioridade é oferecer pratos de altíssima qualidade. Pratos únicos incluem o dourado marinado no gengibre e suco de lima, *rib eye* de gado de pasto defumado e grelhado e salmão selvagem com gengibre e wasabi. O restaurante fica na área externa da casa, onde há um bar chique-rústico com um jardim tropical com parreiras, bambu e orquídeas, portanto o local depende do clima. Mas quando o clima está agradável, o Grass é uma excelente opção para quem está cansado dos ultramodernos restaurantes de Miami. *28 NE 40th St.* ☎ *305/573-3355. Pratos principais de $20 a $80. AE, DC, MC, V. Aberto de seg. – sáb. para almoço e jantar.* *Veja o mapa da pág. 74.*

★★★ **Hy Vong** LITTLE HAVANA *CULINÁRIA VIETNAMITA* Este restaurante vietnamita combina com primor o melhor da cozinha asiática e francesa. Os pratos oferecidos são simples, mas elegantes e bem picantes. As entradas incluem os famosos rolinhos primavera à moda vietnamita, além de *kimchi*, um prato à base de repolho picante fermentado. Dentre os *entrées* mais famosos estão o pastelão de frango regado com um molho de cream cheese e agrião e o peixe com molho picante de manga. *3458 SW 8th St.* ☎ *305/446-3674. Pratos principais de $7 a $20. AE, DISC, MC, V. Aberto diariamente para jantar.* *Veja o mapa da pág. 76.*

★ **Icebox Café** SOUTH BEACH *SOBREMESAS* Os moradores de Miami adoram o Icebox em virtude dos pratos simples que oferece como tortas salgadas, sanduíches de atum, ovos, servidos no café da manhã, almoço e jantar. Mas, aqui, a estrela são as sobremesas (Oprah Winfrey é fã de carteirinha). No Icebox, você irá saborear o melhor bolo de chocolate e bolo *pound cake*[3*] e a melhor torta de banana, todos preparados com um toque caseiro. *1657 Michigan Ave.* ☎ *305/538-8448. www.iceboxcafe.com. Pratos principais e sobremesas entre $3 e $10. AE, MC, V. Aberto diariamente para café da manhã, almoço e jantar.* *Veja o mapa da pág. 73.*

★ **Joe Allen** SOUTH BEACH *CULINÁRIA AMERICANA* Localizado em South Beach, às margens da baía, o Joe Allen não possui letreiros de neon, manobristas ou pedestres estilosos passeando pela calçada; entretanto, ao entrar, você descobrirá uma joia rara:

O Joe's Stone Crab tem patas de caranguejos de todos os tamanhos.

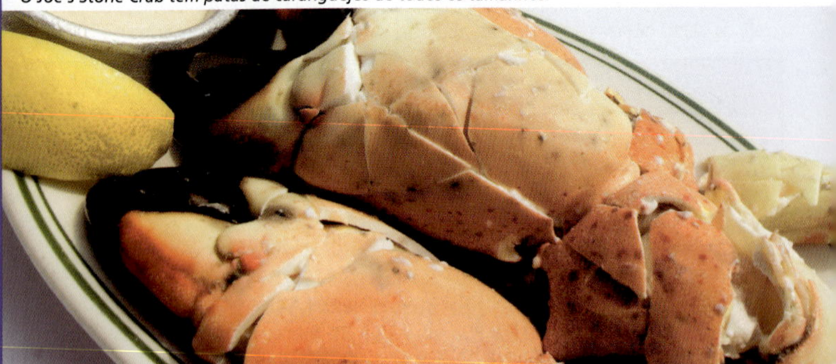

3*N.C.: bolo preparado com todos os ingredientes na proporção 1:1.

Aqueles que curtem a noite são fãs do La Sandwicherie.

um ambiente austero, mas elegante, sem futilidades que oferece porções generosas de pizza, peixe, saladas e o típico bolo de carne da culinária americana a preços razoáveis. O restaurante, com sua atmosfera caseira, é um dos favoritos dos moradores que querem escapar do agito, sem perder a qualidade. *1787 Purdy Ave.* ☎ *305/531-7007. www.joeallenrestaurant.com. Preços entre $15 e $25. MC, V. Aberto diariamente para almoço e jantar. Veja o mapa da pág. 73.*

★★ **Joe's Stone Crab** SOUTH BEACH *FRUTOS DO MAR* Aberto somente durante a temporada de pesca de caranguejo (de outubro a maio), o Joe's atrai multidões oferecendo os mais frescos (apesar de esta não ser uma opinião unânime), e mais suculentos caranguejos com os indispensáveis acompanhamentos: creme de espinafre e batatas doces fritas. As porções de pata de caranguejo são servidas em quatro diferentes tamanhos: *medium, large e jumbo. 11 Washington Ave.* ☎ *305/673-0365. www.joesstonecrab.com. Entrées de $8 a $65. AE, DC, DISC, MC, V. Aberto diariamente de outubro a maio para almoço e jantar. Veja o mapa da pág. 73.*

★ **La Sandwicherie** SOUTH BEACH *SANDUÍCHES* Este bar gourmet especializado em sanduíches, aberto até o amanhecer, foi feito sob medida para os esfomeados jovens frequentadores de boates, motociclistas e tatuadores que trabalham na redondeza. Para muitos, na realidade, fechar a noite com chave de ouro é devorar um sanduba de peru no La Sandwicherie. *229 14th St.* ☎ *305/532-8934. www.lasandwicherie.com. Sanduíches entre $6 e $12. AE, MC, V. Aberto diariamente para café da manhã, almoço e jantar. Veja o mapa da pág. 73.*

★ **Meat Market** SOUTH BEACH *STEAKHOUSE* O foco deste restaurante, como o próprio nome diz, são as carnes, servidas *à la carte*, mas os frutos do mar roubam a cena (não deixe de experimentar o dourado). Os aperitivos incluem o divino tártaro de carne *Kobe*, vieiras defumadas e tártaro de atum. As porções são generosas e há um sommelier que poderá ajudá-lo na escolha do melhor vinho para acompanhar seu prato. Aqui, você será tratado como rei, pois o Meat Market oferece o melhor serviço de Lincoln Road. O sofisticado ambiente mescla toques femininos (como os assentos em cor creme e paredes com painéis de madeira clara) com toques masculinos (detalhes em madeira rústica envelhecida), não deixando de mencionar a iluminação de Lucite, que dá um ar acolhedor ao local. *915 Lincoln Rd.* ☎ *305/532-0088. www.meatmarketmiami.com. Entrées de $25 a $ 52. AE, DC, DISC, MC, V. Aberto diariamente para o jantar. Veja o mapa da pág. 73.*

★★★ **Michael Mina's Bourbon Steak** AVENTURA *STEAKHOUSE* Aqui, você se sentirá em Las Vegas. No Michael Mina's tudo é grandioso, desde o próprio restaurante, com uma área de 706 m², até a deslumbrante adega, totalmente feita de vidro, que ocupa uma parede inteira do salão principal – sem mencionar os preços. Esta é a única filial da casa no sul da Flórida, e, caso você não se importe em gastar, vale muito a pena. Comece seu jantar pedindo uma porção de ostras, depois um corte de carne *Angus* ou *Kobe* americana ou japonesa – um *rib eye* pode lhe custar $190. Os acompanhamentos são também irresistíveis, creme de milho temperado com *jalapeño* e o tradicional *mac and cheese* americano, servido com molho de trufas. Cuidado para não se empanturrar com os aperitivos grátis – focaccia de batata com manteiga trufada e cebolinha. *No Fairmont Turnberry Isle & Club, 1999 W. Country Club Dr.* ☎ *786/279-6600. Preços dos pratos principais entre $22 e $190. AE, DC, DISC, MC, V. Aberto de seg. – sáb. somente para jantar. Veja o mapa da pág. 74.*

★★★ **Michael's Genuine Food & Drink** DESIGN DISTRICT *CULINÁRIA AMERICANA* No Michael's, o salão sofisticado, porém modesto e as mesinhas na área externa estão normalmente lotados por alternativos do Design District, aficionados por comida e celebridades graças ao talento do chef e proprietário Michael Schwartz. A comida é fantástica, preparada com ingredientes orgânicos frescos, alguns retirados diretamente da horta de Michael para sua mesa. Devido à ênfase na produção de pequenos produtores e fazendeiros locais, o cardápio muda diariamente de acordo com a disponibilidade de produtos. O tamanho dos pratos é variado e você pode escolher entre pequeno, médio, grande e extra grande. Os preços são convidativos, mas com certeza você terá problemas para decidir o que comer. *130 NE 40th St.* ☎ *305/573-5550. www.michaelsgenuine.com. Pratos principais entre $14 e $46. AE, DC, DISC, MC, V. Aberto de seg. – sex. para almoço e jantar, de sáb. – dom., somente jantar, e aos domingos, também para brunch. Veja o mapa da pág. 74.*

★★★ **Michy's** BISCAYNE CORRIDOR *CULINÁRIA CONTEMPORÂNEA* A chef celebridade Michelle Bernstein decidiu abandonar seu porto seguro no restaurante Azul, localizado no sofisticado hotel Mandarin Oriental Miami, para abrir sua própria casa – um aconchegante bistrô, com 50 lugares, na efervescente região de Upper East Side. Caso esteja dirigindo rapidamente, você passará batido pela acanhada fachada que esconde um interior extravagante, decorado em estilo retrô, com predominância das cores azul e laranja. Aqui, entradas croquetes de queijo azul com presunto são saboreadas aos montes. Também oferecem pato cozido com vinho xerez e pêssegos, ceviche, *escargot* com salsa, manteiga e alho e pães salteados com bacon e suco de laranja. Não há nada comum no Michy's, a não ser o fato de que é quase impossível conseguir uma reserva se ela não for feita com semanas de antecipação. *6927 Biscayne Blvd.* ☎ *305/759-2001. www.michysmiami.com. Não deixe de fazer sua reserva com antecedência. Pratos principais entre $15,00 e $30,00. AE, DC, MC, V. Aberto de ter. – sex. para almoço e jantar, de sáb. – dom. somente jantar. Veja o mapa da pág. 74.*

★★ **Nemo** SOUTH BEACH *CULINÁRIA ASIÁTICA E INTERNACIONAL* O Nemo é um restaurante chique e badalado com um salão de onde se pode observar o movimento da cozinha

Os fãs de sushi, não podem deixar de ir ao famoso Nobu.

e uma área externa com mesinhas protegidas pelas copas de árvores frondosas. A eclética clientela inclui desde aficionados em comida até beldades. Algumas das razões para comer neste restaurante: carne suína grelhada e temperada à moda indiana, dourado grelhado com frutas cítricas e salada de cebola doce grelhada, ***kimchi*** com manjericão e batatas crocantes. As sobremesas são deliciosas e preparadas para aqueles que não estão de olho nas calorias. ***157 Collins Ave. ☎ 305/538-9996. www.nemorestaurant.com. Pratos principais entre $26 e $48. AE, MC, V. Aberto diariamente para jantar e de seg. – sáb. para almoço. Brunch aos domingos. Veja o mapa da pág. 73.***

★ **News Cafe** SOUTH BEACH ***CULINÁRIA AMERICANA*** Apesar de ser mais conhecido pelos moradores de Miami, vários turistas já procuram o News Cafe. Vale a pena esperar por uma mesa na calçada, a não ser que esteja extremamente quente ou chovendo. O serviço deixa muito a desejar (talvez porque a gorjeta já está incluída na conta), mas o cardápio oferece boas opções – desde sanduíches e saladas a massas e omeletes. ***800 Ocean Dr. ☎ 305/538-6397. www.newscafe.com. Preços entre $5 e $20. AE, DC, MC, V. Aberto 24 horas para café da manhã, almoço e jantar. Veja o mapa da pág. 73.***

★★★ **Nobu** SOUTH BEACH ***SUSHI*** Considerado um dos melhores restaurantes especializados em sushi do mundo, o Nobu tem filiais em Nova York, Londres, Los Angeles etc, sempre lotadas. Não deixe de experimentar a ***Omakase,*** a escolha do chef. Apesar de não ter de esperar muito pelo seu pedido, com certeza terá de esperar uma eternidade por uma mesa. ***Localizado no Shore Club Hotel, 1901 Collins Ave. ☎ 305/695-3232. www.noburestaurants.com. Preços entre $26 e $70. AE, MC, V. Aberto diariamente somente para jantar. Veja o mapa da pág. 73.***

★★★ **Oceanaire** BRICKELL ***FRUTOS DO MAR*** Com restaurantes cuja fachada e interior são inspirados em um navio de cruzeiro, a Oceanaire é uma das mais caras redes de restaurantes dos Estados Unidos especializadas em peixes e frutos do mar, tão frescos que deram fama ao restaurante. No movimentado e elegante salão da filial de Miami, desfilam desde os ricos e poderosos até gourmets, todos à procura dos pratos preparados com os peixes mais frescos da cidade. Este cenário não é regra, porém, são poucos os restaurantes em Miami que oferecem salmão na brasa temperado com pimenta ***guajillo***, acompanhado de cebolas vermelhas crocantes; ou optar por marlim-listrado, tudo preparado sob o comando do talentoso chef Sean Bernal, um dos participantes do famoso programa ***Pesca Mortal***, transmitido pela Discovery Channel. ***900 S. Miami Ave. ☎ 305/372-8862. www.theoceanaire.com. Preços entre $15 e $30. AE, DC, MC, V. Aberto de seg. – sex. para almoço e diariamente para jantar. Veja o mapa da pág. 74.***

★★★ **Ortanique on the Mile** CORAL GABLES ***CULINÁRIA CARIBENHA*** No Ortanique de Miami, a chef e proprietária Cindy Hutson oferece pratos elaborados da culinária caribenha contemporânea, os quais também fazem parte do menu dos Ortaniques em Washington e Las Vegas. Comece sua refeição com a ***bisque*** de abóbora ou a salada tropical de manga, em seguida peça o badejo marinado à teriyaki e óleo de gergelim, servido com um molho licoroso de ***Ortanique*** (híbrido entre laranja doce e tangerina) e purê de banana da terra com batata-doce. Não deixe de perguntar sobre a sugestão da chef. ***278 Miracle Mile. ☎ 305/446-5695. www.cindyhutsoncuisine.com. Preços entre $19 e $40. AE, DC, MC, V. Aberto diariamente para jantar. Veja o mapa da pág. 76.***

★★★ **Prime 112 (Prime One Twelve)** SOUTH BEACH ***STEAKHOUSE*** O ambiente sofisticado deste restaurante, ponto de encontro de celebridades com um bar (que serve tirinhas de bacon frito em vez dos amendoins), está em segundo plano; aqui a carne é a estrela, sendo considerada a melhor da cidade. O filé-mignon, com cerca de 350 gramas, é grelhado com perfeição, e pode vir acompanhados de diferentes acompanhamentos (por um preço), como

Passeio pela Culinária Latina

Pronto para jantar em Little Havana? A maioria dos restaurantes tem cardápios em inglês e espanhol. Caso você só fale português e inglês, segue abaixo uma descrição dos principais pratos oferecidos:

Arroz con pollo: frango assado com arroz temperado com açafrão e legumes picados.
Café Cubano: Café bem forte, servido em xícaras pequenas com bastante açúcar. Ótimo para despertar.
Ceviche: peixe temperado e marinado com vinagre e limão.
Croquetas: croquetes com recheio de presunto, frango ou peixe.
Paella: um prato espanhol de frango, linguiça, frutos do mar e carne suína com arroz, açafrão e ervilhas.
Palomilla: bife fino normalmente servido com cebola, salsa e uma montanha de fritas.
Pan Cubano: pão branco comprido e crocante. Peça ***tostada*** – ***pan cubano*** tostado com muita manteiga.
Picadillo: cozido de carne, com molho madeira, ervilha, pimentões, passas e azeitonas.
Plátano: banana-da-terra frita.
Pollo asado: frango assado, com pele crocante, acompanhado de cebola.
Ropa vieja: carne desfiada. A tradução literal do nome do prato é "roupa velha".
Sopa de pollo: canja de galinha.
Tapas: petiscos típicos da Espanha, servidos em generosas porções.

molho de trufas, ***foie gras*** e ***chipotle***. *112 Ocean Dr. ☎ 305/532-8112. www.prime112.com. Aconselha-se fazer reserva com antecedência. Preços entre $20 e $88. AE, DISC, MC, V. Aberto de seg. – sex. para almoço e jantar, aos sáb. e dom. somente para jantar. Veja o mapa da pág. 73.*

★★ **Puerto Sagua** SOUTH BEACH *CULINÁRIA CUBANA* Este típico ***diner***, com paredes marrons, é um dos mais antigos redutos de South Beach, reunindo ***abuelitos*** (vovôs), políticos locais e pessoas descoladas, todos em busca de boa comida – apesar de esta ser um pouco gordurosa. Se quiser um prato mais leve, peça a sopa de peixe com suculentos pedaços de garoupa, a paella de frutos do mar, o peixe marinado ou o camarão ao molho de alho. *700 Collins Ave. ☎ 305/673-1115. Preços entre $5 e $24. AE, DC, MC, V. Aberto diariamente para café da manhã, almoço e jantar. Veja o mapa da pág. 73.*

★ **Quattro** SOUTH BEACH *CULINÁRIA ITALIANA* As estrelas do cardápio são o ravioli ao molho de trufas e ***wraps*** de vitela com queijo parmesão e farinha de rosca. A carta de vinhos só inclui os italianos e os preços são acessíveis. No magnífico salão, os destaques são a iluminação primorosa, os lustres antigos e o bar todo feito em vidro. *1014 Lincoln Rd. ☎ 305/531-4833. www.quattromiami.com. Pratos principais entre $31 e $50. AE, DC, MC, V. Aberto diariamente para almoço e jantar. Veja o mapa da pág. 73.*

★ **River Oyster Bar** BRICKELL *PEIXES E FRUTOS DO MAR* O River Oyster é um local movimentado e modesto, onde você poderá saborear as melhores ostras de Miami, vindas de todas as partes do mundo. O cardápio também inclui pratos como linguado frito com alho tostado e cebolinha, acompanhado de aspargos em picles; paella com chouriço,

Puerto Sagua atrai pessoas excêntricas da região.

pimenta assada e guandu e as excepcionais costeletas cozidas acompanhadas de ***mac and cheese***. *15 SE 10th St.* ☎ *305/374-9693. www.therivermiami.com. Porções de ostras entre $1 e $10. Entrées de $15 a 28. AE, MC, V. Aberto de seg. – sex. para almoço e jantar e aos sábados, somente para jantar. Fechado aos domingos. Veja o mapa da pág. 74.*

★ **Rosa Mexicano** BRICKELL *CULINÁRIA MEXICANA* Um salão decorado de modo surpreendente, com uma parede de água de 4,5 m e um fantástico bar são apenas alguns dos atrativos deste restaurante, mas o ponto alto é a comida. Os pratos preparados com os melhores temperos, o ***guacamole*** preparado à mesa, servido em uma travessa de rocha vulcânica com ***tortillas*** da casa (feitas bem no meio do salão), tornaram o Rosa Mexicano um dos mais famosos restaurantes de Miami. Entre os melhores pratos: ***mole*** de Veracruz com ***chili mulato, ancho*** e ***pasilla***; perna de porco crocante assado lentamente por 6 horas, mergulhado na fritadeira e servido com um molho cremoso chipotle com cogumelos; e chili com feijões vermelhos e chouriço. 900 S. *Miami Ave.* ☎ *786/425-1001. www.rosamexicano.com. Entrées de $13 a $30. AE, DC, MC, V. Aberto de seg. – sex. para almoço e jantar, aos sábados e domingos somente para jantar. Veja o mapa da pág. 74.*

★★★ **Smith & Wollensky** SOUTH BEACH *STEAKHOUSE* Apesar de fazer parte de uma rede de restaurantes, a vista da orla oferecida pela Smith & Wollensky de Miami a diferencia dos outras. O salão (interno) é típico de uma ***steakhouse***, decorado em madeira; peça uma mesa perto das janelas para poder admirar os navios que deixam o porto. Porém, se o clima estiver agradável, escolha a animada área externa, cujo bar, famoso ponto de encontro nas happy hours de sexta-feira, fica sempre lotado. O cardápio é simples, com algumas opções de peixe e frango e cerca de 10 variações de carne. O clássico do Smith & Wollensky é o filé de alcatra passado levemente

O Smith & Wollensky é famoso pela carne e privilegiada localização à beira mar.

na chapa, servido sem molho. O serviço é inconsistente, você pode ser atendido por um garçom extremamente profissional ou por outro extremamente rude. *1 Washington Ave. (em South Pointe Park).* ☎ *305/673-2800. www.smithandwollensky.com. Recomenda-se fazer reserva com antecedência. Pratos principais entre $20 e $50. AE, DC, DISC, MC, V. Aberto de seg. – sáb., de 12 h – 2 h. Dom., de 11 h 30 min – 2 h. Veja o mapa da pág. 73.*

★ **Van Dyke Cafe** SOUTH BEACH *CULINÁRIA AMERICANA* Assim como o News Cafe, este é um lugar para ver e ser visto; porém, aqui você será mais bem servido. Os pratos do cardápio são simples – sanduíches, saladas, ovos e assim por diante, servidos em um salão acolhedor, com piso de madeira. O Van Dyke também oferece um bar de *jazz* no piso superior, estacionamento de fácil acesso, além de um delicioso suflê de chocolate, o que o torna uma alternativa menos cara que o News Cafe. *846 Lincoln Rd.* ☎ *305/534-3600. www.thevandykecafe.com. Pratos principais entre $9 e $20. AE, DC, MC, V. Aberto diariamente para café da manhã, almoço e jantar. Veja o mapa da pág. 73.*

★ **Versailles** LITTLE HAVANA *CULINÁRIA CUBANA* O Versailles, ponto de encontro dos cubanos politizados, que aqui se reúnem diariamente para discutir o destino dos exilados cubanos enquanto tomam ***café con leche***. Neste *diner,* decorado com lustres, espelhos, vidros e murais que tentam remeter ao palácio de Versalhes, na França, você não encontrará nada de suntuoso – ou francês, apenas a boa e legítima comida cubana. *3555 SW 8th St.* ☎ *305/444-0240. Entrées de $5 a $20. DC, DISC, MC, V. Aberto diariamente para café da manhã, almoço e jantar. Veja o mapa da pág. 76.*

★★★ **Wish** SOUTH BEACH *CULINÁRIA ITALIANA* Localizado no ***The Hotel,*** projetado por Todd Oldham, o Wish é um dos mais belos e românticos restaurantes ao ar livre de South Beach. Marco Ferraro, que trabalhou com o famoso chef Jean-Georges Vongerichten, elevou o restaurante a outro patamar e descreve o ***menu*** como o que oferece o que há de mais "fresco, leve, saboroso e sazonal", mas ele está economizando elogios. O ravioli de lagosta é soberbo assim como as costeletas de porco ***Kurobuta*** assadas, acompanhadas de purê de batata com salsa e uma deliciosa berinjela recheada. *Localizado no The Hotel, em 801 Collins Ave.* ☎ *305/531-2222. Preços entre $28 e $46. AE, DC, MC, V. Aberto diariamente para almoço e jantar. Veja o mapa da pág. 73.*

Aprecie um jantar ao ar livre no Wish.

6 O Melhor da Vida Noturna

Nossas Dicas para Aproveitar a Noite em Miami

O Melhor **Rango de Bar**
★★ Clarke's, *840 1st St. (p. 92)*

O Mais **Kitsch**
★ Purdy Lounge, *1811 Purdy Ave. (p. 94)*

O Melhor **Happy-Hour**
★ Tobacco Road, *626 S Miami Ave. (p. 100)*

O Melhor **Petisco de Fim de Noite**
★★ Segafredo Espresso, *9700 Collins Ave. (p. 96)*

O Melhor **Pub Irlandês**
★ Playwright Irish Pub, *1265 Washington Ave. (p. 94)*

O melhor **Pub Inglês**
★★ Churchill's, *5501 NE 2nd Ave. (p. 100)*

O Melhor **Rock Bar**
★★ Rok Bar, *1905 Collins Ave. (p. 95)*

A Melhor **Cerveja**
★★ The Abbey, *1115 16th St. (p. 92)*

O melhor **Jazz Bar**
★★★ Piso superior do Van Dyke Cafe, *846 Lincoln Rd. (p. 100)*

O clima de Miami é perfeito para bares em coberturas.

O Melhor **Inferninho**
★ Mac's Club Deuce, *222 14th St. (p. 94)*

O Melhor **Bar de Hotel**
★★ Rose Bar, *1685 Collins Ave. (p. 96)*

O Melhor **Salsa Club**
★★★ Hoy Como Ayer, *2212 SW 8th St. (p. 101)*

O Melhor **Champanhe**
★ Cozy. *500 S, Pointe Dr. (p. 92)*

O Melhor **Salsa Club para Iniciantes**
★ Bongos Cuban Café, *601 Biscayne Blvd. (p. 97)*

O Melhor **Combo entre Boliche e Lounge**
★★★ Lucky Strike, *1691 Michigan Ave. (p. 93)*

A Melhor **Casa Flamenca**
★★★ Casa Panza, *1620 SW 8th St. (p. 100)*

O Melhor **Lounge Subterrâneo**
★★★ FDR (antigo The Florida Room), *1685 Collins Ave. (p. 93)*

A Melhor **Escapatória do Tumulto**
★★★ The Room, *100 Collins Ave. (p. 95)*

A Melhor Boate **Techno**
★★★ Club Space, *34 NE 11th St. (p. 97)*

A Melhor **Danceteria Onde Ninguém Dança**
★★★ SET, *320 Lincoln Rd. (p. 98)*

O Mais **Sofisticado**
★★★ LIV, no hotel Fontainebleau, *4441 Collins Ave. (p. 98)*

O Melhor **Lounge**
★★★ Mokai, *235 23rd St. (p. 94)*

Página anterior: A vida noturna de South Beach atrai turistas, moradores e celebridades.

Vida Noturna em South Beach

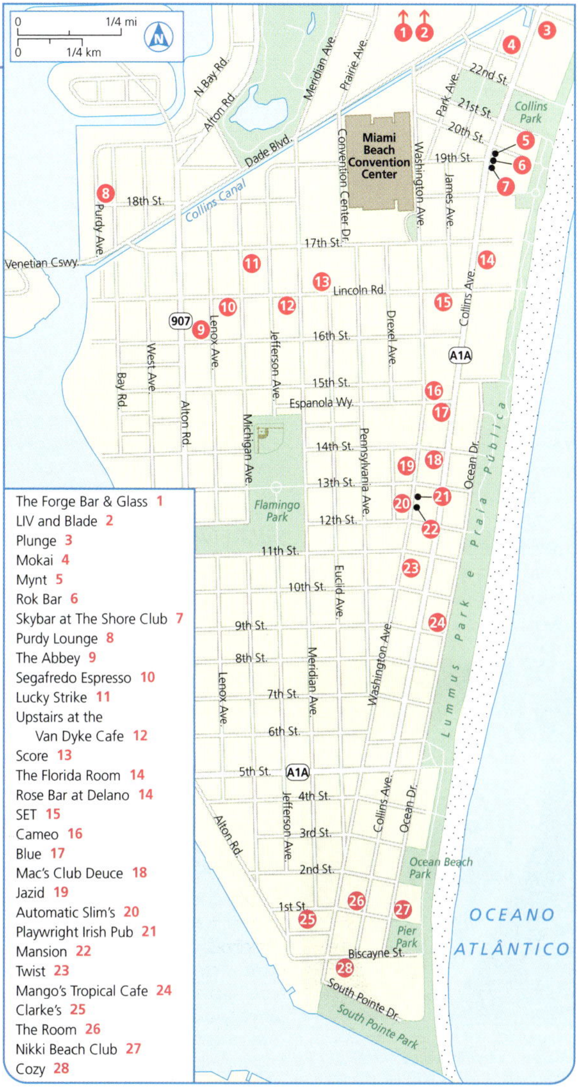

- The Forge Bar & Glass 1
- LIV and Blade 2
- Plunge 3
- Mokai 4
- Mynt 5
- Rok Bar 6
- Skybar at The Shore Club 7
- Purdy Lounge 8
- The Abbey 9
- Segafredo Espresso 10
- Lucky Strike 11
- Upstairs at the Van Dyke Cafe 12
- Score 13
- The Florida Room 14
- Rose Bar at Delano 14
- SET 15
- Cameo 16
- Blue 17
- Mac's Club Deuce 18
- Jazid 19
- Automatic Slim's 20
- Playwright Irish Pub 21
- Mansion 22
- Twist 23
- Mango's Tropical Cafe 24
- Clarke's 25
- The Room 26
- Nikki Beach Club 27
- Cozy 28

A Vida Noturna de Miami de A a Z

Bares

★★ **The Abbey** SOUTH BEACH Escuro, lúgubre e difícil de ser encontrado, o Abbey é uma mini cervejaria, além de ser um dos locais preferidos dos moradores de Miami que querem escapar dos martínis adocicados de South Beach, que custam salgados $20. E o melhor de tudo: não é cobrada taxa mínima de consumação e fica aberto até as 5 h da manhã. ***1115 16th St. ☎ 305/538-8110. Veja o mapa da pág. 91.***

★ **Automatic Slim's** SOUTH BEACH Este é o lugar onde Ozzie e Harriet[1*] se tornam Ozzy e Sharon. O Automatic Slim's é um dos bares mais famosos de South Beach e apesar de modesto e apertado está sempre lotado, graças às bebidas baratas e ao bom rock'n'roll oferecido em um ambiente simples, decorado ao estilo ***white trash chic.*** *1216 Washington Ave. ☎ 305/695-0795. Veja o mapa da pág. 91.*

★★ **Badrutt's Place** BRICKELL De propriedade da família que possui um resort caro e chique homônimo na Suíça. O Badrutt é um restaurante e lounge decorado em alto estilo, com confortáveis sofás em veludo e ampla área externa. Este é o lugar certo para apreciar um bom champanhe e ***foie gras***, enquanto observa os frequentadores das altas rodas europeias, as figuras da classe alta internacional, os chiques e famosos que agitam a noite. ***1250 S. Miami Ave. ☎ 305/415-0700. Veja o mapa da pág. 93.***

O Lucky Strike dá uma reviravolta na rotina da noite de Miami.

1 *N.C.: Ozzie and Harriet foi um sitcom dos EUA que idealizou a típica família norte-americana dos anos 50. Ozzy Osbourne é um astro do rock, casado com Sharon Osbourne.*

★ **Blue** SOUTH BEACH A atmosfera descontraída do Blue, onde se pode ouvir o melhor do ***soul*** e do ***house***, transformou o local em ponto de encontro diário das tribos descoladas de Miami. Aberto de 22 h às 5 h e todo decorado em azul, neste lounge você certamente se sentirá nas alturas, enquanto vislumbra um eclético grupo de modelos, moradores e desocupados que aqui se reúnem para falar sobre seu status e curtir boa música. ***222 Espanola Way. ☎ 305/534-1009. Veja o mapa da pág. 91.***

★★ **Clarke's** SOUTH BEACH Este charmoso e requintado pub e restaurante irlandês, localizado em South of Fifth Street, uma região não tão nobre de South Beach, tornou-se um dos mais badalados e concorridos pontos de encontro, reunindo desde jogadores do Miami Heat[2**] ao chefe de polícia de Miami Beach, todos à procura de uma boa cerveja gelada. Mas o Clarke's oferece mais do que isso – um menu que inclui a famosa ***shepherd's pie***, típica torta inglesa, vieira assada e os melhores hambúrgueres da área. ***840 1st St. ☎ 305/538-9885. Veja o mapa da pág. 91.***

★ **Cozy** SOUTH BEACH Este típico piano bar estilo francês, com suas paredes vermelho-sangue e seus lustres faz jus ao nome – "cozy" em português significa aconchegante – entretanto, os preços não são nada acolhedores, uma porção de queijos chega a custar $50 e uma taça de vinho não sai por menos de $20. Mas caso esteja com

2 **N.C.: Time de basquete da NBA.*

Vida Noturna no Downtown

vontade de curtir um fim de noite com estilo, escutando um belo piano ao vivo e quem sabe encontrar músicos famosos (a banda Gipsy Kings sempre vai ao Cozy quando está em Miami), a extravagância vale a pena. ***500 S. Pointe Dr.*** ☎ ***305/532-2699. Veja o mapa da pág. 91.***

★★★ FDR (antigo The Florida Room) SOUTH BEACH Este lounge ocupa o subsolo do hotel Delano, em South Beach e apresenta uma atmosfera confortável e elegante, com shows e DJs famosos. O local combina o glamour da noite de Miami com a sofisticação e charme do hotel. ***Localizado no Delano Hotel, 1685 Collins Ave.*** ☎ ***305/672-2000. Veja o mapa da pág. 91.***

★ The Forge Bar e a Glass MIAMI BEACH O Forge recebe uma mistura incomum de gente bem convencional e gente não tão convencional assim. Também é o local onde jovens cirurgicamente ***tunadas*** procuram a companhia, e o bolso, de homens mais velhos devoradores de charutos, tudo em um ambiente que remete à série de TV ***Dinastia***, sucesso nos anos de 1980. Ligue com bastante antecedência caso queira assistir a esse desfile de camarote, isto é, sentado confortavelmente em uma mesa. Os proprietários do Forge são os mesmos da ***Glass***, uma boate sofisticada, localizada ao lado do restaurante (dizem que é uma boate particular,mas não se preocupe; caso tenha jantado no restaurante ou tenha algum bom contato, sua entrada está garantida). ***432 41st St.*** ☎ ***305/538-8533. Veja o mapa da pág. 91.***

★★★ Lucky Strike SOUTH BEACH O Lucky Strike oferece muito mais do que uma simples pista de boliche. É um lugar vibrante e animado que possui um cardápio com petiscos deliciosos, vários bares, enormes TVs, e você

Relaxe bebendo uma boa cerveja e jogando bilhar no Mac's Club Deuce.

ainda poderá encontrar alguns jogadores de boliche famosos. *1691 Michigan Ave. ☎ 305/532-0307. Veja o mapa da pág. 91.*

★ **Mac's Club Deuce** SOUTH BEACH Localizado em meio a um oásis de glamour e brilho, o Mac's é o típico "inferninho", que oferece drinques a preços módicos. Aqui você encontrará desde os típicos ratos de bar, até exóticas drag queens. O bar possui uma jukebox com uma variada seleção de músicas, mesas de bilhar e simpáticos ***barmen.*** Um bom programa para os que sofrem de insônia, pois o Mac's fica aberto diariamente de 8 h às 5 h. *222 14th St. ☎ 305/531-6200. Veja o mapa da pág. 91.*

★★★ **Mokai** SOUTH BEACH Este sofisticado e aconchegante lounge foi criado por um grupo de empresários da noite que sabem como atrair a classe A. O sofisticado salão com suas paredes de pedra, baixa iluminação ambiente e sofás de couro macio nos lembra de que luxo custa caro. Obviamente, o preço dos drinques são caros, dentro do esperado, mas é o que se paga para estar com as celebridades e os DJs que tocam desde ***bar mitzvah kitsch*** até ***deep house****. 235 23rd St. ☎ 305/673-1409. www.mokaimiami.com. Veja o mapa da pág. 91.*

★★★ **Mynt Lounge** SOUTH BEACH Localizado em um enorme salão de 557 m², o Mynt nada mais é do que uma grande sala de estar onde modelos, celebridades, e aqueles que adoram uma balada se juntam ao som de lounge e dance, no último volume. Caso queira dançar – ou se mexer – este não é o local certo. A não ser que conheça o segurança, esteja preparado para sentir-se ridicularizado, impotente e humilhado por ser forçado a esperar do lado de fora por mais de uma hora (o que não vale a pena). Se quiser dar uma espiada em alguma celebridade, espere no bar grego, localizado ao lado, já que assim terá uma visão melhor do que se estiver no meio do tumulto da entrada. *1921 Collins Ave. ☎ 305/532-0727. Veja o mapa da pág. 91.*

★ **Playwright Irish Pub** SOUTH BEACH Um lugar super agradável para antes ou depois da balada em uma boate, onde servem canecas de Guinness, há televisões transmitindo partidas de futebol e, de tempos em tempos, música ao vivo. *1265 Washington Ave. ☎ 305/534-0667. Veja o mapa da pág. 91.*

★ **Purdy Lounge** SOUTH BEACH A não ser pela parede de lâmpadas de lava, o Purdy não é muito diferente da sala de jogos daquele seu amigo rico, que tem uma mesa de bilhar e uns jogos de tabuleiro. O bar também promove noites especiais com bingo e "soletrando". Por ser um local simples, com preços relativamente acessíveis (para os padrões de South Beach), o Purdy não possui um DJ astro ou uma aparelhagem de som de última geração, mas a playlist automática dá conta do recado. Graças à ausência de taxa de consumação e ambiente despojado, sempre há uma boa fila, portanto prepare-se para esperar. É um dos locais mais procurados pelos moradores de Miami nas noites de sábado e a happy hour de sexta-feira atrai vários jovens profissionais em busca de boa companhia. *1811 Purdy Ave.* ☎ *305/531-4622. Veja o mapa da pág. 91.*

★★ **Rok Bar** SOUTH BEACH O excêntrico roqueiro Tommy Lee (baterista da banda Mötley Crüe) conseguiu reunir as mais diferentes tribos de Miami neste bar que busca combinar rock pesado com o conforto oferecido por um lounge sofisticado. O local é claustrofóbico, oferece poucos lugares e drinques a preços nada convidativos, além da eclética seleção musical que mistura Lynyrd Skynyrd, Michael Jackson e Kid Rock. Atualmente o bar encontra-se fechado. *1905 Collins Ave.* ☎ *305/674-4397. Veja o mapa da pág. 91.*

★★ **The Room** SOUTH BEACH Este refúgio no South of Fifth que oferece apenas vinho e cerveja, é para onde se dirigem os moradores de Miami e aqueles vindos de Nova York (o The Room tem filiais na cidade de Nova York), quando querem um momento de paz longe do turbilhão de South Beach. A seleção de cervejas é abrangente, com bebidas vindas de quase todos os lugares do mundo (a de vinhos não é tão boa assim). Neste pequeno bar em estilo moderno, iluminado à luz de velas

As celebridades adoram o ambiente luxuoso do Mokai.

Um dos caros coquetéis do Rose Bar.

você não encontrará DJs, nem *paparazzi* correndo atrás de Paris Hilton – apenas um equipamento de som que toca música Indie. *100 Collins Ave.* ☎ *305/531-6061. Veja o mapa da pág. 91.*

★★ **Rose Bar** SOUTH BEACH Toda rosa tem seus espinhos, e o espinho desta requintada rosa, localizado no Delano Hotel, são os preços exorbitantes dos drinques. O Rose Bar é ponto de encontro dos ricos, famosos e esnobes que veem a vida passar pelas lentes de caros óculos italianos. *Localizado no Delano Hotel, em 1685 Collins Ave.* ☎ *305/672-2000. Veja o mapa da pág. 91.*

★ **Score** SOUTH BEACH O Score é muito mais do que um point gay. Além de ser o local ideal para arrumar uma companhia, aqui você encontrará vários bares, uma pista de dança, um lounge e mesas ao ar livre caso precise de ar fresco. Os eventos de domingo à tarde são lendários. *727 Lincoln Rd.* ☎ *305/535-1111. www.scorebar.net. Veja o mapa da pág. 91.*

★★ **Segafredo Espresso** SOUTH BEACH Apesar de ser tecnicamente uma cafeteria, a Segafredo transformou-se em importante ponto de encontro dos europeus que sentem falta do *café-society* do velho continente. Este é o local perfeito para ouvir boa música, degustar coquetéis, saborear pizzas e sanduíches deliciosos, e sentar-se na área externa para ver e ser visto. Apesar de a primeira filial do Segafredo ter sido aberta em South Beach, há uma administrada por outros proprietários, localizada em Brickell, na 1421 S. Miami Ave., que oferece um cardápio mais extenso e uma boate e outra, na Collins Ave. *9700 Collins Ave.* ☎ *305-864-0595. Veja o mapa da pág. 91.*

★★ **Skybar, no The Shore Club Hotel.** Seja na matriz de Los Angeles ou na espaçosa filial de Miami localizada no Shore Club Hotel, o Skybar levou o termo "impressionante" à perfeição. Você não conseguirá entrar se não for hóspede do hotel ou uma celebridade, se não estiver incluído na lista de convidados ou se estiver acompanhado de um grupo de amigos, sem nenhuma mulher. O Skybar ocupa praticamente toda a parte externa do hotel, e oferece várias áreas como um jardim inspirado em temas marroquinos; o Red Room, um elegante lounge; o Sand Bar à beira da praia e o Rum Bar à beira da piscina. As festas dadas à beira da piscina nas tardes de domingo atraem tanto celebridades quanto moradores. *1901 Collins Ave.* ☎ *305/695-3100. Veja o mapa da pág. 91.*

★★★ **Transit Lounge** BRICKELL Não é fácil de ser encontrado, mas assim que o conseguir verá que valeu a pena. O Transit é o que os moradores de Miami chamam de "autêntico lounge de cidade grande", um espaço amplo, um grande bar, vários sofás aconchegantes e mesas, jogos de tabuleiro, uma clientela exótica e o melhor de tudo, música ao vivo. *729 SW 1st Ave.* ☎ *305/377-4628. Veja o mapa da pág. 93.*

★ **Twist** SOUTH BEACH O Twist é um dos mais famosos e antigos bares gays de South Beach, além de um lugar perfeito para escapar do tumulto da noite. Ampliado recentemente e localizado em frente a uma delegacia, o Twist tem um ambiente descontraído e animado. *1057 Washington Ave.* ☎ *305/538-9478. www.twistsobe.com. Veja o mapa da pág. 91.*

Danceterias

★ **Bongos Cuban Café** DOWNTOWN Mais um grande sucesso de Gloria Estefan no ramo de restaurantes, o Bongos é uma homenagem às atrações turísticas, à música e à culinária da Cuba pré-Castro. Às sextas, após às 23 h e aos sábados, após às 23 h 30 min, o local se transforma na mais concorrida boate de salsa de Miami, onde só entram maiores de 21 anos. O preço do couvert artístico é salgado, mas considere-o como um passaporte para assistir a um surpreendente show com alguns dos melhores dançarinos de salsa da cidade. Prepare-se para ficar de pé, pois é bem difícil encontrar uma mesa disponível. *601 Biscayne Blvd.* ☎ *786/777-2100. Consumação mínima entre $10 e $20. Veja o mapa da pág. 93.*

Cameo SOUTH BEACH Apesar de ainda preservar a aura das boates que aqui funcionaram como, por exemplo, o Crobar, o local passou por uma grande, e necessária reforma e reabriu as portas com o nome Cameo. Apesar de não ser mais o lugar ideal para aqueles que querem ver e ser vistos, a casa oferece som de primeira qualidade, DJs famosos, diferentes eventos e uma área VIP. No andar superior, o Cameo abriga o *Vice*, uma boate dentro de uma boate. *1445 Washington Ave.* ☎ *305/531-5535. Veja o mapa da pág. 91.*

★★★ **Club Space** DOWNTOWN Um sombrio armazém do Downtown que se tornou boate, com mais de 2.700 m² onde você poderá dançar sem se preocupar se irá esbarrar em quem está ao lado. Aos sábados e domingos, a festa se estende até às 10 h da manhã. Conhecida como a queridinha de DJs de renome internacional, a Club Space às vezes cobra uma entrada irrisória, para compensá-lo do que terá que pagar por um drinque e pelo couvert artístico. ***Atenção:***

Aprenda a dançar salsa com os melhores no Bongos Cuban Café.

A LIV é uma das casas noturnas mais lotadas de Miami.

aqui a balada só começa por volta das 3 h da manhã. A casa não possui um horário de funcionamento fixo, então, ligue com antecedência. *34 NE 11th St.* ☎ *(305) 375-9378. www.clubspace.com. Consumação mínima entre $10 e $50. Veja o mapa da pág. 93.*

★★★ **LIV** MIAMI BEACH Um dos lugares preferidos das celebridades que circulam pela noite de Miami. No luxuoso e amplo espaço do LIV, decorado com design inovador, você encontrará tudo o que uma boate moderna pode oferecer, aliado ao conforto de um lounge ultra exclusivo. Não deixe de telefonar com antecedência, pois, às vezes, o LIV está fechado para o público devido a festas e eventos particulares. *4441 Collins Ave.* ☎ *para reservas: 305/674-4680. www.fontainebleau.com. Consumação mínima entre $10 e $50. Veja o mapa da pág. 91.*

★ **Mansion** SOUTH BEACH Essa enorme casa com dois pisos e vários ambientes – um palco para DJs, uma pista de dança, diversos bares e um lounge – é completamente VIP; portanto, caso você não conheça alguém que possa abrir-lhe as portas, ficará no meio da multidão do lado de fora. Vários modelos e celebridades desfilam pelos salões que têm pé direito alto, piso de madeira, paredes em tijolo aparente e um ambiente sem fumaça, o que faz do Mansion um lugar perfeito para os que querem ver e ser vistos. *1235 Washington Ave.* ☎ *305/695-8411. www.theopiumgroup.com. Consumação mínima entre $10 e $50. Veja o mapa da pág. 91.*

Nikki Beach Club SOUTH BEACH O Nikki Beach Club está para South Beach assim como a Playboy Mansion está para Los Angeles. Aberto durante o dia e a noite, é um lugar que atrai principalmente os turistas que querem admirar mulheres seminuas e atrai também homens que saem em busca de companhia nas tardes de domingo (por volta das 16 h, o que é inadmissível em Miami). À noite, o clima ***tiki lodge*** do ambiente, decorado em estilo polinésio, com espreguiçadeiras ao ar livre e um bar em forma de bangalô é mais light, mas ainda assim, o Nikki é considerado impróprio para menores. *1 Ocean Drive.* ☎ *305/538-1111. www.nikkibeach.com. Consumação mínima entre $10 e $20. Veja o mapa da pág. 91.*

★ **Parkwest Nightclub** DOWNTOWN Esta danceteria e lounge com cerca de 550 m² possui além dos habituais equipamentos de som de última geração, um fantástico telão de LED, um dos maiores do sul da Flórida, que ocupa praticamente o espaço de uma parede. Com cinco bares – sendo os mais famosos o ***Stereo*** e o ***Rehab,*** onde se pode escutar e dançar o melhor do indie –, áreas VIP e lounges, o Parkwest é ideal para os baladeiros de plantão. *30 NE 11th St.* ☎ *305/350-7444. www.stereomiami.com. Consumação mínima entre $10 e $50. Veja o mapa da pág. 93.*

★★★ **SET** SOUTH BEACH A menina dos olhos do Opium Group, o SET é **a** boate. Este luxuoso lounge, com belos lustres e design digno de revistas de decoração, é muito procurado por aqueles que ditam as tendências, celebridades

Dicas para Curtir a Noite de Miami

- **A noite em South Beach não começa antes das 23 h, portanto** aproveite para tirar uma soneca e recarregar as baterias para aproveitar a madrugada.
- Caso não saiba o que usar, vista-se de preto, assim não há como errar.
- Não tente subornar o segurança da entrada. Você não só parecerá desesperado para entrar, como também o farão esperar por uma eternidade. Em vez disso, tente incluir seu nome na lista de convidados, telefonando para o local durante o dia ou, ainda melhor, pedindo para que o concierge do hotel faça isso por você. Caso não conheça ninguém que possa lhe abrir as portas e não esteja hospedado em um hotel, após enfrentar a fila e finalmente chegar à entrada aja com confiança, mas não seja arrogante, e sua paciência será recompensada. Mas se nada disso funcionar – especialmente se você for homem – cerque-se de belas mulheres, com longas pernas e ar de modelo e assim você será notado prontamente.
- Se você for um homem saindo com um grupo de amigos, a menos que esteja à procura de uma boate gay, não conseguirá entrar nos locais mais badalados de Miami.
- Por fim, divirta-se. Parece complicado quando você está do lado de fora, mas assim que passar pela porta de entrada a história muda. Chegar ao território das boates com uma boa dose de humor é a melhor receita para curtir uma noite inesquecível.

e aspirantes a artistas. O melhor local da casa é a área VIP. No SET, não há normas de etiqueta, mas a política de entrada é implacável portanto peça ao concierge de seu hotel para incluí-lo na lista de convidados, caso contrário, ficará do lado de fora. *320 Lincoln Rd.* ☎ *305/531-2800. www.setmiami.com. Consumação mínima entre $10 e $50. Veja o mapa da pág. 91.*

Pode ser difícil entrar no SET, ponto de encontro das celebridades, mas a espera vale a pena.

O happy hour e o clima agradável da área externa do Tobacco Road atrai multidões.

The White Room DOWNTOWN O The White Room, outra boate com aspecto de armazém adaptado em casa noturna, com cerca de 560 m² de área externa e 420 m² de área interna, é a casa do *Britpop*[3***] em Miami, que abre suas portas todos os sábados. *1306 N. Miami Ave. ☎ 305/995-5050. www.whiteroomshows.com. Consumação mínima entre $5,00 e $20,00.* *Veja o mapa da pág. 93.*

Música ao Vivo

★★ Churchill's Hideaway LITTLE HAITI Seria impossível para o músico inglês Dave Daniels viver em Miami sem poder frequentar um autêntico pub inglês, portanto ele abriu o Churchill's Hideaway, onde você pode apreciar o melhor rock ao vivo da cidade. Apesar de ser um pouco sinistro e localizado em uma região não tão bonita da cidade, o pub é um trampolim para talentos locais. Os frequentadores são, em geral, descontraídos e divertidos. A música do local é ensurdecedora. Entre em contato por telefone ou visite o site para obter informações sobre a programação da casa. *5501 NE 2nd Ave. ☎ 305/757-1807. www.churchillspub.com. O couvert não passa de$10, quando cobrado.* *Veja o mapa da pág. 93.*

★ Jazid SOUTH BEACH Enfumaçado, abafado e iluminado por candelabros, assim é o Jazid, um lugar onde você espera escutar *Smooth Operator* (música da cantora Sade) ininterruptamente. Entretanto aqui você encontrará música ao vivo – jazz, acid jazz, funk e soul music, além de famosos DJs. Os frequentadores formam um grupo eclético e animado que aqui se reúne para fugir do tumulto da vizinhança. *342 Washington Ave. ☎ 305/673-9372. www.jazid.net. O couvert não passa de$10, quando cobrado.* *Veja o mapa da pág. 91.*

★ Tobacco Road DOWNTOWN Al Capone costumava frequentar o Tobacco na época da Lei Seca, quando o bar vendia bebidas alcoólicas ilegalmente. Hoje, atrai os moradores de Miami que querem assistir às bandas locais ou outros grupos e cantores americanos como George Clinton and the P-Funk All-Stars, Koko Taylor e The Radiators. O bar (o primeiro de Miami a conseguir a licença para venda de bebidas alcoólicas após o fim da Lei Seca) é pequeno e rústico, propositalmente. *626 S. Miami Ave. ☎ 305/374-1198. www.tobacco-road.com. Couvert artístico entre $5,00 e $10,00.* *Veja o mapa da pág. 93.*

★★★ Piso Superior do Van Dyke Cafe SOUTH BEACH O bar de jazz localizado no segundo piso do Van Dyke Cafe assemelha-se a um elegante bar clandestino. Aqui jazzistas locais tocam para um público pequeno, mas animado, formado basicamente por adultos e jovens sofisticados que se espremem nas

---

*3 ***N.C.: Pop Britânico.*

mesinhas do salão até altas horas. *846 Lincoln Rd.* ☎ *305/534-3600. www.thevandykecafe.com. Couvert artístico entre $5 e $10. Veja o mapa da pág. 91.*

Boates Latinas

★★★ **Casa Panza** LITTLE HAVANA Esta *casa* é um dos points noturnos mais populares e animados de Miami. Às noites de terça, quarta, quinta e sábado, a Casa Panza torna-se a *House of Flamenco* (Casa Flamenca), com shows às 20 h e 23 h. Você pode curtir o flamenco apenas apreciando o show ou dançar a noite toda. Aprecie uma refeição espanhola legítima ou um copo de sangria antes do espetáculo. Aberta até as 4 h, a Casa Panza é um point para baladeiros latinos e, ocasionalmente, para os mais velhos que são tão fanáticos pela música e pelo cenário que esqueceram que a hora de ir para a cama já passou. *1620 SW 8th St.* ☎ *305/643-5343. Veja o mapa da pág. 93.*

★★★ **Hoy Como Ayer** LITTLE HAVANA Antigamente conhecido como *Cafe Nostalgia*, o local era frequentado por cubanos idosos e saudosos, mas ao reabrir suas portas como *Hoy Como Ayer,* tornou-se ponto de encontro das gerações mais jovens. A festa da noite de quinta, *Fuacata* (gíria cubana, de significado similar à interjeição "Uhu!") é um ímã para os latinos descolados, com música popular cubana mixada por DJs. *2212 SW 8th St.* ☎ *305/541-2631. Couvert artístico $10. Veja o mapa da pág. 93.*

★★★ **La Covacha** WEST MIAMI Esta boate, localizado no meio do nada (West Miami), é a melhor balada latina da cidade. Aos domingos, você poderá escutar e se deixar levar pelo som das melhores bandas de rock latino, locais e internacionais. Mas, o melhor são os fins de semana, quando o lugar fica aberto até as 5 h. Sexta-feira é o dia mais agitado, tanto que os proprietários precisaram colocar o famoso cordão de

Deixe o Ritmo lhe Guiar

Antes de se aventurar em um salsa club, por que não fazer algumas aulas?

Os professores do Latin Groove Dance Studios estão sempre a postos nas noites de quinta e sexta-feira no **Bongos Cuban Café** (pág. 97) para ajudá-lo (gratuitamente) a não fazer feio na pista de dança com os profissionais.

No estúdio da **Ballet Flamenco La Rosa**, a única companhia profissional de dança flamenca da região, localizada no edifício da Performing Arts Network (PAN). 13146 W. Dixie Hwy. ☎ 305/899-7730) você poderá aprender dança flamenca, salsa ou merengue ao custo de $15 por aula.

Ninguém ensina a dançar salsa como **Luz Pinto** (☎ 305/868-9418), a melhor professora de salsa. Além de dar aulas no PAN, ela atende seus próprios alunos, sete dias por semana, durante as aulas você aprenderá vários passos sem dificuldade. Ela oferece aulas particulares (individuais ou para grupos de até quatro pessoas) por $50 ou em grupo por $10 por participante. Apesar de ensinar todos os estilos de dança de salão, sua especialidade é a salsa estilo **casino**, muito popular nos anos de 1950 em Cuba, terra natal de Luz.

Há mais de dez anos, **Angel Arroyo** ensina salsa para iniciantes em sua casa (16467 NE 27th Ave; ☎ 305/949-7799). O valor da hora-aula é de $10. Normalmente as aulas são ministradas às segundas e quartas à noite, mas telefone com antecedência para se informar sobre eventuais mudanças de horário e preço.

Winter Music Conference

Em março, Miami recebe uma multidão que chega fazendo estardalhaço – tipos inusitados com olheiras fazendo ***blipes, blopes*** e efeitos sonoros tão altos que acordariam os mortos. Não, esta não é uma convenção de fãs de Guerra nas Estrelas, mas a Winter Music Conference (WMC), uma convenção realizada em Miami há mais de 25 anos. Esta é a maior reunião de DJs, remixers, agentes musicais, artistas, e qualquer um que esteja ligado à efervescente indústria de música eletrônica, vindos de mais de 60 países. Mas, diferentemente da maior parte das convenções, esta é interativa e aberta ao público. As melhores boates de Miami são transformadas em stands que mostram o que há de melhor em aparelhagem de som. Durante cinco dias e noites DJs, artistas e produtores de softwares para DJs tocam para um público repleto de representantes de gravadoras, caçadores de talentos e moradores que apreciam o movimento. Há festas em todos os lugares; piscinas de hotel, ruas etc. Vale a pena participar do WMC se você for apaixonado por Hex Hector, Paul Oakenfold, Ultra Naté, Chris Cox, Mark Ronson e vários outros nomes da música eletrônica. Para informações atualizadas sobre os próximos eventos visite o site oficial: www.wmcon.com.

isolamento de veludo vermelho em frente à entrada para dar uma aparência de ordem ao local. Não use roupas quentes pois você *vai* suar. *10730 NW 25th, com NW 107th Ave.* ☎ *305/594-3717. www.lacovacha.com. Consumação mínima entre $10 e $20.* *Veja o mapa da pág. 93.*

★★★ Mango's Tropical Cafe

SOUTH BEACH Este é um dos bares mais populares de Ocean Drive, uma personificação ao ar livre da alegria latina com a intensidade de um terremoto. O Mango é um cabaré à moda latina, que atrai multidões não só pela música brasileira e latina ao vivo, mas pelos belos dançarinos e dançarinas de pouca roupa. Vários músicos, outrora incógnitos, tornaram-se famosos após tocar com a banda da casa. Este não é um lugar para claustrofóbicos. *900 Ocean Dr.* ☎ *305/673-4422. www.mangostropicalcafe.com. Couvert artístico entre $10 e $20.* *Veja o mapa da pág. 91.*

Divirta-se, en español, no Hoy como Ayer.

7 O Melhor da Arte e do Entretenimento

Nossas Dicas de Arte e Entretenimento

O Melhor **Balé**
★★★ **Miami City Ballet,** *2200 Liberty Ave. (p. 108)*

A Melhor **Companhia de Dança Contemporânea**
★★★ **Miami Contemporary Dance Co.,** *5101 Collins Ave. (p. 108)*

O Melhor **Teatro Infantil**
★★★ **Actor's Playhouse no Miracle Theatre.** *280 Miracle Mile (p. 110)*

O Melhor Cinema para **Fãs de Fellini**
★★★ **Miami Beach Cinematheque,** *1130 Washington Ave. (p. 109)*

A Melhor Casa de Shows de **Música Latina**
★★★ **Manuel Artime Theater,** *900 SW 1st St. (p. 111)*

O Melhor **Coral**
★★★ **Seraphic Fire,** *2153 Coral Way Suite 401 (p. 108)*

A Melhor **Companhia de Ópera**
★★★ **Florida Grand Opera,** *Adrienne Arsht Center, 1300 Biscayne Blvd. (p. 109)*

A Melhor Companhia de **Teatro de Vanguarda**
★★★ **Miami Light Project,** *3000 Biscayne Blvd. (p. 111)*

A Melhor **Comédia de Improviso**
★★ **Laughing Gas,** *4129 Laguna St. (p. 108)*

Os Melhores **Shows ao Ar Livre**
Bayfront Park Amphitheater, *301 N. Biscayne Blvd. (p. 109)*

O Melhor **Evento Esportivo ao Ar Livre**
★★★ **Miami Beach Polo World,** *no Setai, 2001 Collins Ave. (p. 112)*

O Melhor da **Música Popular**
★★★ **Fillmore Miami Beach,** *1700 Washington Ave. (p. 110)*

O Melhor do **Esporte**
★★★ **University of Miami Hurricanes,** *Sun Life Stadium (antigo Dolphin Stadium), 2269 Dan Marino Blvd. (p. 111)*

Apresentação da companhia de dança flamenca La Rosa.

Página anterior: O Sun Life Stadium é a casa do Miami Dolphins e do Miami Hurricanes.

Arte e Entretenimento em South Beach

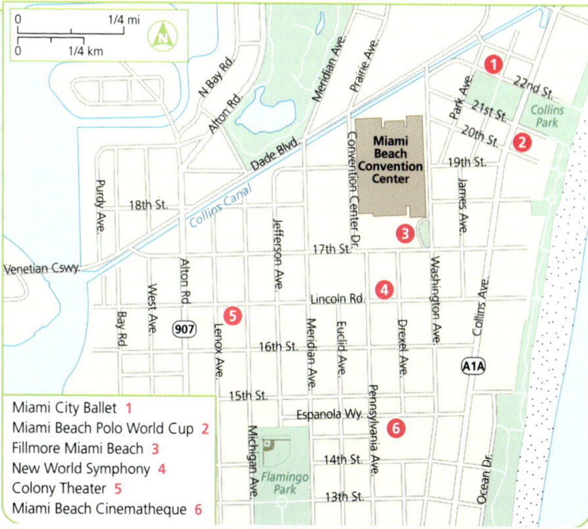

Arte e Entretenimento em Coral Gables

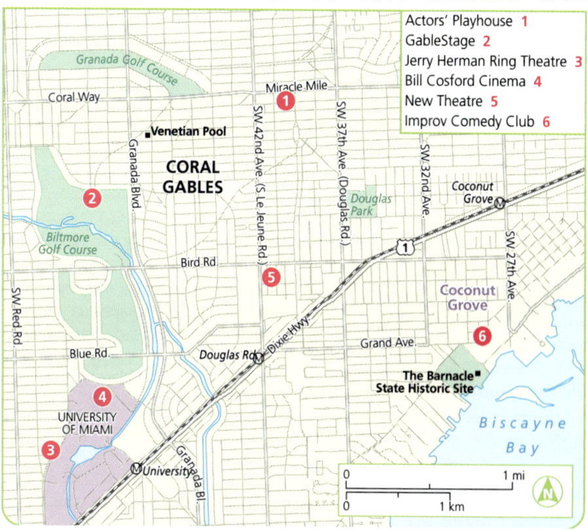

Arte e Entretenimento em Miami

Música Clássica

★ **Adrienne Arsht Center for the Performing Arts** DOWNTOWN Este reduto das artes cênicas abriu suas portas no final de 2006, após um investimento de $446 milhões. Mesmo assim, em 2008, devido a problemas financeiros, a filantropa Adrienne Arsht fez uma doação de $30 milhões para a recuperação do centro. Este fabuloso edifício possui duas grandes salas: a **Sanford and Dolores Ziff Opera House**, com 2.400 lugares e o **Knight Concert Hall**, com 2.200 lugares, locais de frequentes apresentações da **Concert Association of Florida**, da **Florida Grand Opera**, da **New World Symphony** e do **Miami City Ballet**, além de serem palco de uma ampla gama de **performances**, desde musicais da Broadway a shows de **urban music**. O **Studio Theater,** uma sala de teatro "multi-funcional" com 200 lugares apresenta teatro contemporâneo, dança, música, shows de cabaré, entre outros. O centro educacional **Peacock Education Center** oferece aulas de artes tanto para adultos quanto para crianças. Finalmente, há o **Plaza for the Arts**, um magnífico espaço ao ar livre ideal para entretenimento, comemorações e reuniões informais da comunidade local. O edifício, projetado por Cesar Pelli, um arquiteto de renome internacional, é o ponto central do *Arts, Media, and Entertainment District,* uma região planejada, como o nome já diz, destinada às artes, à mídia e ao entretenimento, localizada no centro de Miami. O complexo, decorado em calcário, ardósia, blocos de pedra, aço inoxidável, janelas de vidro e paisagem tropical foi concluído em meados de 2006. Entretanto, o mais hilário é que após esse investimento vultoso, os criadores esqueceram de incluir um espaço para estacionamento. A solução

O Adrienne Arsht Center é palco de vários eventos culturais.

encontrada foi contratar um serviço de manobrista que lhe custará entre $ 10 e $20. Você também pode estacionar seu carro no Marriott; hotel próximo ao complexo, mas, caso queira maior facilidade, pegue um táxi. *1300 Biscayne Blvd.* ☎ *786/468-2000. www.arshtcenter.org. Veja o mapa da pág. 106.*

★★ Gusman Center for the Performing Arts DOWNTOWN Além de receber o Miami Film Festival, o Gusman Center apresenta shows de música pop, peças de teatro, filmes e outros eventos especiais. O Gusman Center – antigo Olympia Theater, construído em 1926, ainda mantém o estilo original – ornamentado com belas colunas, esculturas e "estrelas" brilhando no teto. *174 E. Flagler St.* ☎ *305/374 -2444. www.gusmancenter.org. Veja o mapa da pág. 106.*

★★★ New World Symphony SOUTH BEACH Esta orquestra, dirigida por Michael Tilson Thomas, é um trampolim para jovens talentosos em busca de uma carreira. As apresentações são sempre inovadoras, cheias de energia, e normalmente contam com a presença de renomados solistas e maestros visitantes. Em geral, a temporada de apresentações é de outubro a maio, durante a qual há vários concertos gratuitos. *541 Lincoln Rd.* ☎ *305/673-3331. www.nws.org. Ingressos gratuitos ou até $60. Veja o mapa da pág. 105.*

A New World Symphony apresenta-se frequentemente no Adrienne Arsht Center.

★★★ **Seraphic Fire** MIAMI Este fabuloso coral especializado em música barroca e renascentista, é tão eclético que chegou a se apresentar com Shakira. *2153 Coral Way Suite 401.* ☎ *305/285-9060. www.seraphicfire.org. Ingressos: $35.*

Comédia

★★★ **Improv Comedy Club** COCONUT GROVE Grandes humoristas tentam matar o público de rir no Improv, o único autêntico *comedy supper club* (bares onde comediantes fazem apresentações) de Miami. *3390 Mary St.* ☎ *305/441-8200. www.miamiimprov.com. Ingressos entre $30 e $50. Veja o mapa da pág. 105.*

★★ **Laughing Gas Improv** LOCAIS VARIADOS Esta trupe de teatro itinerante (Considerada a Second City[1*] de Miami) apresenta shows de comédia de improviso de 90 minutos, sempre contando com a participação do público. *The Main Street Playhouse, em 6766 Main Street, somente aos sábados.* ☎ *305/461-1161. www.laughinggasimprov.com. Ingressos: $10.*

*1 *N.C.: famosa trupe de comédia de improviso.*

Dança

★★★ **Ballet Flamenco La Rosa** MIAMI Não deixe de ver uma apresentação desta impressionante companhia de dança flamenca, a única com estúdio em Miami, que também exibe números de ritmos latinos. ☎ *305/899-7730. www.panmiami.org. Ingressos entre $18 e $20.*

★★★ **Miami City Ballet** SOUTH BEACH Esta aclamada e arrojada companhia de dança de base clássica, dirigida por seu fundador Edward Villella, tem um repertório com mais de 60 coreografias, muitas das quais de George Balanchine, além de ter estreado internacionalmente mais de 20 peças. A sede do corpo de baile é um edifício de três andares que possui oito salas de ensaio, uma escola de balé, uma boutique e uma bilheteria para venda de ingressos. A temporada do Miami City Ballet se estende de setembro a abril. *2200 Liberty Ave.* ☎ *305/929-7000. www.miamicityballet.org. Ingressos entre $19 e $175. Veja o mapa da pág. 105.*

★★★ **Miami Contemporary Dance Co.** MIAMI A primeira e mais importante companhia de dança contemporânea de

A Miami Beach Cinematheque exibe filmes em um ambiente aconchegante.

Miami é encabeçada por Ray Sullivan, cujo estilo busca integrar elementos tradicionais e modernos do balé. *5101 Collins Ave. ☎ 305/865-6232. www.miamicontemporarydance.net.*

★★★ Momentum Dance Company MIAMI Esta excepcional companhia de dança moderna, apresenta trabalhos de grandes nomes da dança moderna como Isadora Duncan. E para fechar cada show com chave de ouro, a Momentum oferece um workshop no palco, aberto para o público. *☎ 305/858-7002. www.momentumdance.com.*

Cinema

★★★ Bill Cosford Cinema CORAL GABLES Esta pequena sala de cinema foi reformada, redecorada e agora possui projetores modernos e sistema de refrigeração de ar. O Bill Cosford Cinema patrocina a apresentação de filmes independentes e palestras com diretores e astros de cinema convidados. Aqui são realizados o African American Film Festival, o Student Film Festival e alguns filmes do Fort Lauderdale Festival. *University of Miami. ☎ 305/284-4861. Ingressos: entre $6 e $ 8.* *Veja o mapa da pág. 105.*

★★★ Miami Beach Cinematheque SOUTH BEACH Este é o lugar perfeito para os que chamam filmes de películas. Esta cinemateca possui assentos confortáveis de onde você pode assistir filmes de arte internacionais e locais, além de clássicos do cinema. Aqui já estiveram presentes muitos diretores, produtores e peixes grandes da indústria cinematográfica, para assistir a mostras de cinema em homenagem a famosos diretores e atores e outras atrações especiais. *1130 Washington Ave. ☎ 305/673-4567. Ingressos entre $8 e $10.* *Veja o mapa da pág. 105.*

★★ Tower Theater LITTLE HAVANA Este cinema histórico, com suas duas salas é um marco histórico de Miami. Aqui a comunidade cubana pode apreciar desde clássicos do cinema até estreias de filmes em inglês com legendas em espanhol e vice-versa. *1508 SW 8th St. ☎ 305/642-1264. www.mdc.edu/culture/tower.htm. Ingressos gratuitos ou até $5.* *Veja o mapa da pág. 106.*

O Tower Theater apresenta filmes em espanhol.

Ópera

★★★ Florida Grand Opera DOWNTOWN Com mais de 60 anos de existência, esta companhia de ópera normalmente apresenta os melhores cantores do gênero da Europa e dos Estados Unidos. Todas as produções são cantadas na língua original, com um telão que projeta as legendas em inglês. Obviamente, quando Placido Domingo canta em Miami os ingressos esgotam-se rapidamente. A temporada da Florida Grand Opera dura aproximadamente de novembro a abril com cinco apresentações semanais. A partir de 2007, a companhia passou a se apresentar em locais mais sofisticados como o Sanford and Dolores Ziff, no Adrienne Arsht Center. *1300 Biscayne Blvd. ☎ 305/372-7611. www.fgo.org. Ingressos entre $20 e $135.* *Veja o mapa da pág. 106.*

Pop e Rock

The Bayfront Park Amphitheater. Localizado no Bayfront Park, no coração do Downtown, este anfiteatro administrado pela empresa de promoções artísticas Live Nation passou por reformas e reabriu suas portas em agosto de 2009. *301 North Biscayne Blvd.* ☎ *305/358-7550. www.bayfrontparkmiami.com.*

★★★ **Fillmore Miami Beach** SOUTH BEACH Além do visual moderno, onde o Hard Rock encontra o Art Déco de Miami, com bares, muitos lustres, e uma homenagem ao original e lendário Fillmore de São Francisco, o Fillmore de Miami, Também administrado pela empresa Live Nation, apresenta todo o tipo de talentos, desde Kid Rock e a banda Fall Out Boy até comediantes como Sarah Silverman e Lisa Lampanelli. Este também é o local onde são realizados eventos de premiações, entre eles o Food Network Awards e o Fox Sports Awards. *1700 Washington Ave. Com 17th St.* ☎ *305/673-7300. www.fillmoremb.com. Veja o mapa da pág. 105.*

Teatro

★★★ crianças **Actor's Playhouse** CORAL GABLES Este teatro, originalmente um grande cinema em estilo Art Déco inaugurado em 1948, possui duas salas: a principal, com 600 lugares e uma menor, com 300 lugares, onde são realizados ensaios e apresentações de peças infantis. *280 Miracle Mile.* ☎ *305/444-9293. www.actorsplayhouse.org. Preços entre $27 e $40. Veja o mapa da pág. 105.*

★★★ **Colony Theater** SOUTH BEACH Um perfeito exemplo do estilo arquitetônico do Art Deco District, o teatro Colony reabriu suas portas em 2006, após uma reforma de $4,3 milhões que ampliou o espaço das coxias, renovou o urdimento, melhorou o acesso para deficientes físicos e devolveu ao *lobby* seu look Art Déco original. No Colony são apresentadas várias peças de teatro e comédias. *1040 Lincoln Rd.* ☎ *305/674-1040. Para informações sobre os preços das entradas, telefone ou acesse o site. Veja o mapa da pág. 105.*

★★★ **GableStage** CORAL GABLES O GableStage, além de ser palco de estreia de várias peças nacionais e locais, possui uma extensa programação anual que sempre inclui pelo menos uma peça de Shakespeare, um clássico, e uma peça contemporânea. *Localizado no Biltmore Hotel, 1200 Anastasia Ave.* ☎ *305/445-1119. www.gablestage.org. Ingressos entre $15 e $45. Veja o mapa da pág. 105.*

Ao longo do ano, o Manuel Artime Theater apresenta vários artistas latinos.

★ **Jerry Herman Ring Theatre** CORAL GABLES O Departamento de Artes Teatrais da Universidade de Miami utiliza o Jerry Herman como palco para comédias, dramas e musicais feitos pelos alunos mais avançados. Atores da universidade e visitantes também se apresentam, assim como ocorrem peças de dramaturgos locais; o teatro costuma funcionar de terça até sábado durante o período letivo. Nas férias de verão não deixe de assistir a "Summer Shorts", uma incrível seleção de peças com apenas um ato. *University of Miami.* ☎ *305/284-3355. Ingressos de $16 à $18.* *Veja o mapa da pág. 105.*

★★★ **Manuel Artime Theater.** Grandes cantores de ópera latinos, divas da bossa nova brasileira e cantores de folk argentino já se apresentaram no Manuel Artime. *900 SW 1st St.* ☎ *305/575-5057. www.manuelartimetheater.com. Preços variados, (informe-se com antecedência sobre o preço dos ingressos).* *Veja o mapa da pág. 106.*

★★★ **Miami Light Project** WYNWOOD Esta companhia de teatro de vanguarda é conhecida pelo festival *Here and Now*, realizado sempre em março desde 1999, que apresenta trabalhos inovadores de artistas do Sul da Flórida. A MLP tem o apoio de grandes artistas como Laurie Anderson e Danny Hoch. *404 NW 26 Street.* ☎ *305/576-4350. www.miamilightproject.com. Preços variam (informe-se com antecedência sobre o preço dos ingressos).* *Ver mapa pág. 106.*

★★ **New Theatre** CORAL GABLES O New Theatre orgulha-se de apresentar renomados atores e músicos dos Estados Unidos e da Europa. Em geral, a programação inclui peças contemporâneas e, por vezes, algum clássico. *1645 SW 107th Ave.* ☎ *305/443-5909. www.new-theatre.org. Ingressos entre $25 e $40.* *Veja o mapa da pág. 105.*

O Sony Ericsson Open é realizado no Crandon Park Tennis Center.

Esportes

American Airlines Arena DOWNTOWN O American Airlines Arena é mais do que um estádio. Este complexo, além de ser a casa do time de basquete Miami Heat e dos mega shows que chegam a Miami. O Triple A, como é conhecido (devido aos três "A"s de sua inicial), é o principal ponto de encontro dos grandes fãs de esporte e boa música. *601 Biscayne Blvd.* ☎ *786/777-1000. www.aaarena.com.* *Veja o mapa da pág. 106.*

Crandon Park Tennis Center KEY BISCAYNE Este centro de tênis de renome internacional é a sede do Sony Ericsson Open. Aqui, você encontrará 17 quadras sintéticas, duas quadras de saibro vermelho, quatro de saibro verde e duas de grama, onde além de jogar e assistir aos torneios poderá fazer aulas. *7300 Crandon Boulevard.* ☎ *305/365-2300. $3 a $5 por pessoa (1 hora). O preço dos ingressos para os torneios é variável.*

Sun Life Stadium (antigo Dolphin Stadium) NORTH MIAMI O antigo Dolphin Stadium, local de treino do

Miami Dolphins e do Miami Hurricanes, foi totalmente reformado e transformado em um complexo. Hoje, o Sun Life Stadium, além de abrigar o famoso mega estádio esportivo, oferece outras atrações como uma boate, restaurantes, bares, lounges, e muito mais. Aqui, celebridades como Madonna, U2 e The Police se apresentam. *2269 NW 199th St. ☎ 305/623-6100. www.sunlifestadium.com.* *Veja o mapa da pág. 106.*

Homestead Miami Speedway
HOMESTEAD Os fãs da Fórmula Indy e NASCAR não se incomodarão com a longa distância percorrida para chegar a este autódromo, onde já foram realizados todos os tipos de corrida. O Speedway oferece eventos semanais durante os quais você poderá dirigir pela pista ou ter aulas de direção esportiva. *1 Speedway Blvd. ☎ 866/409-7223. www.homesteadmiamispeedway.com. Ingressos entre $25 e $ 200.*

Guarda-sóis protegendo os pilotos no Homestead Miami Speedway.

★★★ Miami Beach Polo World Cup
SOUTH BEACH Esqueça Palm Beach – aqui você assistirá ao melhor torneio de polo da cidade, com concorridas partidas à beira mar, um desfile com os cavalos do torneio e festas elegantes. A entrada para os jogos realizados nos fins de semana é gratuita (você pode assisti-los da praia), mas caso queira um lugar mais privilegiado, você poderá comprar um ingresso VIP, que lhe dará direito a participar dos concorridos eventos que acontecem nos bastidores. *Setai, 2001 Collins Ave. ☎ 866/468-7630. www.miamipolo.com. Informe-se com antecedência sobre as datas dos torneios e os preços dos ingressos.* *Veja o mapa da pág. 105.*

A Miami Beach Polo World Cup é realizada na praia, próxima ao hotel The Setai.

8 Os Melhores **Hotéis**

Nossas Dicas de Hotéis

O mais **Luxuoso**
★★★ **The Setai. $$$$** *2001 Collins Ave. (p. 125)*

O Melhor **Hotel Executivo**
★★★ **Mandarin Oriental Miami. $$$$** *500 Brickell Key Dr. (p. 123)*

A Melhor **Vista**
★★★ **The Ritz-Carlton Key Biscayne. $$$$** *455 Grand Bay Dr. (p. 124)*

O Mais **Histórico**
★★★ **The Biltmore. $$$$** *1200 Anastasia Ave. (p. 118)*

O Mais **Fashion**
★★★ **Mondrian. $$$$** *1100 West Ave. (p. 123)*

O Melhor para **Escapar da Agitação de South Beach**
★★★ **Miami River Inn. $$** *118 SW S. River Dr. (p. 123)*

O Melhor Hotel em **Estilo Art Déco**
★★★ **The Raleigh. $$$-$$$$** *1775 Collins Ave. (p. 124)*

O Melhor **Preço**
★★ **The Catalina Hotel & Beach Club. $-$$** *1732 Collins Ave. (p. 118)*

O Melhor **para a Família**
★★ **Loews Hotel. $$$-$$$$** *1601 Collins Ave. (p. 122)*

Os quartos do Pelican Hotel são decorados com motivos peculiares.

Os Melhores **Banheiros**
★★★ **ONE Bal Harbour Resort & Spa. $$$$** *10295 Collins Ave. (p. 124)*

Os Melhores **Preços por Pernoite**
★ **Hotel Shelley. $** *884 Collins Ave. (p. 122)*

A Melhor **Piscina**
★★★ **The Standard. $$$** *40 Island Ave. (p. 126)*

O Mais **Romântico**
★★ **Hotel St. Michel. $$$** *162 Alcazar Ave. (p. 122)*

O Mais **Confortável**
★★★ **The Tides. $$$$** *1220 Ocean Dr. (p. 127)*

O Melhor **Lobby**
★★★ **Delano. $$$$** *1685 Collins Ave. (p. 119)*

O Melhor Hotel **Boutique**
★★★ **The Sagamore. $$$$** *1671 Collins Ave. (p. 125)*

O Melhor **Hotel Kitsch**
★★ **The Pelican Hotel. $$$** *826 Ocean Dr. (p. 123)*

O Melhor para **Caçadores de Celebridades**
★★ **The Shore Club. $$$-$$$$.** *1901 Collins Ave. (p. 126)*

O Melhor **Hotel-Spa**
★★★ **Canyon Ranch Miami Beach. $** *6900 Collins Ave. (p. 118)*

O Melhor Hotel **Estilo Las Vegas**
★★★ **Fontainebleau. $$$$** *4441 Collins Ave. (p. 120)*

O Melhor Hotel **e Golf Club**
★ **Doral Golf Resort & Spa. $$$** *4400 NW 87th Ave. (p. 119)*

O Melhor **Resort Afastado da Praia**
★★★ **Fairmont Turnberry Isle Resort & Club. $$$$** *1999 W. Country Club Dr. (p. 120)*

Página anterior: O design de Kelly Wearstler está presente no Viceroy Miami.

Hotéis em **South Beach**

- Gansevoort South 1
- The Setai 2
- Townhouse 3
- The Shore Club 4
- Raleigh 5
- The Catalina Hotel & Beach Club 6
- Crest Hotel Suites 7
- Delano 8
- The Sagamore 9
- The Ritz-Carlton South Beach 10
- Loews Hotel 11
- The Betsy Hotel 12
- Hotel Impala 13
- The Tides 14
- Hotel Victor 15
- Hotel Astor 16
- Hotel Shelley 17
- Whitelaw Hotel 18
- Chesterfield Hotel, Suites & Day Spa 19
- The Hotel 20
- Pelican Hotel 21
- The Angler's Resort 22
- Mondrian 23
- The Standard 24

Hotéis em Miami e Coral Gables

Hotéis em Miami de A a Z

★ **Acqualina** SUNNY ISLES BEACH (entre Miami e Fort Lauderdale). Com uma área de 1,8 hectare, e uma bela vista da costa do Atlântico, este resort à beira mar em estilo mediterrâneo destaca-se entre todos os seus companheiros de estilo, com fontes barrocas, 97 quartos e suítes confortáveis e elegantes, e uma filial do famoso restaurante novaiorquino Il Mulino. O ESPA, o spa do Acqualina, é um dos mais luxuosos e caros de Miami. O hotel possui quatro piscinas, três das quais a poucos passos da praia. O resort também tem o Acquamarine Program, um plano de atividades especial, que inclui jogos, aulas de natação e exploração marinha para crianças e adultos. ***17875 Collins Ave. ☎ 305/918-8000. www.acqualina.com. 97 unidades. Diária do quarto duplo entre $475 e $1.050. AE, DISC, MC, V. Veja o mapa da pág. 117.***

★ **The Angler's Resort** SOUTH BEACH Localizado a apenas duas quadras da praia, este simpático e elegante hotel boutique oferece os confortos básicos de um hotel de luxo: rede Wi-Fi, TV de plasma, e iPods, tudo comandado por um único controle remoto, que também regula a iluminação interna e externa do quarto. Há uma piscina externa circundada por um belo jardim, mas caso prefira curtir o mar não deixe de passar pela recepção para pegar sua sacolinha de praia com filtro solar, água, um lanchinho e, de quebra, um exemplar do último best-seller. ***660 Washington Ave. ☎ 305/534-9600. www.theanglersresort.com. 46 unidades. Diária do quarto duplo entre $225 e $495. AE, DISC, MC, V. Veja o mapa da pág. 115.***

★ **The Betsy Hotel** MIAMI BEACH Listado no Registro Nacional de Locais Históricos dos Estados Unidos (National Register of Historic Places), o Betsy é o último exemplo da arquitetura "georgiana da Flórida" ainda de pé. Sua fachada, com colunas e janelas imperiais esconde em seu interior um refúgio à beira-mar, com design colonial contemporâneo e toques tropicais. Os quartos e suítes combinam o antigo luxo do estilo colonial com a moderna estética de South Beach. No Betsy, você encontrará a filial da Flórida da BLT Steak, famosa steakhouse de Nova York, comandada pelo renomado chef Laurent Tourondel, um solarium na cobertura do edifício com um jardim zen, spa e bar, tudo a preços acessíveis. O hotel ainda possui um elegante bar no lobby e um lounge onde hóspedes entram somente com convites. Apesar de a praia estar a poucos passos, o hotel possui uma piscina externa com pouco movimento. ***1440 Ocean Dr.*** ☎ ***305/531-6100 ou 866/792-3879. www.thebetsyhotel.com. 63 unidades. Diária do quarto duplo entre $309 e $879. DC, DISC, MC, V. Veja o mapa da pág. 115.***

★★★ **Biltmore Hotel** CORAL GABLES Construído em 1926, o Biltmore é o mais antigo hotel de Coral Gables, além de ser um dos dois únicos hotéis da Flórida considerados Marcos Históricos Nacionais (National Historic Landmarks). No centro desta fantástica propriedade em estilo espanhol, ergue-se uma réplica de 90 metros, revestida de cobre do campanário Giralda da catedral de Sevilha. Os quartos são amplos e elegantes, decorados em estilo mourisco, com escrivaninhas e amenities high-tech. Na piscina, e seus 2.130 m², você encontrará confortáveis áreas privativas para relaxar, um bar para drinques ao ar livre e um restaurante. ***1200 Anastasia Ave.*** ☎ ***800/727-1926 ou 305/445-1926. www.biltmorehotel.com. 276 unidades. Diária do quarto duplo entre $229 e $895. AE, DISC, MC, V. Veja o mapa da pág. 116.***

★★★ **Canyon Ranch Miami Beach** MIAMI BEACH A grande atração aqui é a academia com cerca de 7 mil m², onde você encontrará uma parede para a prática de escalada indoor. O hotel possui uma equipe médica de plantão que inclui um especialista em medicina chinesa, um nutricionista e um fisioterapeuta. Como o Canyon também é um condomínio residencial, todos os quartos têm uma varanda, são bem decorados, possuem equipamentos eletrônicos de última geração e cozinha planejada. ***6801 Collins Ave.*** ☎ ***800/742-9000 ou 305/514-7000. www.canyonranch.com. 276 unidades. Diária do quarto duplo entre $229 e $895. AE, DISC, MC, V. Veja o mapa da pág. 117.***

★★ **The Catalina Hotel & Beach** Club SOUTH BEACH Elegante, mas sem ostentação, o Catalina é talvez o único hotel da região que se dá o luxo de ter na entrada um tapete vermelho – embora, em alguns pontos, um pouco surrado. O hotel tem um bar animado, diversos lounges onde, com certeza, você se sentirá parte da classe alta europeia, além de uma área com várias piscinas, onde o serviço de manicure e pedicure deixa suas unhas impecáveis enquanto você se bronzeia. Entradas para as boates da região e transporte para o aeroporto Miami International gratuitos são alguns dos mimos que o Catalina oferece. ***1732 Collins Ave.*** ☎ ***305/674-1160. www.catalinahotel.com. 136 unidades. Diária do quarto duplo entre $125 e $300. AE, DISC, MC, V. Veja o mapa da pág. 115.***

★★ **Chesterfield Hotel, Suites & Day Spa**. Com localização privilegiada, à uma quadra da praia, este excelente hotel, oferece um ambiente acolhedor, apesar de não ter uma piscina. O Chesterfield tornou-se o favorito dos grandes nomes da indústria da moda e românticos em geral. Os quartos, cuja decoração destaca o branco, lembram lofts, onde você ainda pode tomar um relaxante banho de banheira. ***855 Collins Ave.*** ☎ ***305/531-5831. 90 unidades. Diária do quarto duplo entre $125 e $245. AE, DISC, MC, V. Veja o mapa da pág. 115.***

★ **Crest Hotel Suites** SOUTH BEACH Além de oferecer um bom serviço, este hotel tem um ambiente elegante e tranquilo decorado em estilo contemporâneo. Apesar da fachada Art Déco, as suítes do hotel possuem uma sala de estar e jantar, uma pequena cozinha e um espaço para trabalho. O café indoor/outdoor com terraço e o restaurante à beira da piscina atraem um público mais jovem. ***236 21 St. Ave.*** ☎ ***305/531-3464 ou 800/531-3880 (para ligações realizadas nos Estados Unidos). www.crestgrouphotels.com. 64 unidades. Diária do quarto duplo entre $115 e $175. AE, DISC, MC, V. Veja o mapa da pág. 115.***

★★★ **Delano** SOUTH BEACH Antigamente, um hotel para os que queriam ver e ser vistos, hoje o Delano é muito mais acolhedor. A área da piscina o deixará boquiaberto e entre as várias atrações que o hotel oferece estão o elegante Rose Bar, o Aqua Spa e o FDR (antigo Florida Room). Os quartos foram redecorados com detalhes coloridos e os banheiros, reformados. *1685 Collins Ave.* ☎ *305/672-2000. Reservas internacionais: 00800-4969-1770. www.delano-hotel.com. 194 unidades. Diária do quarto duplo entre $425 e $825. AE, DC, DISC, MC, V. Veja o mapa da pág. 115.*

★ crianças Doral Golf Resort & Spa WEST MIAMI Este amplo resort, com 263 hectares, é o ponto alto do golfe, sediando torneios internacionais. Aqui, você encontrará os lendários e desafiadores campos Blue Monster e Great White – o primeiro no sudeste dos Estados Unidos a apresentar paisagem desértica. As melhorias realizadas nos campos de golfe, as luxuosas suítes spa e os driving ranges transformaram o Doral em um hotel ainda mais luxuoso. O resort também oferece uma incrível programação de atividades para crianças entre 5 e 12 anos e um parque aquático, o Blue Lagoon, com várias piscinas e um toboágua com 38 metros. *4400 NW 87th Ave.* ☎ *305/592-2000 ou 800/713-6725 (para ligações realizadas nos Estados Unidos). www.doralresort.com. 693 unidades. Diária do quarto duplo entre $119 e $400. AE, DC, DISC, MC, V. Veja o mapa da pág. 117.*

O Delano e seus quartos decorados em grande estilo.

★★ Eden Roc Renaissance Miami Beach MIAMI BEACH Este elegante hotel, após uma repaginada de $190 milhões, que teve início em 2008, dobrou sua capacidade para 631 quartos. Situado à beira-mar, o Eden Roc oferece quartos com amplas varandas com uma bela vista da orla, suítes com vários ambientes, cinco piscinas, dois restaurantes e um spa. As grandes atrações do "Novo Eden Roc" são o oásis de piscinas e seus ornamentos aquáticos e os jardins, entrecortados por alamedas, com áreas reservadas onde você pode sentar e relaxar. *4525 Collins Ave.* ☎ *305/531-0000 ou 800/319-5354 (para ligações realizadas nos Estados Unidos). www.marriott.com/hotels/travel/miasr-eden-roc-renaissance-miami-beach. 349 unidades. Diária do quarto duplo entre $99 e $425. AE, DISC, MC, V. Veja o mapa da pág. 117.*

★★★ Epic DOWNTOWN O diferencial do Epic é que aqui você não se sentirá invadindo a privacidade de ninguém, embora este hotel também seja um condomínio residencial. Na realidade, você se sentirá como um dos moradores deste elegante e luxuoso edifício que oferece uma esplêndida vista do horizonte de Miami e de Biscayne Bay. O surpreendente lobby para os hóspedes, separado do destinado aos residentes, possui teto abobadado e paredes com grandes vidraças e uma piscina que parece um espelho d'água, sem mencionar o animado lounge de dois andares e um restaurante. Os quartos e suítes são amplos, e além de uma vista excepcional, oferecem amenities da Acqua di Parma. O Epic possui um excelente spa – e você nem precisa sair de seu quarto para usufruir de alguns dos tratamentos que ele oferece – além de várias piscinas, um restaurante especializado em frutos do mar e um sofisticado lounge no 16º andar, o Area 31. Animais de estimação são bem-vindos e recepcionados com caminhas, água mineral e ossos. Outro mimo do Epic é a degustação gratuita de vinhos que acontece diariamente na área do lobby, com deliciosos petiscos. *270 Biscayne Blvd. Way.* ☎ *305/424-*

O Fairmont Turnberry Isle Resort & Club possui um dos melhores campos de golfe da região.

5226. www.epichotel.com. 411 unidades. Diária do quarto duplo entre $369 e $519. AE, DC, DISC, MC, V, JTB. Veja o mapa da pág. 116.

★★★ **Fairmont Turnberry Isle Resort & Club** AVENTURA Este deslumbrante retiro com 121 hectares proporciona tudo o que hóspedes que gostam de ação desejam, principalmente golfistas. As principais atrações são os dois campos de golfe desenhados por Raymond Floyd, abertos apenas para sócios do Fairmont Club e hóspedes do resort, e o restaurante Bourbon Steak, comandado pelo grande chef Michael Mina. O spa Willow Stream oferece uma infinidade de tratamentos. Localizado em Aventura, uma área com belas residências que conta com a conveniência de um grande shopping, o Fairmont é ideal para os que buscam paz, tranquilidade e compras. Como cortesia, há um ônibus à disposição dos hóspedes para levá-los ao shopping Aventura Mall e ao Ocean Club, o clube à beira mar exclusivo do resort. *19999 W. Country Club Dr.* ☎ *866/612-7739 ou 786/279-6770. www.fairmont.com/turnberryisle. 392 unidades. Diária do quarto duplo entre $199 e $899. AE, DC, DISC, MC, V. Veja o mapa da pág. 117.*

★★★ **Fontainebleau** MIAMI BEACH Reaberto em 2008, o Fontainebleau hoje é um moderno hotel, no melhor estilo Las Vegas – um complexo que oferece, além de muito luxo, bons restaurantes e entretenimento além de todas as comodidades de um hotel 5 estrelas – TVs de tela plana, roupa de cama da melhor qualidade, e um spa com cerca de 3.700 m² que inclui tratamentos com água mineral. Entre os 11 lounges e restaurantes que o hotel abriga estão o Gotham Steak, do chef Alfred Portale, o italiano Scarpetta de Nova York, do chef Scott Conant e o Hakkasan, filial do famoso restaurante londrino de comida chinesa. *4441 Collins Ave.* ☎ *305/538-2000 ou 800/548-8886 (para ligações realizadas nos Estados Unidos). www.fontainebleau.com. 334 unidades. Diária do quarto duplo entre $299 e $699. AE, DISC, MC, V. Veja o mapa da pág. 117.*

★★★ **The Four Seasons** BRICKELL O Four Seasons, localizado em um edifício de 70 andares, mais parece um prédio de escritórios, espremido no centro empresarial de Miami. Entretanto, o hotel, além de luxuosos quartos e suítes, tem um serviço de primeira categoria. A maioria dos quartos oferece uma bela vista de Biscayne Bay, mas apesar de serem confortáveis, sua decoração comum às vezes deixa a desejar. Os melhores quartos são os situados nas laterais do edifício, de onde se pode apreciar o lado sul ou leste da baía. O hotel possui três piscinas deslumbrantes, distribuídas em uma área de um hectare. *1435 Brickell Ave. ☎ 305/358-3535. www.fourseasons.com. 260 unidades. Diária do quarto duplo entre $350 e $575. AE, DC, DISC, MC, V. Veja o mapa da pág. 116.*

★ **The Hotel** SOUTH BEACH Esta joia, construída em 1939, anteriormente conhecido como Tiffany Hotel, foi restaurado pelo designer, estilista e decorador Todd Oldham, que acrescentou cores vibrantes a seu interior, mosaicos com pastilhas vitrificadas, espelhos com molduras feitas à mão, além de pisos terrazzo e janelas com formato de escotilhas. Apesar de pequenos, os quartos são confortáveis, incrivelmente estilosos e à prova de som, embora os banheiros sejam um pouco apertados. *801 Collins Ave. ☎ 305/531-2222. www.thehotelofsouthbeach.com. 53 unidades. Diária do quarto duplo entre $205 e $525. AE, DC, DISC, MC, V. Veja o mapa da pág. 115.*

★ **Hotel Astor** SOUTH BEACH Este memorável hotel Art Déco, foi retocado com quartos extremamente elegantes e modernos com móveis feitos à mão, piso de madeira de bambu, tapetes de sisal e armários feitos de madeira chinesa e carvalho claro. Outras melhorias incluem serviço de um guia que o levará pela vida noturna de South Beach, um restaurante e uma piscina de spa, raiada. *956 Washington Ave. ☎ 305/531-8081. www.hotelastor.com. 40 unidades. Preço da diária do quarto duplo entre $125 e $220. AE, DC, DISC, MC, V. Veja o mapa da pág. 115.*

★ **Hotel Impala** SOUTH BEACH Este charmoso refúgio em estilo Mediterrâneo, é um dos mais belos da região, com afrescos, e frisos greco--romanos. Aqui você encontrará um aconchegante jardim interno e quartos decorados com camas sleigh, lençóis importados da Bélgica – móveis de madeira, carpetes de sisal e detalhes em ferro forjado. Os banheiros fabulosos foram reformados com aço inoxidável e rochas de coral, mas são incrivelmente pequenos. *1238 Collins Ave. ☎ 305/673-2021. www.impala-miami.com. 17 unidades. Diária do quarto duplo entre $145 e $225. AE, DC, DISC, MC, V. Veja o mapa da pág. 115.*

★ **Hotel Shelley** SOUTH BEACH Este hotel boutique, com estilo encantador, no coração do distrito Art Déco, foi totalmente

Sinta o gostinho do Velho Continente no Hotel St. Michel.

O Miami River é o único bed-and-breakfast (pernoite e café da manhã) de Miami.

reestruturado após uma reforma de $1,5 milhão. Os quartos, onde você dormirá entre lençóis Mascioni de 300 fios e travesseiros de penas de ganso, oferecem comodidades como TV de plasma e móveis feitos especialmente para o hotel. Esse é o espaço onde você poderá relaxar depois de um dia na praia ou se preparar para uma grande noitada. *844 Collins Ave. ☎ 305/531-3341. www.hotelshelley.com. 49 unidades. Diária do quarto duplo entre $75 e $225. AE, DC, DISC, MC, V. Veja o mapa da pág. 115.*

★★ **Hotel St. Michel** CORAL GABLES Este hotel, decorado no estilo europeu é uma das opções mais românticas da cidade. Tanto o serviço quanto os quartos farão com que você se sinta na velha Europa – os apartamentos possuem paredes revestidas com madeira escura, camas confortáveis, lindos artefatos antigos e uma elegância discreta. O hotel é cheio de charme, desde os elevadores com detalhes metálicos até os ventiladores de teto. A mobília é diferente em cada quarto, o que os faz únicos. *162 Alcazar Ave. ☎ 305/444-1666 ou 800/848-46835 (para ligações realizadas nos Estados Unidos). www.hotelstmichel.com. 28 unidades. Diária do quarto duplo entre $135 e $229. AE, DC, DISC, MC, V. Veja o mapa da pág. 116.*

★★ **Hotel Victor** SOUTH BEACH O Victor é um hotel boutique de luxo para os que querem ver e ser vistos. Todos os quartos mais luxuosos dão vista para o mar e são decorados em mármore e móveis laqueados em preto, e oferecem um bar completo, (não um minibar), TV de plasma e um incrível banheiro em mármore branco, com banheiras com borda infinita e ducha com efeito de chuva. *1144 Ocean Dr. ☎ 305/779-8700. www.hotelvictorsouthbeach.com. 88 unidades. Diária do quarto duplo entre $289 e $1.045. AE, DC, DISC, MC, V. Veja o mapa da pág. 115.*

★★ **Loews Hotel** crianças SOUTH BEACH Para muitos, um desagrado aos olhos, para outros, é um marco arquitetônico. Os quartos são um pouco simples e padronizados, mas têm carpetes e roupas de cama novos. Caso consiga abrir caminho no lobby por todos aqueles que estejam participando de alguma convenção realizada no hotel, você chegará à enorme piscina (cuja vista da entrada fará com que se sinta em Maui e não em Miami). O hotel oferece o Loews Loves Kids, atividades especialmente para crianças, o Dive In Movies, filmes exibidos na piscina, além de atividades especiais para adultos como aulas de salsa e partidas de bingo. *1601 Collins Ave. ☎ 305/604-1601. www.loweshotels.com. 790 unidades. Diária do quarto duplo entre $289 e $679. AE, DC, DISC, MC, V. Veja o mapa da pág. 115.*

★★★ **Mandarin Oriental, Miami** BRICKELL Sob medida para executivos, celebridades e turistas que não se importam em abrir o bolso, o luxuoso Mandarin Hotel, situado à beira mar, oferece quartos que apresentam ar residencial, com estilo oriental (todos possuem varandas), e um restaurante da alta gastronomia. *500 Brickell Key Dr. ☎ 305/913-8383. www.mandarinoriental.com. 326 unidades. Diária das suítes entre $435 e $900. AE, DC, DISC, MC, V. Veja o mapa da pág. 116.*

★★ **Mayfair Hotel & Spa** COCONUT GROVE Nesta joia recentemente reformada, você encontrará rede Wi-Fi, TV de plasma, lençóis de 300 fios e roupões de banho de puro algodão. O Rooftop Cabana Club Lounge & Pool localizado na cobertura, com um bar com paredes e balcão de madeira,apresenta cabines privativas. A famosa steakhouse Angelo & Maxie's de Nova York está aqui, assim como o Jurlique Spa. *3000 Florida Ave. ☎ 305/441-0000 ou 800/433-4555 (para ligações realizadas nos Estados Unidos). www.mayfairhotelandspa.com. 179 unidades. Diária das suítes entre $149 e $679. AE, DC, DISC, MC, V. Veja o mapa da pág. 116.*

★★ **Miami River Inn** DOWNTOWN Incluído na lista do Registro Nacional de Locais Históricos dos Estados Unidos (National Register of Historic Places), este hotel é um refúgio construído e decorado no tradicional estilo country americano, além de ser o único bed-and-breakfast de Miami – pequeno hotel tipo pousada que oferece quarto e café da manhã. O Miami River, espremido no Downtown, possui quatro chalés com dez quartos cada. Todos os aposentos tem piso de madeira e são decorados com antiguidades. Em um deles, você poderá encontrar uma banheira com detalhes pintados à mão, em outro, uma antiga máquina de costura Singer ou um armário do início do século XX, perfeitamente restaurados. *118 SW S. River Dr. ☎ 305/325-0045 ou 800/468-3589 (para ligações realizadas nos Estados Unidos). www.miamiriverinn.com. 40 unidades. Diária dos quartos duplos entre $89 e $299. AE, DC, DISC, MC, V. Veja o mapa da pág. 116.*

★★★ **Mondrian** SOUTH BEACH Este hotel é extremamente fashion, mas, também, surpreendentemente diferente. O Mondrian está situado no oeste de South Beach, a parte residencial da região, onde a vista da orla e do horizonte de Miami são fantásticas. O Mondrian, inspirado no castelo da Bela Adormecida, oferece divertidas atividades para adultos e também apresenta o Agua Spa e o restaurante Asia de Cuba. *1100 West Ave. ☎ 305/514-1500. www.mondriansouthbeach.com. 335 unidades. Diária dos quartos duplos entre $495 e $645. AE, DC, DISC, MC, V. Veja o mapa da pág. 115.*

★★ **Pelican Hotel** SOUTH BEACH De propriedade dos criadores da Diesel Jeans, este moderno hotel em South Beach se autoproclama o único "toy-hotel" (hotel brinquedo) de South Beach. Cada um de seus 30 quartos e suítes é decorado de forma espalhafatosa, como alguma das drag queens locais; por exemplo, o quarto 309 é o "Psychedelic(ate) Girl". *826 Ocean Dr. ☎ 305/673-3373 ou 800/773-5426 (para ligações realizadas nos Estados Unidos). www.pelicanhotel.com. 30 unidades. Diária dos quartos duplos entre $165 e $450. AE, DISC, MC, V. Veja o mapa da pág. 115.*

O design do Mondrian foi inspirado no castelo da Bela Adormecida.

A área externa do Raleigh's é perfeita para as noites quentes de Miami.

★★★ **Raleigh**. SOUTH BEACH. Este hotel combina o antigo estilo arquitetônico de Miami Beach com toques modernos. A área externa é um impressionante oásis. Os quartos foram repaginados com mobília de época, piso terrazzo e oferecem conexão para iPod e minibar gourmet. Os quarto que dão vista para a piscina e para o mar são os mais tranquilos. *1775 Collins Ave. ☎ 305/534-6300 ou 800/848-1775 (para ligações realizadas nos Estados Unidos). www.raleighhotel.com. 104 unidades. Diária dos quartos duplos entre $225 e $925,00. AE, DC, DISC, MC, V. Veja o mapa da pág. 115.*

Os Banheiros do ONE Bal Harbour, com uma bela vista.

★★★ **ONE Bal Harbour Resort & Spa** BAL HARBOUR Este hotel é a última palavra em elegância, oferecendo sofisticadas suítes com piso de mogno, paredes decoradas em couro e banheiros com paredes de vidro, de onde você poderá apreciar o oceano enquanto relaxa na banheira. O hotel possui um spa Guerlain que oferece tratamentos cinco estrelas, serviço de mordomo, piscina e praia espetaculares e um restaurante de fama mundial que lhe custarão caro, mas caso você queira ser paparicado dos pés à cabeça, este é o lugar certo. *10295 Collins Ave. ☎ 305/455-5400. www.oneluxuryhotels.com. 124 unidades. AE, DC, DISC, MC, V. Veja o mapa da pág. 117.*

★ crianças **The Ritz-Carlton Key Biscayne** KEY BISCAYNE Decorado em estilo colonial inglês, este hotel à beira-mar, com seu exuberante jardim tropical repleto de flores, parece ter sido importado das Bermudas. O Ritz tem um programa especial de atividades para crianças entre cinco e doze anos, e na faixa de praia de 360 metros em frente ao hotel você poderá não só relaxar como também pescar, passear de barco ou praticar windsurf. *455 Grand Bay Dr. ☎ 305/365-4500. www.ritzcarlton.com. 402 unidades. Diária dos quartos duplos* *entre $269 e $629. AE, DC, DISC, MC, V. Veja o mapa da pág.116.*

★★★ The Ritz-Carlton South Beach SOUTH BEACH O Ritz-Carlton de South Beach é perfeito para aqueles que preferem o conforto de lençóis Frette de puro algodão e travesseiros de penas de ganso à elegância do estilo minimalista. As melhores acomodações são, sem sombra de dúvida, os quartos Deluxe Lanai, que dão vista para a piscina e as suítes Lanai Oceanfront, que dão vista para o oceano. O hotel oferece vários mimos, entre eles um funcionário sempre a postos para borrifar seu corpo com água e passar filtro solar. *1 Lincoln Rd. ☎ 786/276-4000 ou 800/241-3333. www.ritzcarlton.com. 375 unidades. Diária dos quartos duplos entre $359 e $609. AE, DC, DISC, MC, V. Veja o mapa da pág. 115.*

★★★ The Sagamore SOUTH BEACH Apesar do lobby, o restaurante, o bar e os lounges terem se transformado em ponto de encontro internacional de celebridades e da elite chique, o Sagamore é um hotel que oferece suítes projetadas como apartamentos residenciais que são um verdadeiro refúgio da agitação de South Beach, com todos os confortos que você encontraria em seu lar. Aqui, você poderá usufruir de uma bela piscina reservada para

No lobby do Sagamore, você encontrará objetos de arte singulares.

os hóspedes a poucos metros da praia, além de cabanas com TV de plasma, espalhadas pelo amplo jardim do hotel. *1671 Collins Ave. ☎ 305/535-8088 ou 877/242-6673 (para ligações realizadas nos Estados Unidos). www.sagamorehotel.com. 93 unidades. Diária dos quartos duplos entre $245 e $4.500. AE, DC, DISC, MC, V. Veja o mapa da pág. 115.*

★★★ The Setai SOUTH BEACH Este é o lugar ideal para aqueles que querem esbanjar. Todas as suítes – algumas das quais são flats – tem grandes vidraças, cozinhas completas e

A exuberante vegetação que cerca o Ritz-Carlton Key Biscayne.

A cobertura do Setai oferece uma bela vista da cidade e da orla.

Jacuzzis maiores que uma pequena piscina. Os quartos são decorados com toques orientais e incluem amenities como máquinas de café expresso Lavazza, cosméticos da Acqua di Parma e lavadoras e secadoras de roupa. A área dos jardins do hotel com espelhos d'água é muito agradável, mas não tanto quanto a área da piscina com um bar que serve hambúrgueres a $30. *2001 Collins Ave. ☎ 305/520-6000. www.setai.com. 135 unidades. Diária dos quartos duplos $950. AE, DC, DISC, MC, V. Veja o mapa da pág. 115.*

★★ **The Shore Club** SOUTH BEACH Decorado com um ambiente "Marrakesh encontra Miami" que vão desde o lobby, o pátio interno, a área da piscina, os jardins até a filial da famosa boate Skybar, de Los Angeles, o Shore também abriga uma filial do Ago, o luxuoso e caro restaurante de Robert De Niro, especializado em culinária italiana. Os quartos – 80% dos quais tem vista para o mar – além de estarem repletos de amenities de última geração, são decorados com um pouco mais de personalidade do que os do hotel Delano. *1901 Collins Ave. ☎ 305/695-3100. www.shoreclub. 309 unidades. Diária dos quartos duplos entre $ 409 e $715. AE, DC, DISC, MC, V. Veja o mapa da pág. 115.*

★ **Sonesta Bayfront Hotel** COCONUT GROVE Com uma localização privilegiada que oferece uma bela vista de Biscayne Bay e sua marina, e dos prédios do Downtown, o Sonesta é mais do que simplesmente um hotel de uma famosa rede – é também um condomínio residencial. A manutenção do hotel é perfeita e aqui você encontrará 225 quartos para hóspedes, decorados em estilo contemporâneo, com TVs de tela plana e varandas, muitas das quais dão vista para o mar. A fantástica piscina está localizada no oitavo andar, de onde você pode apreciar a orla. O restaurante Panorama serve o que há de melhor na culinária peruana. *2889 McFarlane Rd. ☎ 305/529-2828 ou 800/766-3782. (para ligações gratuitas feitas nos Estados Unidos). www.sonesta.com. 225 unidades. Diária dos quartos duplos entre $249 e $569. AE, DC, DISC, MC, V. Veja o mapa da pág. 116.*

★★★ **The Standard** SOUTH BEACH Este hotel boutique, situado na Venetian Causeway, um local tranquilo, com bela vista do mar e a poucos metros da loucura de South Beach, foi totalmente reformado. Do conforto de seu quarto, cuja decoração destaca o branco, você poderá pedir desde chás de ervas até um tratamento de aromaterapia para os pés. O hotel ainda oferece sauna aquecida com cedro, banho turco, tratamentos anticelulite, como o Standard Spanking, e uma incrível piscina com uma queda d'água artificial de 3,5 m e sistema de sonorização subaquática, a cargo de um DJ. *40 Island Ave. ☎ 305/673-1717. www.standardhotels.com. 105 unidades. Diária dos quartos duplos entre $165 e $1.250. AE, DC, DISC, MC, V. Veja o mapa da pág. 115.*

Quando É a Baixa Temporada?

A alta temporada no sul da Flórida é bem definida, iniciando-se em meados de novembro e terminando na Páscoa (época de inverno nos Estados Unidos). Os preços dos hotéis sobem vertiginosamente até março e depois começam a cair. Na baixa temporada, a tarifa cobrada pelos hotéis costuma ser entre 30% e 50% mais baixa do que a cobrada durante a alta temporada. Os preços também dependem da proximidade do hotel da praia e da vista que o quarto oferece. Hotéis localizados a uma ou duas quadras da praia podem custar até 40% menos do que similares situados à beira-mar. Não se esqueça de que, em algumas partes de Miami, os impostos estaduais e municipais podem acrescentar até 12,5% à sua conta, e preste atenção, pois alguns hotéis, especialmente em South Beach, incluem na conta taxas de serviços adicionais. Lembre-se de que estacionar seu carro é muito caro.

★★★ **The Tides** SOUTH BEACH Este edifício de dez andares é uma obra-prima em Art Déco, e lembra um transatlântico, com suas janelas em formato de escotilha. Os quartos, recentemente redecorados em tons terra, oferecem uma deslumbrante vista da baía e são, no mínimo, duas vezes maiores do que os dos típicos hotéis de South Beach. *1220 Ocean Dr. ☎ 305/604-5070. www.tidessouthbeach.com. 45 unidades. Diária dos quartos duplos entre $395 e $595. AE, DC, DISC, MC, V. Veja o mapa da pág. 115.*

★ **Townhouse** SOUTH BEACH O charme deste hotel reside nos detalhes – simples, mas inusitados, como equipamentos de ginástica colocados nos corredores de cada andar, máquinas de lavar roupa no lobby, e uma cobertura com camas com colchões d'água. Os quartos possuem sofás em forma de "L" para seus convidados, (e não exigem uma taxa extra por isso). Apesar de os quartos serem bem parecidos, opte pelos que oferecem uma vista parcial do oceano. *150 20th St. ☎ 305/534-3800 ou 877/534-3800. www.townhousehotel.com. 70 unidades.*

A piscina do Standard, a melhor de Miami.

Diária dos quartos duplos entre $115 e $450. AE, DC, DISC, MC, V. Veja o mapa da pág. 115.

★★ **Viceroy Miami** DOWNTOWN Inaugurado em 2009, é o perfeito exemplo da predileção da decoradora Kelly Wearstler pelo toque oriental – o que você pode observar no Club 50, situado na cobertura, ou no restaurante que dá vista para a piscina infinita do Viceroy (a maior do estado). Os quartos com toque de verde-água, são decorados com objetos de arte orientais e possuem banheiros com amplas bancadas com duas cubas. Todos oferecem uma varanda, e aqueles com final "16" propiciam a melhor vista do rio. Não deixe de visitar o surpreendente spa criado por Philippe Starck. *485 Brickell Ave. ☎ 305/503-4400 ou 866/781-9923. www.viceroyhotelsandresorts.com/miami. 162 unidades. Diária dos quartos duplos entre $300 e $500. AE, DC, DISC, MC, V. Veja o mapa da pág. 116.*

★ **Whitelaw Hotel** SOUTH BEACH Localizado a apenas uma quadra de Ocean Drive, este hotel está repleto de personalidade um tanto distintas, mesclando luxuosos lençóis belgas com carpetes surrados, para criar um ambiente inusitado. Os quartos, decorados em branco, são acolhedores e confortáveis. *808 Collins Ave. ☎ 305/398-7000. www.whitelawhotel.com. 49 unidades. Diária dos quartos duplos entre $95 e $195. AE, DC, DISC, MC, V. Veja o mapa da pág. 115.* ●

Difíceis Decisões...

Miami há muito tempo ostenta o status de um dos melhores destinos turísticos, o que levou à construção de inúmeros hotéis de luxo, especialmente em Miami Beach. Embora a crescente demanda por hotéis em South Beach resulte em preços mais altos, você ainda pode encontrar um bom lugar para se hospedar a preços justos.

- A não ser que você planeje que suas férias se limitem ao hotel e às redondezas deste, os hotéis Art Déco mais acessíveis são uma boa opção para aqueles que planejam usar o quarto apenas para dormir.
- Muitos dos hotéis construídos nos anos de 1930, 1940 e 1950 foram totalmente reformados. Não se esqueça de perguntar quais mudanças foram realizadas e se o hotel no qual você se hospedará não passará por reformas durante sua estadia.
- Descubra se o seu quarto está perto da agitação da noite de Miami, tentar dormir em um quarto que fica de frente para Ocean Drive, Collins Avenue e Washington Avenue é praticamente impossível, especialmente nos fins de semana.
- Na região da Collins Avenue, em South Beach, há dezenas de hotéis e pousadas para todos os bolsos.
- Para hospedar-se em um lugar mais em conta, fique em Miami Beach, na região entre a 23rd St. com Collins Avenue e 163rd St. e Collins Ave, que oferece vários hotéis próximos à praia, a 10 minutos de South Beach.
- Caso prefira um ambiente menos agitado, com um toque tropical, opte por um resort em Key Biscayne, de onde poderá admirar o contorno dos edifícios do Downtown.
- Aqueles que adoram ir às compras, apreciarão hospedar-se em North Miami Beach, próximo ao Aventura Mall, ou em Coral Gables, com sua atmosfera europeia.

9 Os Melhores Passeios e Excursões

Fort Lauderdale

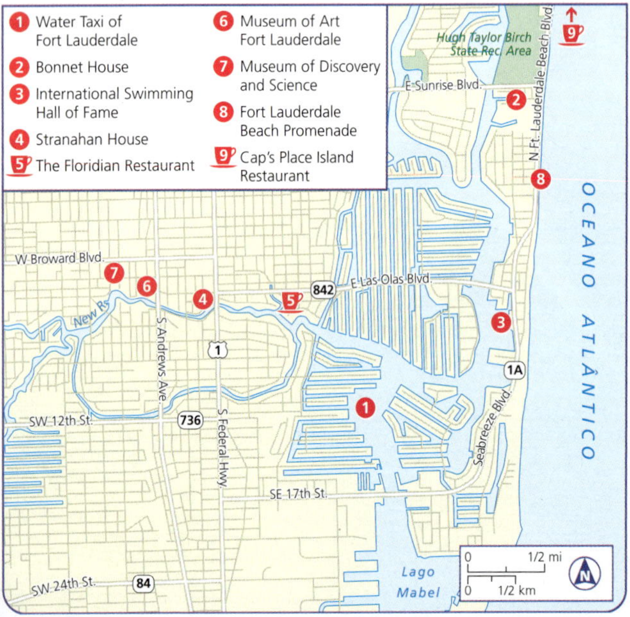

Fort Lauderdale, famosa pela sua bela faixa de praias com palmeiras, restaurantes, bares e lojas de souvenires, passou por uma grande transformação. Antigamente famosa pela bagunça anual causada pelo *spring break*, a região, atualmente, tem atraído ricos iatistas e velejadores, bem mais comportados. Além das praias, Fort Lauderdale, conhecida como a Veneza Americana, possui mais de 480 km de vias navegáveis, intrincados canais onde os moradores ancoram seus barcos e os turistas alugam veleiros ou passeiam nos "táxis aquáticos" *(water taxis)*, disponíveis a preços acessíveis. **PONTO DE PARTIDA: Para navegar por Fort Lauderdale, vá até o Water Taxi.**

1 Water Taxi of Fort Lauderdale (Táxi Aquático de Fort Lauderdale). Uma frota composta de antigos barcos de passageiros, em excelentes condições, que servem tanto para o transporte como para o entretenimento dos turistas. Devido à popularidade de seu serviço, foram agregados "ônibus aquáticos" à sua frota, barcos com capacidade para 70 passageiros, ou mais, com assentos dentro e fora da cabine e mirante. Os barcos, com capacidade para até 48 passageiros, saem a intervalos regulares, seguem um itinerário específico e têm 20 pontos de parada. ☎ *954/467-6677. www.watertaxi.com. Serviço disponível 7 dias por semana, dependendo das condições climáticas. Para informações*

Página anterior: O Everglades abriga uma grande diversidade de fauna e flora.

O Water Taxi de Fort Lauderdale é uma boa maneira de conhecer e passear pela região.

sobre os horários de saída, telefone ou visite o site. Preço da passagem por um dia inteiro de passeio, sem limite de paradas $20 (adultos); passeios até South Beach, $38 (adultos). Compra de passagens a bordo. Não aceita cartões de crédito.

2 ★ **Bonnet House.** Esta mansão localizada em uma fazenda de 14 hectares, acessível apenas em excursão guiada, lhe proporcionará uma fantástica visão de como era a Flórida de outrora. Construída em 1921, a mansão à beira-mar, cercada por jardins tropicais, foi palco de uma grande história de amor e, caso queira saber detalhes, os guias voluntários lhe contarão, se você perguntar. É um belo passeio, pois você conhecerá pessoas peculiares, obras de arte fantásticas, lindos jardins e design interessante. *entre 1 h e 2 h. 900 N. Birch Rd. ☎ 954/563-5393. www.bonnethouse.org. Entrada: $20, adultos; $18, idosos; $16 estudantes e crianças entre 6 e 12 anos; gratuita para crianças até 6 anos.*

3 ★★ **International Swimming Hall of Fame.** Caso você seja um Michael Phelps em ascensão ou simplesmente um amante de natação, com certeza gostará dessa homenagem aos melhores nadadores e mergulhadores do mundo de todos os tempos. *1 h. 1 Hall of Fame Dr. ☎ 954/462-6536. www.ishof.org. Excursões guiadas: $ 8 adultos; $6 idosos e $4 crianças até 12 anos.*

A Bonnet House fica em um terreno de 14 hectares.

O International Swimming Hall of Fame

4 ★★ Stranahan House. Esta é a mais antiga propriedade construída em Fort Lauderdale – um exemplo típico do estilo arquitetônico *Florida Frontier*, criado pelos primeiros colonizadores que chegaram à região. Construída em 1901 por Frank Stranahan, o "pai de Fort Lauderdale", esta casa já foi posto de comércio dos índios da tribo Seminole que aqui vinham para vender peles de animais. Também serviu como posto de correio, sede da prefeitura, armazém e atualmente é um pequeno museu que retrata o início da colonização do sul da Flórida, com peças de mobiliário do início do século XIX e fotos históricas do local. *1 hora. 335 SE 6th Ave. ☎ 954/524-4736. www.stranahanhouse.org. Entrada: $ 12 adultos; $11 idosos, $7 estudantes e crianças. Aberto diariamente. Passeios com guia às 13 h, 14 h e 15 h. Fechado em setembro. Caso prefira, pegue um water taxi para chegar ao museu.*

5 ★ The Floridian Restaurant. Conhecido como "The Flo", este restaurante, que tem mais de 63 anos, supre a carência de bons *diners* no sul da Flórida. O Floridian serve café da manhã, almoço e jantar 24 horas por dia, 7 dias por semana. Nos finais de semana, o local normalmente está lotado, pois moradores e turistas aqui se encontram para saborear omeletes gigantes, aveia, linguiças e biscoitos. *1410 East Las Olas Blvd. ☎ 954/463-4041. $.*

6 Museum of Art Fort Lauderdale. Este fantástico museu de arte moderna possui um acervo permanente que inclui a coleção de quadros e desenhos de William Glackens, mais de 200 quadros dos artistas do movimento CoBrA (acrônimo de Copenhague, Bruxelas e Amsterdam), 50 esculturas, 1.200 desenhos datados de 1948 a 1951. O acervo também inclui a segunda maior coleção de pinturas do famoso artista dinamarquês Asger Jorn, trabalhos em cerâmica de Pablo Picasso, além de obras contemporâneas de mais de 90 artistas cubanos exilados. *entre 1 h e 2 h. 1 E. Las Olas Blvd. ☎ 945/525-5500. www.moaflnsu.org. Entrada: $10 adultos, $11 idosos, $7 estudantes e jovens entre 6 e 17 anos, crianças abaixo de 5 anos, entrada gratuita. Aberto diariamente, de outubro a maio, das 11 h às 17 h, às qui. até as 20 h; às seg. e de qua. – dom., das 11 h – 17 h, fechado às ter., de junho a setembro.*

A Stranahan House já chegou a servir como agência postal.

A "Strip" de Fort Lauderdale.

7 crianças **Museum of Discovery and Science.** Este museu com sua abordagem educacional interativa e *high-tech* prova que ciência pode ser sinônimo de diversão. Apesar de ser um museu para crianças, os adultos não se sentirão deslocados. As crianças adoram passear pelas fascinantes áreas de exibições do Discovery Center (especialmente as que têm 7 anos ou menos), que são na realidade verdadeiras explorações científicas e ecológicas. A Florida Ecoscapes é particularmente interessante, pois as crianças têm a oportunidade de ver um recife de coral vivo, abelhas, morcegos, sapos, tartarugas e jacarés. *1 h – 2 h. 401 SW 2nd St. ☎ 954/467-6637. www.mods.org. Ingressos para o Museu e Cinema IMAX $ 16 adultos, $15 idosos e $12 crianças de 2 a 12 anos. Aberto de seg. – sáb., das 10 h – 17 h, dom., das 12 h – 18 h.*

8 Ft. Lauderdale Beach Promenade (também chamado "The Strip"). Após uma reforma de $26 milhões, este longo calçadão à beira mar ficou deslumbrante. O horário mais tranquilo para passear é durante a manhã, quando você verá apenas algumas pessoas fazendo sua corrida ou caminhada matinal, mas mesmo nos fins de semana, quando o local é mais movimentado, há espaço para todos. Quase todos os dias, você encontrará na praia fanáticos jogadores de vôlei que recebem de braços abertos qualquer um que tenha uma boa cortada. O mar cristalino e tranquilo é um convite para um banho de mar, e não há com o que se preocupar, pois você estará sob a vigilância dos mais sarados salva-vidas da Flórida. *A1A entre Las Olas e Sunrise Blvds. ☎: 954/828-4597*

A apenas 15 minutos ao norte de Fort Lauderdale, o **9 Cap's Place Island Restaurant,** antigamente um cassino e restaurante regado a muito rum, hoje é um dos melhores refúgios da região e seu passado ilustre (Churchill jantou com Franklin D. Roosevelt aqui) lhe deu um lugar no Registro Nacional de Locais Históricos (*National Register of Historic Places*). Para chegar ao Cap's Place, você terá de pegar a balsa oferecida como cortesia pelo restaurante e o passeio, apesar de curto, valerá a pena. O cardápio oferece pratos tradicionais da região, como lagosta da Flórida ou do Maine, o *clams casino*, à base de mexilhões e o *oyster Rockefeller*, à base de ostras – muito bons, mas não os melhores. *2765 NE 29th Court. ☎ 954/941-0418. www.capsplace.com. $$-$$$.*

Palm Beach

1 The Flagler Museum
2 Norton Museum of Art
3 Mar-A-Lago
4 Worth Avenue
5 Green's Pharmacy
6 The Breakers
7 Palm Beach Zoo no Dreher Park
8 Palm Beach Polo and Country Club
9 The Rhythm Cafe
Loftin St.
Royal Poinciana Way
S County Rd.
Breakers Ocean Golf Course
A1A
Lakeview Ave.
704
Royal Palm Way
PALM BEACH
S Lake Dr.
S Australian Ave.
Worth Ave.
Everglades Golf Course
S Dixie Hwy
S Olive Ave.
Parker Ave.
S Ocean Blvd.
Belvedere Rd.
1
95
WEST PALM BEACH
805
Lago Worth
OCEANO ATLÂNTICO
98
700
Southern Blvd.
Phipps Park
Dreher Park
Summit Blvd.
S Flagler Dr.
Hillcrest Mem. Park Cemetery
0
1/2 mi
1/2 km
N

O Condado de Palm Beach (Palm Beach County) abrange cidades desde Boca Raton, ao sul até Jupiter e Tequesta, ao norte. Entretanto, é a pequena cidade de Palm Beach, a "cidade ilha" às margens da Intracoastal Waterway, que se tornou refúgio de inverno da aristocracia americana – os Kennedy, os Rockefeller, os Pulitzer e os Trump. É um lugar que vale a pena ser visitado, apesar de alguns o considerarem ostensivo e, francamente, esnobe. Mas esta não é uma cidade onde você encontrará luxuosos resorts e boutiques sofisticadas. Na verdade, Palm Beach oferece algumas surpresas, desde um museu de arte de nível internacional até um dos melhores parques para observar aves no estado. **PONTO DE PARTIDA: Flagler Museum.**

O estilo Beaux-Arts do Flagler Museum.

1 The Flagler Museum. Nesta luxuosa mansão, um presente de casamento do magnata do petróleo Henry Flagler para sua terceira esposa, você se sentirá de volta aos anos dourados. A mansão Whitehall, um exemplo da arquitetura *Beaux-Arts*, tem 55 aposentos, entre eles uma sala de música estilo Luís XIV, um salão de bailes estilo Luís XV e 14 suítes para hóspedes, decoradas com autênticas antiguidades europeias. Flagler construiu a famosa Over-Sea Railroad no sul da Flórida. Você pode "embarcar" no Rail Car No. 91, o vagão particular de Flagler, que está em exposição na área externa do museu. São oferecidas excursões guiadas, mas normalmente os visitantes passeiam por conta própria (há *audio tours* disponíveis gratuitamente). *entre 1 h 30 min e 2 h. 1 Whitehall Way.* ☎ *561/655-2833. www.flaglermuseum.us. Entrada: $18 adultos, $10 jovens de 13 a 18 anos, $3 crianças de 6 a 12 anos. De ter. – sáb., das 10 h – 17 h; dom., de 12 h – 17 h.*

2 ★ Norton Museum of Art. O Norton é conhecido internacionalmente tanto pelo seu rico acervo permanente quanto por suas exposições temporárias de renome. As coleções mais importantes do museu estão divididas geograficamente. A área dedicada aos Estados Unidos guarda importantes obras de Hopper, O'Keeffe e Pollock, ao passo que os quadros de artistas impressionistas e pós-impressionistas do calibre de Cézanne, Degas, Gauguin, Matisse, Monet, Picasso, Pissarro e

Worth Avenue, onde poderá comprar tudo o que há de melhor.

Renoir estão na área dedicada à França. *1 h – 2 h. 1451 S. Olive Ave. ☎ 561/832-5196. www.norton.org. Entrada: $8 adultos, $3 jovens de 13 a 21 anos. Aberto de seg. – sáb., das 10 h – 17 h, dom., de 13 h – 17 h. Fechado às seg. de maio a outubro e aos feriados.*

3 ★ **Mar-A-Lago.** Nenhuma viagem a Palm Beach estará completa, caso você não dê pelo menos uma espiada em Mar-A-Lago, a imponente mansão de Donald Trump. Em 1985, o magnata comprou a propriedade de Marjorie Merriweather Post, herdeira da gigante de cereais "Postum Cereal Company", para tristeza dos moradores da região, que temiam que Trump a transformasse em um cassino. Para surpresa geral, o empresário, que às vezes fica em uma parte reservada deste palácio, converteu-o em um elegante country club – de preços nada convidativos (a taxa de adesão custa $100 mil). *5 min. 1100 S. Ocean Blvd. ☎ 561/832-2600. www.maralagoclub.com. Atualmente o local não é aberto a visitação, mas você poderá vislumbrá-lo ao cruzar a ponte que liga West Palm Beach a Palm Beach.*

4 ★★ **Passeando pelas Lojas de Worth Avenue.** Não importa o tamanho de seu bolso, não deixe de passear pela Worth Avenue, considerada a "Rodeo Drive do Sul", um sonho para os que gostam de admirar vitrines. Localizada entre South Ocean Boulevard e Cocoanut Row, aqui você encontrará mais de 200 boutiques, lojas de grandes grifes como Gucci, Chanel, Armani, Hermès e Louis Vuitton, galerias de arte e elegantes restaurantes. Caso queira usar um traje adequado, vista-se como se estivesse indo para um almoço importante e não ao shopping na rua de casa. *entre 1 h e 2 h. www.worth-avenue.com.*

5 ★ **Green's Pharmacy** não é uma farmácia, como o nome sugere, mas uma das lanchonetes de Palm Beach que oferece os melhores preços por uma refeição. Tanto o café da manhã quanto o almoço são servidos em um bar com balcão de fórmica ou em mesinhas, em um salão com piso em preto e branco que lembra um tabuleiro de damas. Os pratos especiais do café da manhã incluem ovos e omelete servidos com fritas da casa, bacon e linguiça ou ***corned-beef hash***, espécie de picadinho de carne com cebolas e batatas. O Green's também tem em seu cardápio hambúrgueres e sanduíches, milk-shakes e *ice-cream soda*, bebida parecida com a popular vaca-preta, preparada à base de sorvete e refrigerante. *N. County Rd. ☎ 561/832-0304. $*

6 ★★★ **The Breakers.** Este hotel à beira-mar, situado em um terreno de 57 hectares é a cara de Palm Beach, um local onde fortunas tradicionais cruzam com as dos novos-ricos e o Velho Mundo dá espaço, com relutância, a um pouco de modernidade. O hotel, com sete andares, o deixará pasmo com o maravilhoso *lobby* com afrescos pintados no teto e magníficos corredores. Neste palácio, você se sentirá entre a nobreza. *15 min. 1 S. County Rd. ☎ 888/273-2537 ou 561/655-6611. www.thebreakers.com.*

7 crianças **Palm Beach Zoo no Dreher Park.** Diferentemente dos zoológicos das grandes cidades, visitar o Palm Beach Zoo é mais parecido com um passeio no parque do que com uma excursão. Em uma área de 9 hectares, você encontrará 500 animais de 100 espécies diferentes. Os programas preferidos das crianças são a visita à área dos macacos e o *petting zoo,* onde elas podem tocar os animais. *entre 1 h e 2 h. 1301 Summit Blvd. Tel: 561/547-9453. www.palmbeachzoo.org. Entrada: $17 adultos, $13 idosos, $12 crianças de 3 a 12 anos. Aberto diariamente, de 9 h – 17 h, exceto no feriado de Ação de Graças e Natal.*

8 **Polo, no Estilo Palm Beach.** O sofisticado **Palm Beach Polo and Country Club** e o **International Polo Club** oferecem dois dos campos de polo mais famosos internacionalmente e recebem alguns dos melhores jogadores do mundo. Mesmo que você não seja um amante de esportes, não deixe de assistir a uma partida em um desses dois campos, localizados em Wellington, no interior de Palm Beach. Os jogos são abertos ao público, a preços surpreendentemente acessíveis. Vista-se apropriadamente: um blazer de tweed ou azul marinho com calça jeans ou cáqui, para os homens e uma elegante calça jeans ou terninho para as mulheres é a norma. Caso esteja quente, uma bermuda social com uma camiseta polo também caem bem. *entre 1 h e 4 h. Palm Beach Polo and Country Club: 11199 Polo Club Road, South Wellington. ☎ 561/798-7110. www.palmbeachpolo.com. (para preços entre em contato telefone ou acesse o site). International Polo Club: 11809 Polo Club Rd com 3667 120th Avenue, South Wellington, 16 km a oeste de Forest Hill Boulevard, saída I-95. ☎ 561/204-5687. Entrada: entre $15 e $45. Os jogos são realizados ao longo da semana e os horários variam, portanto consulte o site para informações atualizadas, mas os grandes jogadores normalmente competem entre os meses de janeiro e abril (no International Polo Club normalmente aos dom., às 15 h 30 min, mas os horários estão sujeitos a alteração).*

O Saguão com afrescos do The Breakers.

9 **The Rhythm Café.** Localizada na ponte que dá acesso a Palm Beach, esta é a cafeteria onde aqueles que sabem o que é bom vão para saborear uma modesta culinária gourmet. No cardápio, fotocopiado e escrito à mão (que muda diariamente) você sempre verá a especialidade da casa: peixe, servido com uma deliciosa porção de verduras e acompanhamentos diversos. Não deixe de experimentar o lombinho de porco com chutney de manga. Dado o tamanho das porções, os preços cobrados pelas sopas e saladas são atraentes. Este pequeno café é decorado em estilo *kitsch*, com toalhas de mesa de vinil e obras de pintores amadores locais. *3800 S. Dixie Hwy. ☎ 561/833-3406. www.rhythmcafe.com. $-$$*

Everglades

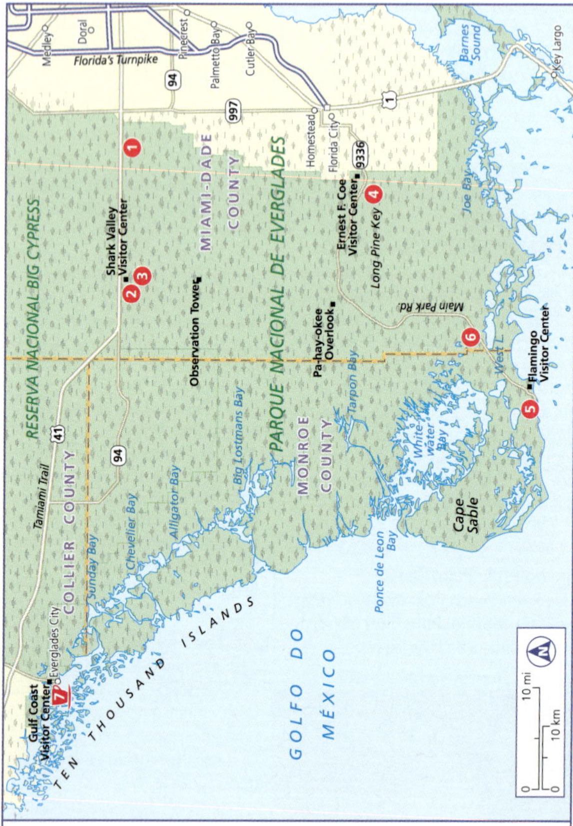

1 Gator Park
2 Shark Valley Tram Tour
3 Bike Shark Valley
4 Explore o Gumbo Limbo Trail
5 Eco e Mrazek Ponds
6 Passeie de canoa
7 The Rod and Gun Lodge

O presidente Harry S. Truman declarou que Everglades era "uma área primitiva insubstituível" e assim a descreveu: "Esta região tranquila com sua beleza serena, não como a fonte da água, mas sua última receptora. Sua natureza abundante nos presenteia com espetacular fauna e flora, transformando-o em um local ímpar, sem igual no país". Não há melhor reality show do que o de Everglades, onde poderá observar de perto jacarés, crocodilos e vida selvagem genuína. Não deixe de levar sua câmera fotográfica para registrar esta experiência extraordinária.
PONTO DE PARTIDA: **Gator Park, localizado a 19 km a oeste da rodovia Florida Turnpike.**

O Gator Park oferece excursões em aerobarcos e atrações especiais, como exibições com jacarés.

1 crianças **Gator Park.** O Gator Park é uma operadora de aerobarcos que oferece os passeios mais informativos e divertidos da região, além de ser a única que distribui gratuitamente protetores de ouvido. Alguns dos guias merecem ganhar uma medalha por entrarem na água e brincarem com os enormes jacarés, mesmo que não devessem fazê-lo. Após o passeio de barco, você poderá apreciar um show interativo com animais selvagens, durante o qual verá como se luta com um jacaré, além de outras atrações com escorpiões que são de arrepiar. *1 h. 24050 SW 8th St. ☎ 305/559-2255. www.gatorpark.com. Entrada: $21 adultos, $11 crianças entre 6 e 11 anos (compre sua entrada pelo site e ganhe 20% de desconto). Os passeios em aerobarco saem a cada 20 minutos. Funciona diariamente, de 9 h – 19 h.*

2 ★★★ **Shark Valley Tram Tour.** Na entrada do Shark Valley de Everglades, você encontrará ônibus com laterais abertas, que o levarão para uma excursão de duas horas, comandada por um naturalista, durante a qual você percorrerá 11 km pela natureza selvagem. Essa é a melhor forma de começar a explorar o parque Everglades. Na metade da excursão, os passageiros podem desembarcar e subir até o topo de uma torre de observação de 20 metros e admirar a paisagem de Everglades (apesar de a torre na trilha *Pa-hay-okee* oferecer uma vista melhor). Você verá uma grande variedade de animais selvagens, além dos grandes campos. *2 h. Entrada do Shark Valley: 36000 SW 8th St. ☎ 305/221-8455. www.sharkvalleytramtours.com. Funciona diariamente, do final de dezembro a abril, de 9 h – 16 h (saídas a cada 1 hora) e de maio ao final de dezembro, saídas às 9 h 30 min, 11 h, 13 h e 15 h. Preços: $15 adultos, $14 idosos e $9,25 crianças entre 3 e 12 anos. Reserve seu passeio com antecedência entre os meses de dezembro e março.*

3 ★★★ **Bike Shark Valley.** Esta é a mais bela trilha de bicicleta pela natureza selvagem. Neste caminho pavimentado, sem morros ou terrenos acidentados você encontrará outros ciclistas, bondinhos e animais selvagens – como jacarés tomando sol e cervos pastando e ruminando. A trilha não possui atalhos, portanto caso se sinta cansado

e sem condições de completar o circuito de 24 km, dê meia volta e retorne pelo mesmo caminho. *2 h – 3 h. Entrada do Shark Valley: 36000 SW 8th St. ☎ 305/221-8455. www.sharkvalleytramtours.com/biking.html. Você pode alugar sua bicicleta, por $7,50 por hora entre as 8 h 30 min e 15 h e devolvê-la até as 16 h.*

4 ★★★ Explore o Gumbo Limbo Trail. Caso queira ver uma maior diversidade de plantas e animais, entre no parque, pegue um mapa das trilhas e dedique pelo menos um dia inteiro para explorar esta maravilha da natureza. Sua primeira parada será nas trilhas Gumbo Limbo Trail e Anhinga Trail. O ponto de partida dessas trilhas são próximos e estão a 5 km da entrada principal do parque. Ambas as trilhas, com apenas 600 metros de extensão, oferecem uma rica mostra da flora e fauna de Everglades, excelente para marinheiros de primeira viagem. Apesar de não oferecer muito contato com animais selvagens, a **Gumbo Limbo Trail**, considerada a melhor trilha para caminhadas de Everglades, entrecorta uma maravilhosa área de mata cerrada com árvores da espécie *Bursera simaruba* (típica da Flórida, chamada pelos locais de Gumbo-limbo), palmeiras reais, samambaias, orquídeas, epífitas, e um tapete de plantas rasteiras. A **Anhinga Trail** é uma das mais famosas trilhas do parque em virtude da abundância de animais selvagens: aqui você encontrará mais cursos d'água e animais selvagens do que em qualquer outra parte de Everglades, especialmente na estação de seca. Você verá jacarés, lagartos, tartarugas, lontras de água doce, garças-reais entre outras espécies, o que faz desta trilha um dos melhores locais para se admirar a vida selvagem. Comece seu passeio bem cedo, para poder observar a variedade de aves exóticas, como o carará (*Anhinga anhinga*), que deu nome à trilha. *2 h. Royal Palm Visitor Center, localizado a 6 km a oeste da entrada principal do parque Ernest Coe Visitor Center, situado a oeste das cidades de Homestead e Florida City. ☎ 305/242-7700. www.nps.gov/ever/planyourvisit/gumbo-limbo-trail.htm. Estacionamento: $10 por carro. Ernest Coe Visitor Center: 40001 State Rd. 9336.*

5 Aprecie as aves dos Eco e Mrazek Ponds. Mais de 350 espécies de aves elegeram o parque Everglades seu lar. Aves tropicais do Caribe e espécies de clima temperado da América do Norte podem ser vistas aqui, além de outras aves exóticas que migraram de regiões mais distantes. Eco e Mrazek, perto da cidade de Flamingo, são dois dos melhores locais para observar os pássaros da região, especialmente nas primeiras horas da manhã ou no fim de tarde durante os meses de inverno. Não deixe de pegar um guia descrevendo as espécies de pássaros, oferecido gratuitamente nos postos de turismo.

A torre de observação do Shark Valley.

Em seu passeio na Gumbo Limbo Trail, você verá muitos animais e plantas.

1 h – 2 h. Flamingo Visitor Center, a 61 km a sudoeste da entrada principal, no extremo sul do parque Everglades. ☎ 239/695-2945. www.nps.gov/ever/planyourvisit/flamdirections.htm. Entrada: $10 por carro.

6 Passeie de canoa. As "trilhas" mais longas do Parque Nacional Everglades são destinadas a barcos e canoas e muitas delas são percursos tão definidos quanto as trilhas a pé. Em um tour pelo **Noble Hammock Canoe Trail,** um percurso de 3 km, dura entre 1 e 2 horas e é indicado para iniciantes. O passeio pelo **Hell's Bay Canoe Trail,** um percurso de até 10 km para canoístas mais experientes, dura entre 2 e 6 horas, dependendo da distância que você planeja remar. Os fãs do Hell's Bay costumam dizer "*It's hell*

Explorando a Vida Selvagem: de Jacarés e Peixes-bois a Tartarugas

O Jonathan Dickinson State Park ★, é uma das mais belas regiões da costa de Everglades, localizado a cerca de 30 km ao norte de West Palm Beach, na 16450 S. Federal Hwy. (U.S. 1), na região de Hobe Sound, ☎ 772/546-2771. Neste parque, com cerca de 4.500 hectares, você poderá observar várias espécies de animais selvagens, incluindo jacarés e peixes-boi. Os amantes de pássaros poderão vislumbrar espécies raras e ameaçadas de extinção como a águia-careca, o grou da Flórida e o gaio. Aqui, você poderá alugar uma canoa nos postos autorizados e navegar pelo rio Loxahatchee por conta própria. Entrada: $4 por carro com até oito adultos ou $3 por carro com uma pessoa, $1 para visitantes a pé ou ciclistas. O parque está aberto das 8 h ao pôr do sol.

Próximo ao Jonathan Dickinson State Park, você encontrará o **Hobe Sound Wildlife Refuge**, localizado em North Beach Road, próximo à S.R. 708, na extremidade norte da cidade de Jupiter Island (☎ 772/546-6141). Este é um dos melhores locais para ver as tartarugas marinhas que fazem seus ninhos na praia durante o verão da Flórida, especialmente em junho e julho. Entrada: $4 por carro. A reserva Hobe Sound está aberta diariamente do nascer ao pôr do sol. Os horários exatos estão disponíveis em cada uma das entradas do parque e estão sujeitos a alterações de acordo com a temporada.

Passeando pelo Parque Nacional de Everglades

Em caso de quaisquer dúvidas ou perguntas, entre em contato com o Everglades National Park Headquarters, 40001 State Road 9336, Homestead, FL 33034. ☎ 305/ 242-7700. Ligue e peça uma cópia de *Parks and Preserves,* um informativo gratuito que oferece dicas sobre o que está acontecendo em Everglades. Os telefonistas a postos das 8 h 30 min às 16 h 30 min são muito atenciosos, mas caso prefira acesse www.nps.gov.

Todos os horários de funcionamento mencionados são os da alta temporada, de novembro a maio. Durante o verão, muitos dos parques, escritórios e lojas reduzem o horário de funcionamento, portanto é importante que você entre em contato com antecedência.

O **Ernest F. Coe Visitor Center,** localizado na entrada da sede do parque, a oeste das cidades de Homestead e Florida City, é o lugar certo para conseguir informações para planejar seu tour. Além de explicações detalhadas sobre os passeios e aluguéis de barcos, e folhetos com informações sobre as trilhas, onde ver os animais selvagens e outras atividades, você encontrará mostras educativas inovadoras, filmes e exposições interativas.

O **Royal Palm Visitor Center,** apesar de ter um tamanho menor, é o ponto de partida para as *Anhinga* e *Gumbo Limbo Trails*. O centro está aberto diariamente das 8 h às 16 h.

Guias bem informados, que além de folhetos oferecem importantes informações sobre as atividades disponíveis no parque, fazem parte da equipe do **Flamingo Visitor Center,** localizado no extremo sul do parque Everglades, a 61 km da entrada principal. O Flamingo, além de exposições de história natural, oferece dicas sobre os melhores passeios para turistas. Não se esqueça de visitar o **Shark Valley Visitor Center**, localizado na entrada norte do parque Everglades. Ambos estão abertos diariamente das 8 h 30 min às 17 h.

to get in and hell to get out" (é um inferno para entrar e um inferno para sair), quando se trata da dificuldade do percurso. 🕘 *1 h – 4 h. Para alugar uma canoa vá a Ivey House B & B, localizada em 107 Camelia St.* ☎ *877/577-0679. www.evergladesadventure.com. Preços: $50 por 24 horas, $ 35 por passeio de 8 horas ou $25 por passeio de 13 h – 17 h. O Hell's também oferece caiaques para uma ou duas pessoas. Um funcionário da Ivey House levará você e seu grupo até o percurso de sua escolha e estará a postos para recebê-los após o passeio. Aberto diariamente, de 8 h – 17 h.*

7 The Rod and Gun Club. Não deixe de visitar este hotel e restaurante de frutos do mar, o local de maior importância histórica para Everglades. Aqui, o presidente Herbert Hoover descansou após sua vitória na eleição de 1928 e o presidente Harry S. Truman assinou o documento que criava o Parque Nacional de Everglades em 1947. *Riverside com Broadway, Everglades City.* ☎ *239/695-2101. www.evergladesrodandgun.com. $.* ●

10 O Melhor das **Keys**

Explorando as Keys **em Um Dia**

Página anterior: O pôr do sol nas Keys é tão vibrante quanto seus moradores.

Caso você esteja em Miami e tenha apenas um dia para explorar as Keys, dirija de Miami até Key Largo, onde você passará por uma lenta imersão a um ecossistema incomum; por vários quilômetros, não há nada além de águas cor de esmeralda (apesar de nos fins de semana o tráfico ser intenso). As Keys compõem um arquipélago com cerca de 250 km de extensão composto por mais de 400 ilhas que parecem pérolas espalhadas pelo Atlântico. **PONTO DE PARTIDA: Alabama Jack's.**

Uma bela vista e boa comida o esperam no Alabama Jack's.

1 ★★★ Entre no clima das Keys no Alabama Jack's. À primeira impressão, esta rústica cabana à beira-mar não parece ter muito a oferecer. A especialidade da casa são petiscos deliciosos, mas um pouco engordurados, e você não encontrará nada além de vinho ou cerveja para beber; entretanto, este bar é um perfeito exemplo da antiga Flórida. Localizado em Card Sound, uma histórica vila de pescadores entre a cidade de Homestead e Key Largo, o Alabama Jack's é parada obrigatória, especialmente aos domingos quando motociclistas, ratos de bares, grupos de dança e amantes da pesca se misturam. Um grupo de música country toca clássicos de Johnny Cash e Cia. Pegue uma banqueta, peça uma gelada e admire a espetacular vista dos manguezais. *1 h. 58000 Card Sound Rd. ☎ 305/248-8741. www.alabamajacks.com. Após passar por Homestead em direção a Key Largo, siga por mais alguns quilômetros e pegue a Card Sound Road (antiga Rte. 1). O Alabama Jack's fica à direita.*

2 Caribbean Club. Apesar de a maior parte do clássico *Key Largo,* com Humphrey Bogart, ter sido filmada na Califórnia, várias cenas foram rodadas na ilha que deu nome ao filme, especialmente no bar Caribbean Club, que, na época, funcionava como clube de pescadores. Aqui, você encontrará, a qualquer hora do dia ou da noite, vários moradores da região – frequentadores assíduos do bar. *10 – 30 min. MM[1]* 104. ☎ 305/451-4466.*

---

*1 [1] *N.C.: Mile Marker: "contador de milhas", equivalente à nossa quilometragem de estradas. Exemplo: "no km 50 da BR 101 passam muitos carros.".*

3 ★★★ Conheça o fundo do mar das Keys no Jules Undersea Lodge. Caso você esteja disposto a mergulhar de cabeça, hospedar-se aqui é uma experiência única. Originalmente construído como um laboratório de pesquisas – esta pequena instalação subaquática, que fica sobre pilares no solo oceânico, hoje é um hotel, tão caro quanto incomum, e muito procurado por mergulhadores em lua de mel. Para entrar no Jules, os hóspedes têm de mergulhar seis metros abaixo de sua estrutura e entrar por uma pequena "piscina" de 1 x 2 m, cujo constante borbulhar embala a noite. Localizado a 9 m de profundidade, o hotel possui dois quartos com uma área comum. O serviço de quarto oferece refeições, jornais diários e até pizzas, entregue em embalagens à prova d'água, sem custo adicional. Caso não tenha tempo ou vontade de pernoitar aqui, você pode visitar e explorar o local durante três horas a preços que variam de $125 a $165 por pessoa. 🕘 *3 h. 51 Shoreland Dr.* ☎ *305/451-2353. www.jul.com.*

4 ★★★ crianças Conheça as Keys em um barco com fundo de vidro. O parque Pennekamp Coral Reef State Park, com 487 km², é a primeira reserva marinha americana – um santuário, onde você verá o único recife de coral vivo dos Estados Unidos continental. Em virtude de suas águas rasas, as 40 espécies de corais e as mais de 650 espécies de peixes que habitam a região podem ser admiradas por mergulhadores autônomos ou com ***snorkel*** e pelos passageiros dos barcos com fundo de vidro. Observe as lagostas e outras espécies marinhas que fizeram desta região seu lar. 🕘 *2 h 30 min. MM 102,5.* ☎ *305/451-6300. www.pennekamppark.com. Entradas para o parque: $5 por veículo e 50 cents por passageiro. Passeios em barcos com fundo de vidro $ 24 adultos, $17 crianças e adolescentes até 17 anos.*

Admire as cores da fauna e flora marinha a bordo de um barco com fundo de vidro no Pennekamp Coral Reef State Park.

Passeios diários às 9 h 15 min, 12 h 15 min e 15 h.

5 ★★★ Nade com os golfinhos. O Dolphin Cove, um centro educacional sobre a vida marinha e lar de golfinhos, possui uma lagoa natural onde você terá a oportunidade de nadar com esses simpáticos mamíferos ou de assisti-los em uma série de shows. 🕘 *1 – 2 h. MM 101,9.* ☎ *305/451-4060. www.dolphinscove.com. Nado com os golfinhos: entre $165 e $ 185. Aberto diariamente, de 8 h – 17 h.*

6 Key Largo Conch House Restaurant and Coffee Bar. (☎ *305/453-4844;* www.keylargocoffeehouse.com). Aqui, você poderá saborear uma xícara de café sentado na varanda de uma casa em estilo vitoriano cercado de muito verde. Não deixe de experimentar a *Key Lime Pie.*

7 Assista ao melhor de Bogart. Empresários locais compraram o *The African Queen,* o barco usado nas filmagens do filme homônimo estrelado por Humphrey Bogart e Katharine Hepburn. Caso queira vê-lo, visite o hotel Key Largo Holiday Inn. *Key Largo Holiday Inn, MM 100.* ☎ *305/451-4655.*

O 8 **Calypso's Seafood Grill,** localizado à beira-mar, é um bar rústico e remoto que serve cerveja gelada, sangria e a melhor sopa de caranguejo da região. *1 Seagate Blvd, MM 99,5.* ☎ *305/451-0600. $.* Outra opção é o 9 **Snapper's**, o restaurante mais famoso de Key Largo, também localizado à beira-mar. Aqui você poderá saborear um filé de dourado de dar água na boca e curtir uma happy hour no melhor estilo country. *139 Seaside Ave., MM 94,5.* ☎ *305/852-5956. www.snapperskeylargo.com.*

10 ★★★ crianças **Aprecie a paisagem do Florida Keys Wild Bird Rehab Center.** Passeie pelas trilhas que entrecortam o exuberante manguezal deste centro e conheça alguns dos mais famosos moradores das Keys – as várias espécies de aves nativas da região, dentre as quais se destacam os gaviões-de-asa-larga, garças azuis e brancas, colheireiros americanos, garças-vaqueiras e pelicanos. Este centro sem fins lucrativos também é um hospital de aves acidentadas ou doentes. O melhor horário para visitar o Wild Bird Rehab Center é às 15 h 30 min, quando as aves estão sendo alimentadas. Não deixe de também conhecer a World Parrot Mission, uma organização sem fins lucrativos cujo objetivo é proteger araras e papagaios e oferecer programas educativos para o público. 🕐 *1 h. Florida Keys Wild Bird Rehab Center. MM 93,6.* ☎ *305/852-4486. www.fkwbc.org. Entrada gratuita. Aberto diariamente, de 8 h – 18 h 30 min.*

Cuidado: Não se Deixe Enganar!

Não pare nos vários "centros de informações turísticas" ao longo da rodovia principal. A maioria pertence a empresas particulares cujo objetivo é atrair turistas a certas lojas que vendem equipamentos para camping e atividades ao ar livre ou a determinados hotéis (fuja dos centros que oferecem entradas gratuitas para a Disney ou algo do gênero – é puro trambique). Atenha-se aos centros oficiais, sem fins lucrativos – os quais normalmente não colocam anúncios na rodovia principal e, além de bem localizados, contam com excelentes funcionários.

Admire as aves nativas da região e as que estão sendo tratadas no Florida Keys Wild Bird Rehab Center.

Explorando as Keys em Dois Dias

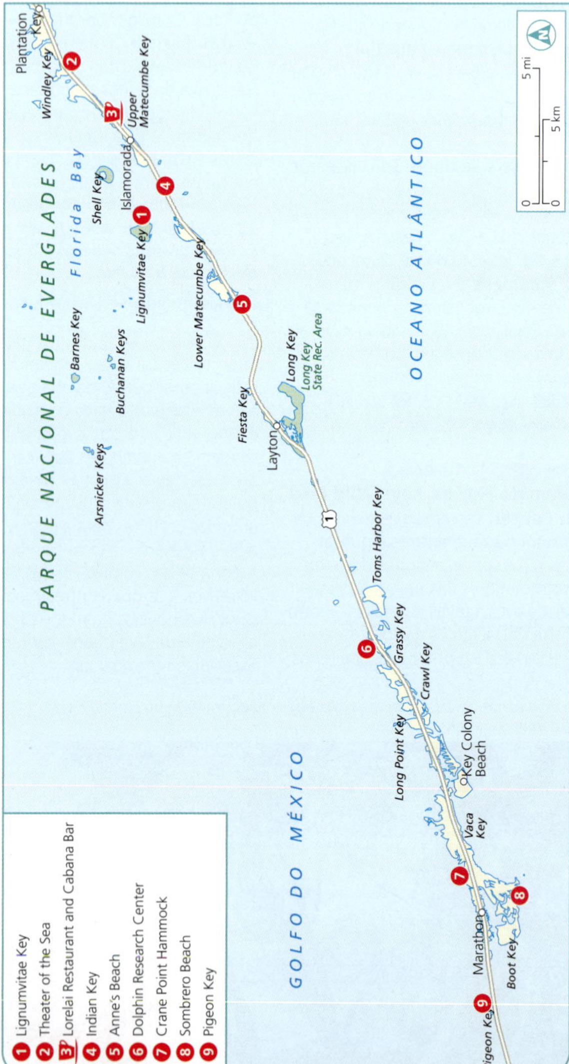

Durante seu segundo dia nas Keys, explore Islamorada e as ilhas da região de Middle Keys. Islamorada, eleita a capital não-oficial de Upper Keys – é um local vibrante que oferece pesca, entretenimento, hospedagem e restaurantes. É também a "capital da diversão" dos que moram no continente e desejam fazer um rápido passeio tropical. Islamorada é um conjunto de quatro ilhas onde os amantes da natureza podem caminhar por trilhas, explorar locais históricos e assistir a torneios de pesca que oferecem prêmios milionários. Entretanto, caso deseje um pouco mais de tranquilidade, visite as ilhas entre Islamorada e Key West. **Marathon,** conhecida como o coração das Keys por estar localizada bem no centro do arquipélago, é uma das ilhas com maior número de moradores. Marathon, além de centro turístico, é uma vila de pescadores e área de preservação ambiental. **PONTO DE PARTIDA: Anne's Beach.**

1 ★ **Lignumvitae Key.** Nesta ilha, você terá a oportunidade de ver uma floresta tropical virgem, semelhante às outrora encontradas na maior parte das ilhas de Upper Keys. Durante anos, os colonizadores importaram plantas e animais para as Keys, mudando de maneira definitiva a composição botânica de muitas ilhas isoladas, colocando em risco a flora e a fauna nativas. Felizmente, no decorrer dos últimos 25 anos, o Departamento de Recursos Naturais da Flórida eliminou grande parte da vegetação exótica, tornando o habitat natural desta ilha de 113 hectares muito semelhante ao do século XVIII. Lignumvitae também abriga a histórica Matheson House, construída em 1919 e localizada no parque Lignumvitae Key Botanical State Park. Vale a pena fazer um tour pelo interior da casa caso você queira apreciar as rochas de coral usadas em sua construção, mas não deixe de admirar o jardim botânico que circunda a casa e é área de preservação ambiental. *2 h – 4 h. MM 88,5. ☎ 305/664-2450. Pegue a balsa do Robbie's Ferry Service em MM 77,5. ☎ 305/664-9814. www.robbies.com. Preços: $20 adultos e $12 crianças até 12 anos (inclui a entrada de $1 para a visita ao parque). Para mais informações acesse www.floridastateparks.org/lignumvitaekey.*

2 ★ crianças **Theater of the Sea.** Os shows com golfinhos e leões-marinhos que o Theater of the Sea oferece além de divertidos, são educativos, principalmente para as crianças. Apesar de sugerirmos que, caso queira nadar com golfinhos, vá ao Dolphin Research Center (pág. 150), no Theater of the Sea você poderá nadar com leões-marinhos (atração permitida apenas para crianças acima de 5 anos). O parque também oferece diariamente dois passeios de barco, com 4 horas de duração, durante os quais você poderá mergulhar com *snorkel* (adultos $69 e crianças entre 2 e 12 anos $45) e aprenderá sobre a história e ecologia deste ambiente marinho. *1 – 3 h. 84721 Overseas Hwy, MM 84,5, em Islamorada. ☎ 305/664-2431. www.theaterofthesea.com. Entradas: $ 26 adultos, $19 crianças entre 3 e 12 anos. Nado com golfinhos $175, passeios com leões-marinhos $135. É necessário reservar seu*

As crianças vão adorar os shows do Theater of the Sea.

passeio com antecedência. Aberto diariamente, de 10 h – 17 h (A bilheteria fecha às 16 h).

Com uma deslumbrante vista da baía, o 3 **Lorelai Restaurant and Cabana Bar**, uma antiga casa especializada em peixes e frutos do mar, é um dos melhores locais para fazer um lanche, uma refeição, ou tomar uma cerveja. O Lorelai é famoso pelos happy hours ao pôr do sol, durante os quais você poderá curtir boa música ao vivo e encontrar muitos moradores animados. *MM 82. ☎ 305/664-4656. $*

4 **Indian Key.** Esta pequena ilha, localizada na costa atlântica de Islamorada, foi lar de tribos indígenas por milhares de anos antes da chegada dos colonizadores europeus. Este local histórico foi sede do Condado de Dade antes da Guerra Civil Americana. Aqui, você poderá ver as ruínas dos assentamentos de antigos colonos e fazer um tour pelas trilhas que entrecortam os exuberantes campos locais. *2 – 4 h. MM 79. ☎ 305/664-4815. Pegue a balsa do Robbie's Ferry Service em MM 77,5. ☎ 305/664-9814. www.robbies.com. Preço do passeio a Indian Key e Lignumvitae Key $25.*

5 **Anne's Beach.** Apesar de ser mais apropriada para um piquenique do que para as típicas atividades praianas, muitos ainda se reúnem nesta pequena faixa de areia grossa em busca de um bronzeado perfeito. *1 – 2 h. MM 73, 5. Localizada na ilha Lower Matecumbe Key, na extremidade sudoeste de Islamorada. Aberta diariamente, do nascer ao pôr do sol.*

6 ★★★ crianças **Divirta-se ainda mais com os golfinhos.** O Dolphin Research Center é um dos mais respeitados centros da região. Instrutores experientes e bem informados lhe dirão que os golfinhos precisam de estímulo e apreciam o contato humano. O que, com certeza, é verdade. Aqui você encontrará uma "família" de 15 golfinhos que vive em uma piscina de cerca de 8500 m² de água salgada, alimentada pelo mar. Caso não consiga participar dos programas diários de nado com os golfinhos, você pode assistir aos shows, participar de uma aula de linguagem de sinais para se comunicar com os golfinhos e alimentá-los das plataformas. *2 – 4 h. MM 59, Marathon. ☎ 305/289-1121. www.dolphins.org. Entradas: $ 20 adultos, $17 idosos, $14 crianças entre 4 e 12 anos. Nado com os golfinhos entre $130 e $180. Aberto diariamente, de 9 h – 16 h. Caminhadas educacionais diariamente, às 10 h, 11 h, 12 h 30 min, 14 h e 15 h 30 min.*

7 ★ crianças **Crane Point Hammock.** Esta propriedade particular com 26 hectares de beleza natural é considerada um dos locais históricos mais importantes das Keys. Aqui, você encontrará o que é provavelmente a última densa mata virgem de palmeiras de leque na América do Norte. O Crane Point Hammock apresenta uma exposição educativa sobre florestas tropicais e uma exposição arqueológica com artefatos pré-históricos indígenas e das Bahamas. Este impressionante museu de história natural oferece várias atividades simples, mas informativas sobre a vida natural das Keys, incluindo um passeio por uma réplica de uma caverna de coral e um navio pirata em escala natural. *1 h. MM 50, Marathon. ☎ 305/743-9100. www.cranepoint.net. Entradas: $8 adultos, $7 idosos acima de 66 anos, $5 estudantes, gratuita para crianças até 5 anos. Aberto de seg. – sáb., de 9 h –17 h e aos dom., de 12 h – 17 h.*

O museu de história natural do Crane Point Hammock oferece exposições simples, mas impressionantes.

A ponte Seven-Mile Bridge em Pigeon Key.

8 Sombrero Beach. Esta praia é uma tranquila e longa faixa de areia branca, com mais de 27 m de largura, pontilhada por palmeiras, pinheiros australianos e flamboyants. Neste pedaço do paraíso, você encontrará churrasqueiras, banheiros limpos e choupanas. À noite, o local se transforma em um ninho de tartarugas que põem seus ovos na praia. *1 h – 2 h. Localizada em Marathon. Siga pela estrada Sombrero Beach Rd. até o final. Próxima ao MM 50. Aberta do nascer ao pôr do sol.*

9 ★★ crianças **Piquenique em Pigeon Key.** Esta pequena ilha (2 hectares) serviu de acampamento para os trabalhadores que construíram a estrada de ferro Florida East Coast Railroad no início do século XX. Aqui, você poderá admirar a bela vista da antiga Seven-Mile Bridge, construída por Henry Flagler, vários chalés de madeira do início dos anos de 1900, além da vegetação exuberante e do mar azul-turquesa. Caso perca o barco oferecido pelo Pigeon Key Visitor Center ou prefira caminhar até a ilha, a ponte de acesso tem cerca de 4 km de extensão. Traga uma cesta de piquenique para saborear um lanche após fazer uma breve caminhada pela região e visitar o museu local onde você verá objetos usados pelos trabalhadores da estrada de ferro e fotografias da antiga ponte. *1 h – 3 h. MM 45, em Marathon.* ☎ *305/743-5999. www.pigeonkey.net. Entrada: $11 adultos, $8,50 crianças até 12 anos. Os preços incluem transporte ida e volta entre o Visitor Center e a ilha. Aberta diariamente, de 10 h – 15 h; os barcos partem a cada hora a partir de 10 h. O último barco deixa a ilha às 16 h.*

A Antiga e a Nova Seven-Mile Bridge

A nova Seven-Mile Bridge é a mais longa ponte levadiça do mundo. Inaugurada em 1985, a ponte corre paralela à antiga Seven-Mile Bridge, que foi construída por Henry Flagler como parte da ***Florida East Coast Railroad***, e que permitia o acesso à de Lower Keys (as ilhas na região sul das Keys). Aqueles que assistiram ao filme ***True Lies,*** com Arnold Schwarzenegger, talvez reconheçam algumas partes do que restou da antiga ponte. Alguns temem pegar o acesso à antiga ponte por engano, em vez do acesso à nova. Mas não há com o que se preocupar: a antiga ponte está fechada ao tráfego e foi transformada no mais longo píer de pesca do mundo.

Explorando as Keys **em Três Dias**

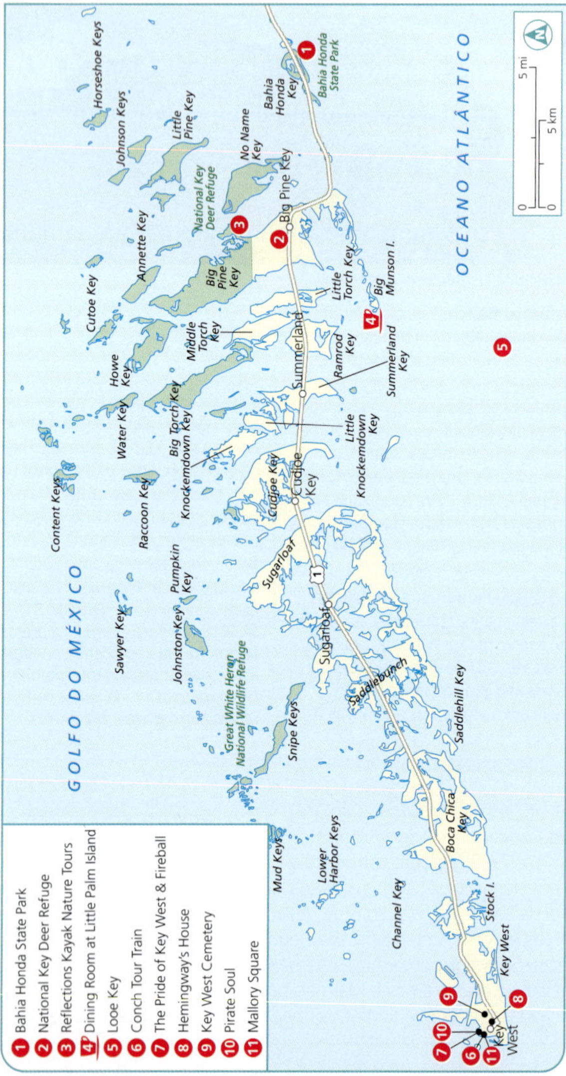

Em seu terceiro dia nas Keys, dirija até a ilha no extremo sul do arquipélago, The Conch Republic, também conhecida como Key West. Durante a viagem, não deixe de parar em um dos melhores e mais belos parques do estado. **PONTO DE PARTIDA: Bahia Honda State Park, em Big Pine Key.**

O Bahia Honda State Park oferece passeios por trilhas e até mesmo locais para camping aos amantes da natureza.

1 ★★★ **Bahia Honda State Park.** Este parque é um lugar excelente para caminhadas, observação de aves, natação, mergulho com ***snorkel*** e pesca. Aqui, você encontrará diferentes ecossistemas – mangues costeiros, dunas e densa mata tropical. Há quilômetros de trilhas ladeadas por plantas e animais singulares, e duas praias, uma das quais possui uma área coberta com mesinhas para piquenique e churrasqueiras, e apesar de estreita, mesmo na maré baixa, é considerada a melhor área praiana de Lower Keys. As excursões de mergulho com ***snorkel*** começam no parque Bahia Honda e terminam no Looe Key National Marine Sanctuary (a 6,5 km da costa). Há duas saídas diárias de março a setembro ao preço de $30 adultos, $25 crianças entre 6 e 14 anos e um adicional de $8 pelo aluguel do equipamento. 🕘 *1 h – 4 h. 36850 Overseas Highway, MM 37, Big Pine Key.* ☎ *305/872-3210. www.bahiahondapark.com. Entradas para o parque: $5 por veículo (mais taxa adicional de $0,50 por pessoa), $1,50 para pedestres ou ciclistas, gratuita para crianças até 5 anos, $2,50 caso esteja de carro ou sozinho. Aberto diariamente, de 8 h ao pôr do sol.*

2 ★★ crianças **National Key Deer Refuge.** Os mais famosos moradores da região de Lower Keys são os pequenos cervos das Keys. Acredita-se que haja 300 exemplares dessa espécie no mundo, dos quais dois terços vivem neste parque. Comece seu passeio em Blue Hole, uma antiga pedreira, que hoje é um lago de água doce de vital importância para a sobrevivência dos cervos. A Watson Hammock Trail, com 0,8 km de extensão, localizada a 500 m de Blue Hole é a única trilha demarcada do parque. Os cervos são mais ativos quando a temperatura é moderada, portanto busque passear pela trilha nas primeiras horas da manhã ou no fim de tarde. Há um posto de observação do qual você pode fotografar e admirar exemplares dessa bela espécie ameaçada de extinção. Não se surpreenda caso veja um preguiçoso jacaré tomando banho de sol, em especial perto de Blue Hole, mas não se aproxime dele e não alimente os cervos,

Dois terços da população mundial do cervo-das-Keys encontram-se no National Key Deer Refuge.

pois estará colocando em risco a sobrevivência da espécie. *2 h. Para informações procure o Key Deer Refuge Ranger Station, o escritório dos guardas-florestais localizado em Winn-Dixie Shopping Plaza, perto do MM 30,5, ao norte da Overseas Highway (U.S. 1). ☎ 305/872-2239. O parque está aberto de seg. – sex., de 8 h –17 h. Para chegar a Blue Hole, vire à direita no único semáforo de Big Pine Key e siga pela Key Deer Blvd. Logo em seguida, haverá uma bifurcação, pegue a faixa da esquerda e siga por cerca de 2,5 km até o estacionamento do parque, à sua esquerda. Para ingresso no Key Deer Refuge as crianças devem ter pelo menos 1 m de altura ou três anos de idade (é necessária a apresentação de comprovante de idade). Aberto diariamente, de 11 h – 16 h 30 min, mas normalmente o parque fecha mais tarde.*

3 ★ Reflections Kayak Nature Tours. A Overseas Highway (U.S. 1) passa apenas por algumas das centenas de ilhas que compõem as Keys. Portanto, alugue um caiaque ou canoa caso queira apreciar tudo o que a região de Lower Keys tem a oferecer. A Reflections Kayak Nature Tours fornece tudo o que você precisa para explorar a vida selvagem das ilhas mais remotas, por conta própria ou acompanhado de um expert. *3 h – 4 h. 1791 Bogie Dr., MM 30, em Big Pine Key. ☎ 305/872-4668. www.floridakeyskayaktours.com. Passeio de caiaque de três horas $50 por pessoa. Passeios de 4 horas até as regiões mais distantes, para 2 a 6 pessoas, $125 por pessoa. Nos passeios de 4 horas, há um barco que leva os caiaques e canoístas até seu destino. É necessário reservar o passeio com antecedência.*

Caso você esteja com vontade de esbanjar, saboreando um delicioso jantar em uma ilha particular vá ao 4 **Dining Room at Little Palm Island,** o restaurante do hotel Little Palm. Para chegar à ilha, você terá de pegar a balsa oferecida pelo hotel e, mesmo não estando hospedado nele, poderá usufruir de tudo o que o requintado restaurante à beira mar tem a oferecer. *MM 285, Little Torch Key. ☎ 305/872-2551. $$$*

5 Mergulhando com *snorkel* em Looe Key. Caso você mergulhe com *snorkel* ou seja um mergulhador autônomo, não deixe de conhecer os fantásticos recifes do parque Looe Key National Marine Sanctuary. Aqui, você encontrará mais de 150 variedades de corais duros e moles – alguns com centenas de anos – além de todas as espécies de peixes tropicais, incluindo peixes-papagaio azuis ou dourados, moreia, barracuda, peixe-frade e tarpão. O Looe Key Dive Center oferece fantásticos passeios de 5 horas a bordo de um

Mergulhadores em Looe Key.

A embarcação The Pride of Key West.

catamarã de 45 pés (14 m), durante o qual há duas paradas de 1 hora para mergulho com *snorkel* ou autônomo em águas rasas. Às quartas e aos sábados, o Looe Key Dive Center pode levá-lo para mergulhar e explorar o *Adolphus Busch, Sr.*, um navio naufragado na costa de Looe Key, que se encontra a 30 m da superfície do mar, pelo preço de $80,00. *2 – 4 h. 27340 U.S. 1, MM 27, 5, em Ramrod Key. ☎ 305/872-2215. www.diveflakeys.com. $40 para mergulhadores com snorkel, $80 para mergulhadores autônomos. Aluguel de equipamento para mergulho: $10.*

6 ★★★ Explorando Key West de Trem. Caso queira conhecer Key West e sua fascinante história, pegue um Conch Tour Train, que o levará em um passeio por toda a ilha, com guias experientes lhe contarão detalhes sobre a história da cidade e das celebridades que aqui viveram, como Ernest Hemingway. O transporte opera desde 1958, e os vagões têm laterais abertas e uma cobertura de lona, o que pode ser um problema dependendo do clima. A locomotiva do "trem", na realidade, possui um motor de jipe movido a propano. *90 min. Partida: Mallory Sq. e Centro de Boas Vindas, próximo do local onde a U.S. 1 torna-se N. Roosevelt Boulevard. ☎ 305/294-5161 www.conchtourtrain.com. $29 adultos, $14 para crianças de 4-12 anos (preços com desconto no site). O trem sai de meia em meia hora, de 9 h – 16 h 30 min.*

7 ★★★ crianças Explorando Key West pelo Mar. Explorar Key West de barco é uma das melhores formas de conhecer a ilha e seus arredores, especialmente a bordo do catamarã *The Pride of Key West* e o *Fireball,* um barco com fundo de vidro. Durante o dia, você poderá fazer um impressionante passeio pelos recifes de coral e ao anoitecer, admirar o magnífico pôr do sol de Key West em alto-mar. *2 h – 3 h. 0 Duval St. ☎ 305/296-6293. www.keywestattractions.org/pride-of-key-west.php. Excursões pelos recifes de coral, $35 por pessoa; durante o pôr do sol, $ 37 por pessoa; crianças entre 5 e 12 anos, $15 em qualquer uma das excursões.*

8 ★★★ Hemingway's House. A bela casa de Ernest Hemingway, construída em estilo colonial espanhol, em 1851, foi uma das primeiras casas da ilha a contar com sistema de encanamento interno e lareira. A piscina, cercada por um jardim tropical, foi a primeira construída em Key West (procure a moeda que Hemingway colocou no piso de cimento na borda da piscina). A propriedade pertenceu ao escritor de 1931 até 1961, data de sua morte e ele ali viveu com cerca de 50 gatos, cujos descendentes ainda passeiam pelo local, incluindo os famosos felinos de seis dedos. Foi aqui que o ganhador do prêmio Nobel de Literatura escreveu alguns de seus romances mais famosos. *1 h. 907 Whitehead St. (entre Truman Ave. E Olivia St.). ☎ 305/294-1136. www.hemingwayhome.com. $11*

Gatos de seis dedos passeiam pela Hemingway's House.

adultos, $6 crianças acima de 6 anos, gratuita para crianças até 5 anos.

9 ★★★ **Key West Cemetery.** O cemitério de Key West é único. Muitos túmulos assemelham-se a casas, pois os primeiros colonos não conseguiam cavar o solo pedregoso da região e os epitáfios refletem a atitude tranquila que os moradores de Key West tinham perante a vida e a morte: "Eu disse que estava doente", é um dos mais famosos, assim como o comentário irônico de uma viúva: "Pelo menos agora sei onde ele está dormindo". ***30 min. Localizado na esquina de Margaret St. e Angela St. Entrada gratuita. Aberto do amanhecer ao pôr do sol.***

10 ★★★ crianças **Pirate Soul.** Este museu, localizado em St. Augustine Key, é um tributo aos célebres piratas. O acervo inclui mais de 500 peças da era dourada da pirataria. O Pirate & Treasure também oferece exposições interativas com autômatos. Os pontos altos deste museu incluem a única arca de tesouro autêntica nos Estados Unidos, que pertenceu ao Capitão Thomas Tew e o primeiro bacamarte do pirata Barba Negra. *12 S Castillo Drive, St. Augustine Key. ☎ 877/467-5863. http://www.piratesoul.com. Entradas: $12 adultos, $7 crianças entre 5 e 12 anos. Aberto diariamente, de 9 h – 18 h.*

11 **Festeje ao Pôr do Sol.** Todos os dias, ao pôr do sol, moradores e turistas se reúnem nas docas atrás de Mallory Square (no extremo oeste de Whitehead St.) para comemorar o fim de mais um dia entre pintores, acrobatas, vendedores ambulantes, animais adestrados e artistas performáticos. O **Westin's Sunset Deck** (☎ 305/294-4000), no segundo piso do Weston Key West Resort, é um luxuoso bar em Front Street, ao lado do Mallory Square. Outro local agradável perto da loucura do Mallory Square é o bar do **Ocean Key Resort**, um longo píer a céu aberto, bem no final da Duval Street, onde são oferecidos drinques e gostosos petiscos (☎ 305/296-7701 ou 800/328-9815 – para ligações realizadas nos Estados Unidos), mas se quiser experimentar os drinques mais potentes da região e um excelente tira-gosto, vá ao **Pier House Resort and Caribbean Spa's Havana Docks,** (1 Duval St. ☎ 305/296-4600), onde poderá apreciar boa música

Lápides cômicas são o ponto alto do Key West Cemetery.

ao vivo acompanhado de um público animado, apesar de na alta temporada o local ficar superlotado, especialmente quando os navios de cruzeiros estão ancorados no porto. Cuidado com sua bolsa e carteira, pois a multidão que se reúne em Mallory Square durante o pôr do sol transforma o local em ponto ideal para batedores de carteira.

Caso prefira velejar durante o pôr do sol, experimente o **Sunset Culinaire Tours**, a bordo do **RB's Lady** que oferece, além de um passeio pela enseada de Key West, um jantar gourmet (5555 College Rd. ☎ 305/296-0982, www.sunsetculinaire.com. Embarque às 17 h. Preço: $75 por pessoa).

Uma das atrações de Mallory Square.

Os 10 Mandamentos das Keys

As Keys sempre atraíram pessoas de espírito livre como Ernest Hemingway, Tennessee Williams (dramaturgo), Jimmy Buffett (cantor de country), Zane Grey (autor) e o caçador de tesouros e herói local Mel Fisher. Escritores, artistas e pensadores, que viajaram até aqui para ter um reduto de paz e tranquilidade.

Você perceberá que o local tem um código de conduta bem tolerante, mas ainda assim existem regras a serem seguidas. Não deixe de respeitar os *10 mandamentos das Keys* enquanto estiver aqui ou sofrerá as consequências.

- Não ancorarás teu barco em um recife de coral (os recifes são vivos.).
- Não alimentarás os animais (eles vão tentar segui-lo até onde você estiver hospedado.).
- Não jogarás lixo nas ruas.
- Não tocarás nos corais (afinal, você sabe pouco sobre eles e alguns podem feri-lo.).
- Não dirigirás em alta velocidade (especialmente em Big Pine Key, onde vivem os cervos e punições humilhantes ainda são aplicadas.).
- Não pescarás mais peixes do que puder comer (melhor ainda, devolva-os ao mar, alguns deles têm papel importante em seus cardumes.).
- Não pegarás caramujos marinhos (esta espécie é protegida.).
- Não mexerás nos ninhos das aves (elas não gostam nem um pouco disso.).
- Não destruirás as algas (fazer uma saia com elas, nem pensar.).
- Não beberás enquanto dirigir um carro ou pilotar um barco (isso não é nem um pouco legal.).

Explorando Key West **em Um Dia**

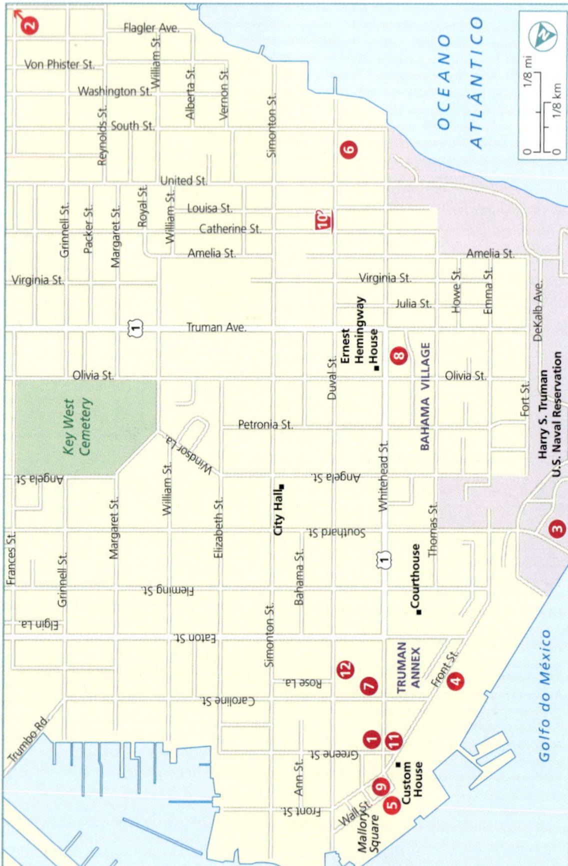

1 Audubon House & Tropical Gardens
2 East Martello Museum & Gallery
3 Florida Keys Eco Discovery Center
4 Harry S Truman Little White House
5 Key West Aquarium
6 Key West Butterfly & Nature Conservatory
7 Key West Heritage House
8 Key West Lighthouse Museum
9 Key West Shipwreck Historeum
10 Banana Café
11 Mel Fisher Maritime Heritage Museum
12 Oldest House/ Wrecker's Museum

O cantor Jimmy Buffett pode ter imortalizado Key West como uma ilha melancólica, frequentada por beberrões, o que não deixa de ser verdade, mas, antes de Buffett, a ilha tinha fama de refúgio de traficantes de rum, piratas, presidentes, artistas e intelectuais – e não nos esqueçamos daqueles que adoram curtir uma farra. **PONTO DE PARTIDA: Audubon House & Tropical Gardens.**

1 ★★ Audubon House & Tropical Gardens. Esta bem conservada construção do século XIX é um exemplo perfeito do estilo arquitetônico da Key West de outrora. Esta fundação foi nomeada desta forma em homenagem ao renomado pintor e ornitólogo John James Audubon, é um refúgio da agitação de Old Town. O preço da entrada inclui um ***audio tour*** de meia hora que irá guiá-lo em uma excursão pelo local cujos pontos altos são raras gravuras feitas por Audubon, belíssimas antiguidades, fotografias históricas e exuberantes jardins tropicais. *1 h. 205 Whitehead St. (entre Greene St. e Caroline St.). ☎ 305/294-2116. www.audubonhouse.com. Entradas: $11 adultos, $6,50 adolescentes entre 12 e 17 anos, $5 crianças entre 6 e 11 anos. Aberta diariamente, de 9 h 30 min – 17 h. A bilheteria fecha às 16 h 30 min.*

2 East Martello Museum and Gallery. O Museu East Martello está localizado em um forte em tijolo aparente construído durante a Guerra Civil Americana, o qual por si só já vale a visita. No East Martello você verá diferentes exposições que retratam o curioso passado de Key West. Dentre os artefatos históricos há maquetes de navios, antigos escafandros e um carro fúnebre puxado por cavalos. *30 min. 3501 S Roosevelt Boulevard. ☎ 305/296-3913. www.kwahs.com/martello.htm. $6 adultos, $5 idosos, $3 crianças entre 8 e 12 anos. Aberto diariamente, de 9 h 30 min – 16 h 30 min. A bilheteria fecha às 16 h.*

3 ★★★ crianças Florida Keys Eco Discovery Center. Neste centro com 557 m², você poderá participar de várias exposições interativas que retratam tanto o habitat marinho quanto o terrestre das Keys – cuja ênfase é o ecossistema da única grande barreira de recifes de coral contígua da América do Norte, que se estende pela costa das Keys. As crianças adoram o submarino amarelo interativo, enquanto adultos preferem a reprodução cinematográfica de um abismo subaquático. *30 min. E Quay Rd. ☎ 305/809-4750. Entrada franca. Aberto de ter. – sáb., de 9 h – 16 h.*

4 ★ Harry S. Truman Little White House. O ex-presidente Truman

Não deixe de conhecer a Little White House, o anitgo retiro do ex-presidente Truman em Key West.

costumava referir-se à Casa Branca como *Great White Jail* (Grande Prisão Branca). Durante um período longe de sua residência oficial, Truman descobriu a tranquilidade de Key West e escapou para a *Little White House* (Pequena Casa Branca), que está completamente restaurada e aberta à visitação. As exposições documentam a estadia de Truman nas Keys. *entre 30 min. e 1 h, caso você faça a excursão guiada. 111 Front St. ☎ 305/294-9911. www.trumanlittlewhitehouse.com. Entradas: $12 adultos, $6 crianças até 11 anos. Aberta diariamente, de 9 h – 16 h 30 min.*

5 ★★ crianças Key West Aquarium. A mais antiga atração de Key West é um lugar modesto, mas fascinante. Aqui, você encontrará um longo corredor repleto de aquários nos quais há diversas espécies de peixes e crustáceos em exposição. O Key West Aquarium também possui um tanque raso onde as crianças podem tocar anêmonas e as interessantes holotúrias, os pepinos-do-mar. Caso seja possível, participe de uma das excursões gratuitas com guias autorizados, durante o qual você poderá observar o frenesi alimentício dos tubarões, os tarpões, as barracudas, as arraias e as tartarugas. *1 h 30 min. 1 Whitehead St. (em Mallory Square). ☎ 305/296-2051. www.keywestaquarium.com. Entrada: $12 adultos, $5 crianças entre 4 e 12 anos. Aberto diariamente, de 10 h às 18 h. Excursões guiadas às 11 h, 13 h, 15 h e 16 h.*

6 ★★ crianças Key West Butterfly & Nature Conservatory. Este pavilhão com cerca de 1.200 m² de área total, abriga um viveiro de borboletas feito em vidro com 465 m², uma galeria, um centro de estudos e uma loja de presentes. Mais de 1.500 borboletas, 3.500 espécies de plantas, incluindo orquídeas raras, peixes e tartarugas convivem pacificamente no local. As borboletas estão por toda a parte, portanto caso tenha medo delas, pense duas vezes antes de se aventurar pelo local. *1 h. 1316 Duval St. ☎ 305/296-2988. www.keywestbutterfly.com. Entradas: $10 adultos, $8,50 idosos, $7,50 crianças entre 4 e 12 anos. Aberto diariamente, de 9 h às 17 h.*

7 Key West Heritage House Museum. Para dar uma olhada em uma das casas mais antigas de Key West, passe pelo Heritage House Museum, a casa de Jessie Porter em outrora (1834), que foi uma preservacionista de Key West. Jessie recebeu em sua casa personalidades como Robert Frost, Tennesse Williams e Ernest Hemingway. Mobiliada com peças do século XIX, a casa mostra de maneira fascinante como era a Key West no século XIX e início do século XX. As excursões guiadas são informativas e divertidas. *30 min. Caroline St. ☎ 305/296-3573. www.heritagehousemuseum.org. Excursão guiada $7, sem guia $5. Seg. – sáb., de 10 h – 16 h.*

O Key West Butterfly & Nature Conservatory.

Veja tesouros de piratas e muito mais no Mel Fisher Maritime Heritage Museum.

8 Key West Lighthouse Museum. A inauguração do Key West Lighthouse em 1848 marcou o final de uma época lucrativa para os piratas, que saqueavam os navios que encalhavam nos recifes de coral. A história deste e de outros faróis da região está retratada em um pequeno museu que no passado serviu de aposento para os faroleiros. Vale a pena guardar energia para subir os 88 degraus claustrofóbicos da escada que leva ao topo do farol, pois ao chegar, você será recompensado com a magnífica vista panorâmica de Key West e do mar ao redor. ⏲ *30 min. – 1h. 938 Whitehead St.* ☎ *305/295-6616. www.kwahs.com. Entradas: $10 adultos, $9 idosos e moradores da região, $5 crianças entre 7 e 12 anos. Aberto diariamente, de 9 h 30 min – 16 h 30 min.*

9 crianças Key West Shipwreck Historeum. Caso você tenha interesse em saber mais sobre naufrágios e coisas do gênero, o Key West Shipwreck Historeum é o lugar ideal. Aqui você verá filmes, objetos e poderá conversar com um mergulhador que resgata artefatos de naufrágios. Ele ficará feliz em contar histórias sobre a "indústria dos naufrágios" que tanto preocupava os pioneiros de Key West. ⏲ *1 h. 1 Whitehead St. (em Mallory Square).* ☎ *305/292-8990. www.shipwreckhistoreum.com. Entradas: $12 adultos, $5 crianças entre 4 e 12 anos. Desconto de $1 para entradas compradas online. Apresentações diárias a cada 30 min., de 9 h 45 min – 16 h 45 min.*

10 ★★★ Banana Café. Não deixe de saborear os mais deliciosos crepes da ilha, preparados com ingredientes frescos, neste simpático café em estilo francês, que quase sempre tem uma fila de pessoas na porta. *1211 Duval St.,* ☎ *305/294-7227. $-$$.*

11 ★★ crianças Mel Fisher Maritime Heritage Museum. Caso você goste de mergulho, histórias sobre piratas e tesouros perdidos, visite este pequeno museu que possui em seu acervo dobrões espanhóis, peças de oito (moeda pirata) e barras de ouro maciço. Um navio mercante inglês do século XVIII, usado para o tráfico de escravos, a única evidência tangível desta atividade transatlântica, está em exibição no segundo piso do museu. A última exposição organizada pelo museu conta a fascinante história de três navios que, em 1860, levaram um total de 1.400 escravos de Cuba para Key West, onde estes foram finalmente libertados. ⏲ *1 h – 2 h. 200 Greene St.* ☎ *305/294-2633. www.melfisher.org. Entradas: $12 adultos, $11 estudantes e idosos, $6 crianças de 6 a 12 anos. Aberto diariamente de 9 h 30 min – 17 h. Siga pela U.S. 1 em direção a Whitehead St. e vire à esquerda em Greene St.*

12 ★ Oldest House/Wrecker's Museum. Construída em 1829, esta casa em estilo colonial da Nova Inglaterra, sobreviveu a piratas, furacões, incêndios, guerras e momentos de instabilidade econômica. Projetada por um carpinteiro que trabalhava na construção de navios, esta casa térrea com sótão possui vários detalhes inspiradas na arquitetura marítima, como escotilhas e um alçapão de navio, usado para ventilação antes da popularização do ar-condicionado. Não deixe de visitar a cozinha, construída à parte da casa, onde você verá um forno a lenha de tijolos e utensílios vintage de cozinha. ⏲ *30 min. 322 Duval St.* ☎ *305/294-9501. Entrada gratuita. Aberta diariamente, de 10 h – 16 h.*

As Melhores Opções ao Ar Livre

Dry Tortugas **1**
Blue Planet Kayak Tours **2**
Strike Zone Charters **3**
Reflections Kayak Nature Tours **4**
Captain Pip's **5**
Hall's Dive Center & Career Institute **6**
Florida Keys Kayak & Sail **7**
Robbie's Pier **7**
Bud 'n' Mary's Fishing Marina **8**
Florida Keys Dive Center **9**
Florida Bay Outfitters **10**

As Upper e Middle Keys são o refúgio anual dos moradores do sul da Flórida, que tiram vantagem do fato delas serem próximas ao continente. Esta é a capital da pesca e do mergulho dos Estados Unidos e a grande quantidade de lojas de equipamentos especializados e outdoors deixam isso bem claro. Nas Lower Keys, mais ao sul, (incluindo as ilhas Big Pine, Sugarloaf e Summerland), você não encontrará a galera do *spring break*, lojinhas de roupas de praia e de souvenires e nem muitos bares abertos até tarde da noite. O que eles oferecem, de fato, são as melhores oportunidades de apreciar os vastos recursos naturais que tornam essa região em um lugar singular. Passe a noite em Lower Keys, alugue um barco e explore os recifes de coral.

Blue Planet Kayak Tours. Caso você seja um amante da natureza, alugue um caiaque e conheça a as águas remotas de Key West e Lower Keys e descubra a flora e fauna que compõem esse ecossistema sem igual. Em todos os roteiros você será acompanhado por um cientista ambiental. A Blue Planet também oferece passeios ao pôr do sol, com cerca de 2 h 30 min de duração. Não é necessária experiência prévia com caiaques. ☎ *305/294-8087. www.blue-planet-kayak.com. Excursões guiadas: $50 por pessoa.*

Bud 'n' Mary's Fishing Marina. Na Bud 'n' Mary's, uma das maiores marinas entre Miami e Key West, você encontrará mais de 40 experientes pescadores da região prontos para levá-lo para uma pescaria na região do Golfo do México, o lugar perfeito para fisgar tarpões, caranhas e ubaranas. Caso as condições do mar estejam favoráveis, você também poderá

fazer uma pescaria em alto-mar ou nos recifes de coral. *U.S. 1, MM 79,8, em Islamorada.* ☎ *305/644-2461 ou 800/742-7945. www.budnmarys.com. Aluguel de barcos: entre $400 e $550 por meio dia, entre $500 e $650 por dia inteiro, passeios em grupos organizados pela Bud 'n' Mary's mínimo de $125 por pessoa.*

Conheça a Bud 'n' Mary's, uma das maiores marinas entre Miami e Key West.

Captain Pip's. Há inúmeras locadoras de barco de pesca em Upper Keys, mas nesta simpática marina e pousada você, além de alugar um barco, pode hospedar-se a preços acessíveis. Os quartos são confortáveis, com ventiladores de teto, piso de ladrilhos, paredes de pinho e o melhor de tudo: você terá à sua disposição um barco de cerca de 20 pés (cerca de 6 m) durante o dia inteiro. *U.S. 1, MM 47,5, em Marathon.* ☎ *305/743-4403 ou 800/707-1692 (para ligações realizadas nos Estados Unidos). www.captainpips.com. Aluguel de barcos: entre $145 e $300 por dia. Hospedagem (incluindo aluguel de barco), mínimo de 2 noites entre $250 e $450, na alta estação e entre $225 e $415, na baixa estação; entre $1185 e $2595 por 1 semana.*

Dry Tortugas. Este conjunto de sete ilhas, a cerca de 113 km a oeste de Key West, recebeu este nome em virtude das inúmeras tartarugas marinhas da região (aqui você poderá ver quatro espécies ameaçadas de extinção) que durante o verão ainda procuram as ilhas. Dry Tortugas é um local maravilhoso para mergulhar com *snorkel* e observar aves (mais de 200 espécies passam pelas ilhas anualmente). Em Garden Key, a ilha mais procurada das sete, você encontrará o Fort Jefferson, uma enorme fortaleza hexagonal construída no século XIX. Loggerhead Key, Middle Key e East Key estão abertas à visitação durante o dia, apenas para caminhadas. Bush Key é uma região reservada para os pássaros que aqui fazem seus ninhos (principalmente entre meados de março e maio). Você pode visitar a ilha em excursões especiais entre outubro e janeiro apenas. O acesso às ilhas Hospital Key e Long Key só é permitido por mar em excursões organizadas pela Sunny Days Catamarans (☎ 305-296-5556, www.sunnydayskeywest.com). ☎ *305/242-7700. www.fortjefferson.com.*

Florida Bay Outfitters. Aqui, você poderá alugar canoas e caiaques para fazer um tour ecológico pelos arredores do parque John Pennekamp Coral Reef State Park. *U.S. 1, MM 104, em Key Largo.* ☎ *305/451-3018. www.kayakfloridakeys.com. Entre $40 e $75 por meio dia; entre $50 e $90 por dia inteiro.*

Florida Keys Dive Center. Todos os dias, os guias do Florida Keys Dive Center levam mergulhadores autônomos ou com *snorkel* para explorar os incríveis recifes de coral, os navios naufragados e a vida marinha da costa de Key Largo e Islamorada. Caso você não tenha experiência, poderá fazer um curso de mergulho com instrutores do PADI (a Associação Profissional de Instrutores de Mergulho). *U.S. 1, MM 90,5, em Tavernier.* ☎ *305/664-4878. www.floridakeysdivectr.com. $35 por pessoa para mergulho com snorkel, (taxa de $10 para aluguel de equipamento); $50 por pessoa para mergulho autônomo (taxa de $24 para aluguel de equipamento). Os passeios com guia são oferecidos diariamente, às 8 h e às 12 h 30 min.*

Florida Keys Kayak & Sail. Aqui são oferecidas excursões por lugares de difícil acesso, pela reserva botânica de Lignumvitae Key, locais históricos da Indian Key além de passeios pela região do Golfo do México e passeios ao pôr do sol pelos manguezais e baixios marinhos. *No Robbie's Pier U.S. 1, MM 75,5, em Islamorada.* ☎ *305/664-4878. Preços por passeio entre $39 e $49. Aluguel de caiaque individual, $15 por hora e $45 por dia; caiaque duplo, $20 por hora e $60 por dia.*

Hall's Dive Center and Career Institute. Este centro de mergulho e formação profissional oferece uma incrível variedade

Admire a vida marinha do John Pennekamp Coral Reef State Park.

de locais: Looe Key, Sombrero Reef, Delta Shoal, Content Key e Coffins Patch, durante o qual você passará uma hora, em cada local, por excursão. *5050 U.S. 1, MM 48,5 em Marathon.* ☎ *305/743-5929. www.hallsdiving.com. Mergulho com snorkel, $50 por pessoa (inclui equipamento); mergulho autônomo, $60 por pessoa ($9 por tanque). Horários: 9 h e 13 h.*

Reflections Kayak Nature Tours. Oferece passeios guiados de caiaque por toda a região das Lower Keys. *Old Wooden Bridge Fishing Camp, 1791 Bogie Drive, MM 30, Big Pine Key.* ☎ *305/872-4668. www.floridakeyskayaktours.com. Passeios de 3 horas, $50 por pessoa;, passeios de 2 h de duração em noite de lua cheia, $40 por pessoa. Passeios personalizados com cerca de 3 horas custam $125 para uma pessoa ou $195 para duas pessoas. É necessário fazer sua reserva com antecedência.*

Robbie's Pier. Localizado nas docas de Islamorada, o Robbie's é uma das melhores e mais baratas atrações de Upper Keys. Neste píer, os destemidos tarpões, cobiçados por pescadores de alto-mar, se reúnem há mais de 20 anos. Esses gigantescos peixes que parecem vir da pré-história, chegam a pesar aproximadamente 100 kg e podem ser vistos como troféus nas paredes de alguns restaurantes locais. Mas caso queira vê-los vivos, vá até o Robbie's Pier, onde eles circulam pelo mar raso à espera de alimento. O Robbie's também oferece passeios de barco e de caiaque com guia até Indian Key, onde você poderá mergulhar com *snorkel*. Mas se preferir explorar a região por conta própria alugue um barco de passeio (entre $135 e $235) ou um barco de pesca. Você ainda pode participar de uma pescaria em alto-mar e na região dos recifes de coral em grupo durante o dia ou à noite em um barco de 65 pés (20 m) por $35. O Robbie's ainda dispõe de barcos para pesca de peixes graúdos e organiza grupos (entre $120 e $900) para aqueles que não querem pescar sozinhos. *U.S. 1, MM 77,5, em Islamorada.* ☎ *305/664-8070. www.robbies.com. Taxa de admissão: $1. Balde de isca: $2. Aberto diariamente, de 8 h – 17 h. Procure a placa indicando o restaurante Hungry Tarpon à direita, logo após o canal Indian Key.*

Não deixe de ver os tarpões no Robbie's Pier.

Strike Zone Charters. Esta empresa oferece os melhores roteiros de pesca, além de passeios diários em um barco com fundo de vidro até o Looe Key National Marine Sanctuary (entre $25 e $40). A excursão *Eco Island*, com cinco horas de duração ($53), oferece um retrato vívido da história das Keys vista de um barco com fundo de vidro. Durante o passeio há paradas para mergulho com *snorkel* e pesca e por fim o barco ancora em uma das Keys para que os participantes do passeio curtam um delicioso peixe assado em uma fogueira à beira-mar. *U.S. 1, MM 29,5, em Big Pine Key.* ☎ *305/872-9863.*

Dica

Já que a verdadeira beleza das Keys se encontra além dos limites das estradas, a melhor forma de conhecer esta região é por mar. Caso você esteja viajando com um grupo de amigos, os barcos-casa são uma opção prática e econômica. Para alugar um barco-casa, entre em contato com a Houseboat Vacations. *85944 Overseas Highway, Islamorada.* ☎ *305/664-4009. www.floridakeys.com/houseboats/. Entre $847 e $1112 por 3 dias. Os barcos acomodam até 8 pessoas.*

Nossas Dicas de Restaurantes

A Melhor **Steakhouse**
★★★ **Michael's $$$** *532 Margaret Street (p. 174)*

O Melhor do **Conch Fusion**[1]*
★★ **Hot Tin Roof $$$$** *0 Duval St. (p. 171)*

A Melhor **Experiência Gastronômica de Key West**
★★★ **Blue Heaven $$** *340 W Armitage Ave. (p. 169)*

A Melhor **Vista**
★★ **Louie's Backyard $$$$** *700 Waddell Ave. (p. 173)*

Os Melhores **Frutos do Mar**
★★★ **Seven Fish $$-$$$** *632 Olivia St. (p. 176)*

O Melhor **Café da Manhã**
★★★ **Banana Café $$** *1211 Duval St. (p. 169)*

Os Melhores **Preços**
★ **Mangia, Mangia $** *900 Southard St. (p. 173)*

A Melhor **Ambientação da Key West Antiga**
★ **Pepe's $** *806 Caroline St. (p. 175)*

*1 *N.C.: Estilo culinário próprio de Key West, que mistura o paladar local com a culinária caribenha, da Flórida e outros.*

O Banana Café é popular por seu café da manhã.

O Melhor dos **Importados de Nova York**
★★ **Sarabeth's $** *530 Simonton St. (p. 175)*

O Mais **Romântico**
★★★ **Pierre's $$$$** *U.S. 1, MM 81,6 (na costa de Florida Bay) (p. 175)*

O Melhor para a **Criançada**
★ **Turtle Kraals Wildlife Grill $$** *213 Margaret St. (p. 176)*

O Melhor **Hambúrguer**
★ **Island Dogs Bar $** *505 Front St. (p. 171)*

O Melhor para um **Drinque Antes ou Depois do Jantar**
★ **La Trattoria's Virgilio $** *524 Duval St. (p. 173)*

A Melhor **Culinária Gourmet das Keys**
★★★ **Butterfly Café $$$** *2600 Overseas Hwy. (p. 170)*

O Melhor **Sushi**
★★★ **Kaiyó** *81701 Old Hwy. (p. 171)*

O Melhor para **Ver um Peixe-boi**
★★ **Islamorada Fish Company $$** *MM 81,5 (p. 171)*

A Melhor Mistura Entre **o Novo e o Velho da Culinária das Keys**
★★★ **Green Turtle Inn $$$** *81219 Overseas Hwy. (p. 171)*

O Melhor Lugar para um **Lanche ao Pôr do Sol**
★★★ **Lorelai Restaurant & Cabana Bar $** *MM 82 (p. 150)*

O Melhor **Almoço**
★ **Island Grill $** *MM 88,5 (p. 171)*

O Melhor **Filé de Dourado Tostado**
★ **Snapper's $** *139 Seaside Ave. (p. 176)*

A Melhor **Experiência Local**
★★ **Mangrove Mama's $** *MM 20 (p. 173)*

Restaurantes da **Key West**

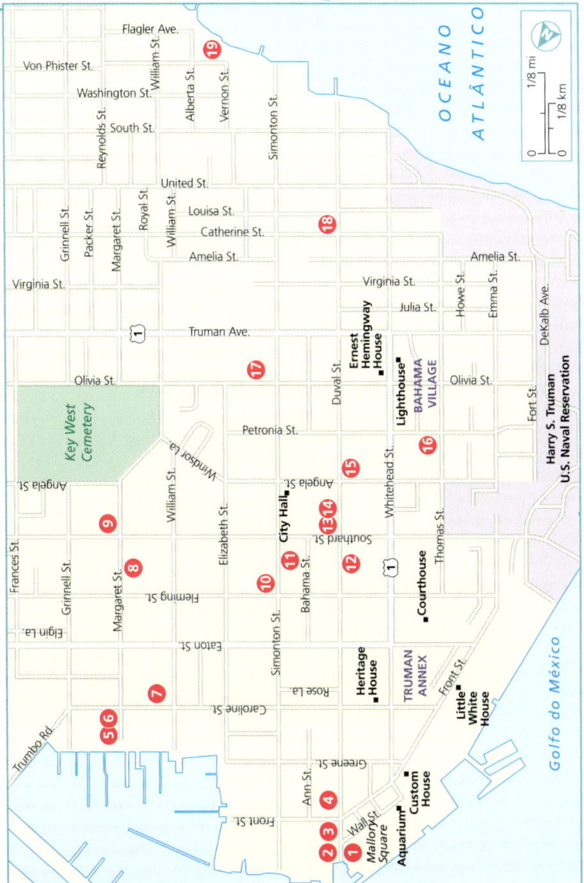

- Hot Tin Roof 1
- One Duval 2
- Island Dogs Bar 3
- Bagatelle 4
- Turtle Kraals Wildlife Grill 5
- Alonzo's Oyster Bar 6
- Pepe's 7
- Michael's 8
- Mangia, Mangia 9
- Café Marquesa 10
- Sarabeth's 11
- La Trattoria 12
- Upper Crust Pizza 13
- Antonia's 14
- Mangoes 15
- Seven Fish 17
- Blue Heaven 16
- Banana Café 18
- Louie's Backyard 19

Restaurantes das Keys de A a Z

Tavern n Town **1**
Mangrove Mama's **2**
Butterfly Cafe **3**
Green Turtle Inn **4**
Islamorada Fish Company **5**
Pierre's **6**
Kaiyó **7**
Marker 88 **8**
Island Grill **9**
Snapper's **10**
Calypso's Seafood Grill **11**
Key Largo Conch House Restaurant and Coffee Bar **12**

★ **Alonzo's Oyster Bar** KEY WEST *FRUTOS DO MAR* O Alonzo's serve boa comida em um ambiente casual. Localizado no piso inferior do A & B Lobster House, no final de Front Street, na A & B Marina, aqui você poderá saborear o delicioso *Steamed Beer Shrimp* – porção de camarões graúdos ao molho de alho, condimentos diversos, pimenta caiena e cerveja. Caso você queira algo mais "sofisticado", vá ao restaurante localizado no segundo piso. *231 Margaret St. ☎ 305/294-5880. www.alonzosoysterbar.com. Entre $11 e $24. MC, V. Aberto diariamente, de 11 h – 23 h.*

★★ **Antonia's** KEY WEST *CULINÁRIA ITALIANA* Tudo que é servido neste restaurante elegante e acolhedor é delicioso – desde a *foccacia* da casa com especiarias, ao surpreendente *crème brûlée*. O cardápio oferece clássicos da culinária italiana como *linguine* com camarão, um delicioso e macio nhoque, sopa de peixe e até mesmo vitela ao molho marsala. *615 Duval St. ☎ 305/294-6565. Fax 305/294-3888. www.antoniaskeywest.com. Faça sua reserva com antecedência. Carnes e peixes entre $25 e $30; massas entre $20 e $30. AE, DC, MC, V. Aberto diariamente, de 6 h – 23 h.*

★★★ **Bagatelle** KEY WEST *FRUTOS DO MAR* Reserve uma mesa na elegante varanda do segundo piso deste restaurante e observe a agitação de Duval Street. Comece a refeição com um ceviche estimulante ou sashimi de atum e gergelim com pimenta-preta. Os melhores pratos de carnes e frango são os preparados com um toque tropical: grelhados com mamão, gengibre e soja. O *Jamaican Curry Chicken* é um dos pratos favoritos. *115 Duval St. ☎ 305/296-6609. www.bagatellekeywest.com. Faça sua reserva com antecedência. Pratos principais entre $15 e $25; almoço entre $5 e $15. AE, DISC, MC, V. Dom. – qui., de 11 h 30 min – 22 h; sex. – sáb., de 11 h 30 min – 23 h.*

★★★ **Banana Café** KEY WEST *CULINÁRIA FRANCESA* Neste simpático e elegante restaurante você se sentirá em uma cafeteria francesa. Localizado na parte mais tranquila de Duval Street, o Banana Café, descoberto por viajantes espertos, possui uma clientela fiel graças à comida leve e saborosa que oferece a preços acessíveis. Os crepes servidos durante o café da manhã e o almoço já se tornaram uma tradição da ilha e o cardápio, que oferece, durante o dia, pratos da culinária francesa preparados com ingredientes frescos, são um chamariz para os clientes, que voltam para saborear os elegantes pratos do cardápio noturno, preparados com toque tropical e servidos em ambiente descontraído. ***1215 Duval St.*** *☎ 305/294-7227. Café da manhã e almoço entre $5 e $15; jantar entre $15 e $30. AE, DC, MC, V. Aberto diariamente, de 8 h – 23 h.*

★★★ **Blue Heaven** KEY WEST *CULINÁRIA AMERICANA* Não é à toa que o Blue Heaven, administrado por um hippie, se transformou em um dos restaurantes mais concorridos de Key West, portanto prepare-se para ficar na fila de espera. A comida do Blue Heaven é uma das melhores da cidade – principalmente no café da manhã, quando é servido granola caseira, panquecas com frutas tropicais e ovos Benedict com frutos do mar. O cardápio do jantar também é excelente e oferece uma grande variedade de pratos: desde peixes frescos e frango à moda jamaicana até sopas condimentadas e ensopados vegetarianos. Alguns se sentem incomodados com o chão de terra batida e os gatos e as aves que passeiam pelo salão, mas, isso só o torna ainda mais charmoso. Antigamente, a construção abrigava um bordel onde Hemingway costumava assistir a rinhas de galos. ***729 Petronia St.*** *☎ 305/296-8666. Café da manhã entre $5 e $11; almoço entre $6 e $15; jantar $10 e $30. DISC, MC, V. Aberto diariamente, de 8 h – 11 h 30 min, de 12 h – 15 h e de 18 h – 22 h 30 min. Aberto aos dom. para brunch, de 8 h – 13 h. Fechado desde meados de setembro até início de outubro.*

★★★ **Butterfly Café** MARATHON *FRUTOS DO MAR* Este restaurante especializado em alta gastronomia é uma das mais novas atrações de Lower Keys. Aqui você encontrará além de uma bela vista da orla, um menu com o que há de melhor em frutos do mar frescos. Não deixe de experimentar as costeletas de porco na grelha, acompanhadas de *mojo* de manga e limão, feijão preto, arroz com macadâmia e legumes. *2600 Overseas Hwy, no Tranquility Bay Resort.* ☎ *305/809-8253 www.tranquilitybay.com/dining/cafe.php. Pratos principais entre $18 e $37. AE, MC, V. Aberto diariamente de 7 h – 10 h e de 11 h 30 min – 22 h e aos dom. para brunch, de 10 h 30 min – 14 h 30 min.*

★★★ **Café Marquesa** KEY WEST *CULINÁRIA AMERICANA CONTEMPORÂNEA* Este é o lugar certo caso você esteja procurando comida e serviço de primeira. Neste restaurante sofisticado e intimista, com apenas 50 lugares, o que chama a atenção é o cardápio, cujas estrelas incluem guaiuba com macadâmia, filé *Angus* enrolado em prosciutto e também peito de pato assado. Se estiver disposto a gastar, reserve uma mesa e aproveite. O cardápio está sujeito a alterações de acordo com a estação de pesca. *Localizado no Marquesa Hotel, 600 Fleming St.* ☎ *305/292-1919. www.marquesa.com/cafe-marquesa.htm. Faça sua reserva com antecedência. Pratos principais entre $25 e $38. AE, DC, MC, V. Aberto diariamente no verão, de 19 h – 23 h e no inverno, de 18 h – 23 h.*

★★ **Calypso's Seafood Grill** KEY LARGO *FRUTOS DO MAR* Com um lema que orgulhosamente diz "Sabemos que a música é alta e a comida apimentada. E é assim que gostamos!", você percebe de cara que o Calypso's é um típico restaurante das Keys. Para sua sorte, o que eles oferecem é bem diferente de seu lema. Aqui você encontrará um cardápio com frutos do mar preparados com criatividade e um ambiente rústico e descontraído à beira-mar. *1 Seagate Blvd. (próximo ao MM 99,5).* ☎ *305/451-0600.*

O Café Marquesa oferece pratos da culinária americana contemporânea apresentados de forma magnífica.

Pratos principais entre $10 e $20. MC, V. Aberto de qua. – seg., de 11 h 30 min – 22 h, de sex. – sáb., de 11 h 30 min – 23 h. Partindo do sul, vire à direita nas luzes amarelas piscantes perto do MM 99,5 para Ocean Bay Dr. e vire à direita novamente. Procure pelo prédio com paredes de vinil azul à esquerda.

★★★ **Green Turtle Inn** ISLAMORADA *FRUTOS DO MAR* Este é o lugar certo para aqueles que querem transformar seu jantar em uma experiência inesquecível. O cardápio oferece como entrada alguns clássicos como a famosa sopa de tartaruga com xerez picante e a saborosa *Conch Chowder*. Uma boa opção para o prato principal são as vieiras assadas na panela acompanhadas de creme de batata com queijo de cabra, manteiga com vinagre de xerez, azeite de trufas brancas e alho-poró frito. *81219 Overseas Highway, MM 81,2.* ☎ *305/664-2006. www.greenturtlekeys.com. Pratos principais entre $20 e $38. AE, MC, V. Aberto diariamente, de 7 h – 10 h e de 11 h 30 min – 22 h.*

★★ **Hot Tin Roof** KEY WEST *CULINÁRIA CONTEMPORÂNEA* Localizado no Ocean Key Resort, este restaurante harmoniza elementos da culinária da América do Sul, da França, da Ásia e das Keys de modo singular. *Ocean Key Resort, 0 Duval St.* ☎ *305-296-7701; www.oceankey.com/oceankey_dining.aspx. Faça sua reserva com antecedência. Pratos principais entre $20 e $40. AE, DC, MC, V. Aberto diariamente, de 7 h 30 min – 11 h e de 17 h – 22 h.*

★★ crianças **Islamorada Fish Company** ISLAMORADA *FRUTOS DO MAR* Este restaurante parece um típico *diner* americano, mas aqui você poderá saborear deliciosos pratos de frutos do mar, massas e um apetitoso café da manhã. Os moradores da região se reúnem aqui para falar sobre política, fofocar e saborear canjica, mingau de aveia, omelete, pães e tortas. Caso esteja em uma mesa na área externa, fique de olhos abertos – você poderá ver filhotes de peixe-boi brincando no mar. *U.S. 1, MM 81,5 (uma rua acima de Cheeca Lodge).* ☎ *305/664 -9271. www.islamoradafishco.com. O Islamorada Fish Company não aceita reservas.*

O chowder (uma espécie de sopa) de tartaruga é um dos pratos mais famosos do Green Turtle Inn.

Pratos principais entre $10 e $37. DISC, MC, V. Aberto de dom. – qui., de 11 h – 21 h, de sex. – sáb., de 11 h – 22 h.

★★ **Island Dogs Bar** KEY WEST *CULINÁRIA AMERICANA* Este bar, com ambiente descontraído, é uma excelente opção para saborear, porções de frango empanado, tirinhas de frango, asinhas de frango fritas ou assadas com tempero picante, e deliciosos hambúrgueres ouvindo música ao vivo ou assistindo a um jogo na televisão. *505 Front St.* ☎ *305/509-7136. www.islanddogsbar.com. Pratos principais entre $5 e $10. AE, DISC, MC, V. Aberto diariamente, de 11 h – 2 h.*

★ **Island Grill** ISLAMORADA *FRUTOS DO MAR* Localizado na baía de Islamorada, próximo à ponte Snake Creek Bridge, o Island Grill, com sua ampla área externa, bar, e um aconchegante salão interno com vista para a orla, é um dos restaurantes favoritos dos moradores da região. Aqui você poderá degustar deliciosos pratos de frutos do mar frescos como o *Tuna Nacho*, atum preparado à moda caribenha e o churrasco de camarão com goiaba. Uma boa opção de prato principal é o guaiuba com chili tailandês – simplesmente fora de série. Caso tenha tido sorte em sua pescaria, traga o peixe e o Island Grill o preparará para você, com acompanhamento de legumes e arroz por apenas $12. À noite, os shows ao vivo atraem grupos animados de moradores e turistas. *MM 88,5 (na ponte Snake Creek*

Coma bem, em um ambiente descontraído, no Island Dogs Bar.

Bridge na costa do Oceano Atlântico), em Islamorada. ☎ 305/664-8400. www.keysislandgrill.com. Preços: entre $8 e $25. Aberto de dom. – qui., de 11 h – 22 h; de sex. – sáb., de 11 h – 23 h.

★★★ **Kaiyó** ISLAMORADA *CULINÁRIA JAPONESA* Este restaurante prepara pratos da culinária japonesa combinando ingredientes típicos da Flórida com os peixes mais frescos da região. *81701 Old Highway, U.S. 1, MM 82. ☎ 305/664-5556. www.kaiyokeys.com. Faça sua reserva com antecedência. Pratos principais entre $12 e $36; sushi entre $7,50 e $16. AE, DC, MC, V. Aberto de seg. – sáb., de 12 h – 22 h.*

★★ **Key Largo Conch House Restaurant and Coffee Bar** KEY LARGO *CULINÁRIA AMERICANA* Esta cafeteria e restaurante, com ambiente acolhedor e longe do caminho usual de Key Largo, tornou-se um dos locais mais disputados para café da manhã, almoço e jantar. Localizado em uma casa em meio a um jardim exuberante – que se tornou residência permanente de um cachorro e um papagaio – aqui você poderá saborear sua refeição na varanda ou no aconchegante salão interno. *U.S. 1, MM 100. ☎ 305/453-4844. www.keylargocoffeehouse.com. Faça sua reserva com antecedência. Pratos principais entre: $8 e $21. AE, DC, DISC, MC, V. Aberto de dom. – qui., de 7 h – 21 h 30 min, de sex. – sáb., de 7 h – 22 h.*

O Key Largo Conch House Restaurant e Coffee Bar.

★ **La Trattoria** KEY WEST *CULINÁRIA ITALIANA* Saboreie um verdadeiro banquete italiano em um ambiente *relax* no La Trattoria, onde cada prato é preparado de acordo com a tradicional culinária italiana. Antes de ir embora, não deixe de visitar o Virgilio's, o elegante e animado lounge do restaurante que oferece coquetéis e apresenta jazz ao vivo até as 2 h. *3593 South Roosevelt Blvd. ☎ 305/295-6789. www.latrattoria.us. Pratos principais entre $16 e $40. Massas entre $14 e $26. AE, DC, DISC, MC, V. Aberto diariamente, de 17 h 30 min – 23 h.*

★★ **Louie's Backyard** KEY WEST *CARIBBEAN* O renomado chefe Norman Van Aken do Norman's de Miami resolveu estender seus domínios e abriu o Louie's, um dos restaurantes mais concorridos das Keys. Portanto, não deixe de fazer sua reserva com bastante antecedência ou torça para que o concierge de seu hotel consiga uma mesa para você. Experimente os pães doces acompanhando arroz e molho agridoce ou as costeletas de porco *Berkshire* com chili. Após o jantar relaxe no bar à beira das docas onde poderá observar as ondas quebrando na praia, quase tocando seus pés, enquanto aprecia um drinque. *700 Waddell Ave. ☎ 305/294-1061. www.louiesbackyard.com. Faça sua reserva com antecedência. Pratos principais entre $30 e $40; almoço entre $10 e $20. AE, DC, MC, V. Aberto diariamente, de 11 h 30 min – 15 h e de 18 h – 22 h 30 min.*

★ **Mangia, Mangia** KEY WEST *CULINÁRIA ITALIANA* Distante do tumulto de Key West, o Mangia, Mangia, com uma fachada simples, mas um interior elegante e acolhedor (bem ao estilo Chicago), é um dos melhores restaurantes italianos das Keys. Administrado pela família dos proprietários, o Mangia, Mangia oferece esplêndidas massas caseiras de todos os tipos e um dos melhores molhos marinara da região. *900 Southard St, com Margaret St. ☎ 305/294-2469. www.mangia-mangia.com. O restaurante não aceita reservas. Pratos principais entre $10 e $20. AE, MC, V. Aberto diariamente, de 17 h 30 min – 22 h.*

O lounge Virgilio's do La Trattoria oferece coquetéis e jazz ao vivo.

★★★ **Mangoes** KEY WEST *CULINÁRIA TÍPICA DA FLÓRIDA* O grande pátio externo em tijolo aparente do Mangoes, com mesinhas cobertas por frondosas figueiras é tão sedutor que aqueles que passeiam pela região o lotam quase todas as noites. Muitos não têm noção de quanto pode ser caro um jantar no Mangoes, dado que à primeira vista o local parece um café casual. Frango crispy ao curry e peixe com molho de maracujá são *entrées* típicos, mas o *Garlic and Lime Pinks* – camarão rosa de Key West, temperado e grelhado com alho frito e limão – é, de longe a melhor pedida. *700 Duval St. (com Angela St.). ☎ 305/292-4606. Pratos principais entre $15 e $30; pizzas entre $10 e $15; almoço entre $7 e $18. Aberto diariamente, de 11 h – 24 h. Pizzas servidas até 1 h da manhã.*

★★ **Mangrove Mama's** SUGARLOAF KEY *FRUTOS DO MAR* O Mangrove Mama's é uma legítima construção de Lower Keys e oferece um mergulho na história de Sugarloaf (o restaurante está localizado em uma cabana que tinha uma bomba de gasolina e uma churrasqueira). Os clientes dividem a área com gatos de rua e pôneis que ficam nos fundos do terreno. O Mangrove é um local rústico, mas charmoso como as Keys, aqui, a cerveja é servida em copos decorados. As mesinhas simples, de madeira ou de plástico, na varanda e na área externa são cercadas por bananeiras e coqueiros. A base do cardápio são pratos preparados com frutos

O Louie's Backyard oferece uma bela vista do mar.

do mar, mas as sopas, saladas, sanduíches e omeletes também são uma ótima opção. *U.S. 1, MM 20. ☎ E 305/745-3030. www.mangrovemamasrestaurant.com. Pratos principais entre $10 e $20; almoço entre $6 e $10; brunch entre $5 e $15. MC, V. Aberto diariamente, de 11 h – 15 h e de 17 h 30 min – 22 h.*

★★★ **Marker 88** ISLAMORADA *FRUTOS DO MAR* Este marco de Upper Keys tem agradado a turistas e moradores da região desde sua inauguração nos anos de 1970. Os novos chefs e proprietários deram vida nova não só ao ambiente como também ao cardápio do Marker 88, que continua tendo como base frutas frescas, ingredientes locais e peixes da região. *U.S. 1, MM 88 (na costa da Florida Bay). ☎ 305/852-9315. www.marker88.info. Faça sua reserva com antecedência. Pratos principais entre $20 e $39. AE, DC, DISC, MC, V. Aberto de ter. – dom., de 17 h – 23 h. Fechado em setembro.*

No Michael's as carnes são preparadas no melhor estilo Key West.

★★★ **Michael's** KEY WEST *STEAKHOUSE* Oferecendo carnes que chegam diariamente de Chicago, o Michael's, localizado em um bairro residencial, é um oásis para os amantes de um bom filé em meio a tantos restaurantes especializados em frutos do mar. O restaurante possui uma área externa e um salão interno fantásticos, com ambiente tranquilo, tropical e romântico. *532 Margaret St. ☎ 305/295-1300. www.michaelskeywest.com. Faça sua reserva com antecedência. Pratos principais entre $15 e $40. AE, DC, DISC, MC, V. Aberto diariamente, de 17 h – 23 h.*

★★★ **One Duval** KEY WEST *CULINÁRIA CARIBENHA* O One Duval mescla ingredientes típicos da culinária caribenha e da Flórida de maneira inovadora. Para começar, peça o maravilhoso pastel de massa folhada com recheio de carne de caranguejo ou o delicioso suflê de queijo de cabra, que são maravilhosas entradas. Boas opções de prato principal são o filé de dourado com macadâmia ou a lagosta à termidor com recheio de carne de caranguejo. *Localizado no Pier House Resort, 1 Duval St. ☎ 305/296-4600, www.pierhouse.com. Faça sua reserva com antecedência. Preços: entre*

Fique por Dentro

Os amantes de caranguejos podem ficar por dentro dos crustáceos da temporada em uma excursão de três horas oferecida pela **Keys Fisheries**. Durante o tour, em um barco de cerca de 40 pés que parte de Marathon, você terá a oportunidade de ver pescadores tirarem os caranguejos das armadilhas e prepararem as patas para consumo. O passeio para até seis passageiros custa $450 e você poderá levar consigo até três quilos, aproximadamente, de patas de caranguejo congeladas embaladas para viagem ou prepará-las na hora em um restaurante nas docas. A temporada de pesca de caranguejos gigantes dura de 15 de outubro a 15 de maio. Para mais informações ligue para ☎ 305/743-4353 ou acesse www.keysfisheries.com.

$25 e $36. AE, DC, MC, V. Aberto diariamente, de 18 h – 22 h 30 min.

★ **Pepe's** KEY WEST *CULINÁRIA AMERICANA* Há quase cem anos, este bar serve comida simples e gostosa. As ostras de Apalachicola Bay e as carnes são os pratos favoritos dos frequentadores do Pepe's, que apreciam o ambiente rústico repleto de fotos históricas – procure as que mostram Key West em 1909, ano da inauguração do bar. Caso o clima esteja agradável, sente-se no pátio externo sob um frondoso mogno. Os generosos hambúrgueres, os sanduíches de peixe e o chili satisfazem os mais gulosos; os cogumelos salteados na manteiga e o suculento purê de batata, preparados com toque caseiro, são os melhores de Key West. *806 Caroline St.* ☎ *305/294-7192. www.pepescafe.net. O Pepe's não aceita reservas. Pratos principais entre $7 e $16. Aberto diariamente, de 7 h 30 min – 22 h 30 min.*

★★★ **Pierre's** ISLAMORADA *CULINÁRIA FRANCESA* Tanto o ambiente quanto a comida são as estrelas deste restaurante. Localizado em uma antiga casa de fazenda à beira da baía, o Pierre's oferece pratos com excelente

A "casa de fazenda" Pierre's.

sabor e primorosa apresentação. As estrelas do cardápio são o tempurá de cauda de lagosta preparado com molho de soja, acompanhado de palmito bem picado e creme de raiz forte e o bodião das Keys ***à meunière,*** acompanhado de batatas assadas, ***pattypan squash*** (uma variedade de abóbora), e abobrinhas. *U.S. 1, MM 81,6, na costa da baía. ☎ 305/664-3225. www.pierres-restaurant.com. Pratos principais entre $35 e $42. AE, MC, V. Aberto de dom. – qui., das 18 h – 22 h, de sex. – sáb., de 18 h – 23 h. Fechado às ter. durante o verão. O lounge está aberto diariamente a partir de 17 h.*

★★ **Sarabeth's** KEY WEST *CULINÁRIA AMERICANA* Esta filial da famosa franquia novaiorquina, famosa pelo café da manhã, trouxe para Key West sabores da metrópole com toque caseiro, como as famosas geleias e compotas da casa. Para café da manhã o cardápio inclui panquecas tradicionais, panquecas com massa de ricota com limão e ***French Toasts*** cobertas com uma camada de amêndoas e canela. Para o almoço, a tradicional ***Caesar Salad***, hambúrgueres e rolinhos de camarão rosa com abacate são excelentes opções. O cardápio do jantar inclui pratos simples, mas saborosos. Os destaques são a torta de frango, o bolo de carne moída e o divino macarrão com chili de pimenta verde e três queijos. *530 Simonton St. ☎ 305/293-8181. www.sarabethskeywest.com. Pratos principais: café da manhã entre $5,50 e $10; almoço entre $6 e $17; jantar entre $13 e $25. Aberto às seg., de 8 h – 15 h; de qua. – dom., de 8 h – 15 h e de 18 h – 21 h 30 min, aberto para brunch aos sáb. e dom., de 8 h às 15 h.*

★★★ **Seven Fish** KEY WEST *FRUTOS DO MAR* Um dos restaurantes mais frequentados pelos moradores da região, o elegante Seven Fish oferece alguns dos melhores pratos à base de peixes de Key West. Experimente o macarrão com molho de caranguejo e shitake ou o nhoque com queijo azul e peixe salteado. *632 Olivia St. ☎ 305/296-2777. www.7fish.com. Faça sua reserva com antecedência. Pratos principais entre $15 e $26. AE, MC, DISC, V. Aberto de qua. – seg., de 18 h – 22 h.*

★ **Snapper's** KEY LARGO *FRUTOS DO MAR* Este simpático restaurante à beira-mar, um dos mais frequentados de Key Largo, serve peixes e frutos do mar frescos, fisgados pelos pescadores locais, ou por você. O filé de dourado tostado, servido com salada, legumes e batata ou arroz é de dar água na boca e o preço é bem convidativo.

No Seven Fish, os moradores de Key West saboreiam deliciosos peixes e frutos do mar.

Os Sabores das Keys

Não é mera coincidência o fato de a sobremesa oficial da Flórida ser a Key Lime Pie, uma torta de limão cujo nome origina-se dos limões encontrados em todas as Keys. O **American Pie Council** já concedeu vários prêmios à *Key Lime Pie Co.* pela qualidade de suas tortas, mas em sua matriz (MM 22,8, Cudjoe Key; ☎ 305/745-3355, próxima a Key West) você encontrará vários outros produtos feitos à base de limão – biscoitos, velas, molhos para culinária e loções para o corpo. Você também poderá saborear as tortas da Key Lime Pie Co. na 5 Brother Grocery (930 Southard St.; 305/296-5205).

Caso prefira sabores picantes, o **Peppers of Key West** (602 Greene St. ☎ 305/295-9333. www.peppersofkeywest.com.) oferece centenas de molhos, desde os mais suaves aos mais apimentados. Sente-se no bar de degustação e esteja preparado para sentir sua boca pegar fogo. *Dica:* leve cerveja e eles o deixarão provar os molhos secretos da casa!

No Snapper's você também encontrará música ao vivo todas as noites e uma clientela animada e descontraída. *139 Seaside Ave. MM 94,5. ☎ 305/852-5956. www.snapperskeylargo.com. Preços : entre $13 e $28. DISC, MC, V. Aberto de dom. – qui., de 11 h – 21 h; sex. – sáb., de 11 h – 22 h.*

★ **Tavern n Town** KEY WEST *CULINÁRIA "FLORIBENHA"* O Tavern n Town é um restaurante "dois em um". O Tavern oferece *tapas* e pratos simples, enquanto o Town, pratos mais elaborados de classe internacional, mas ambos são igualmente bons. A cozinha aberta para o salão é um show à parte, mas a melhor atração é o cardápio. No Tavern experimente o tempurá de costeletas de porco com raiz forte e no Town, localizado no piso superior, um delicioso badejo com molho de gengibre ou um filé de guaiuba – opções bem diferentes dos filezinhos de frango empanado e *Conch Fritters* dos restaurantes de Duval Street. *Beachside Resort, 3841 N. Roosevelt Blvd. ☎ 305/296-8100. Faça sua reserva com antecedência. Preços entre $20 e $40. AE, DC, MC, V. O Tavern está aberto diariamente, de 8 h – 22 h 30 min e o Town também, de 18 h – 23 h.*

★ crianças **Turtle Kraals Wildlife Grill** KEY WEST *FRUTOS DO MAR* No Turtle Kraals você encontrará vários moradores da ilha que aqui vêm para saborear diferentes pratos de frutos do mar a preços acessíveis. Experimente a cauda de lagosta recheada com manga e carne de caranguejo, *stone crabs* (durante a temporada de pesca de outubro a maio) ou pratos típicos da culinária mexicana como *quesadillas* e *fajitas*.
As crianças adorarão as fotos históricas espalhadas pelo restaurante que mostram a vida selvagem da região e a antiga fábrica de sopa enlatada de tartaruga, assim como o cardápio com vários pratos à base de queijos. Bandas de blues se apresentam no Turtle Kraals quase todas as noites. *213 Margaret St. (com Caroline St.). ☎ 305/294-2640. Pratos principais entre $10 e $20. DISC, MC, V. Aberto para café da manhã de seg. – qui. de 11 h – 22 h 30 min, sex. e sáb., de 11 h – 23 h e aos dom., de 12 h – 22 h 30. O bar fecha às 00 h.*

★ **Upper Crust Pizza** KEY WEST *PIZZARIA* Simplesmente a melhor pizzaria de Duval Street. *611 Duval St. ☎ 305/293-8890. www.uppercrustkeywest.com. Pizzas: $5 a fatia; pizzas inteiras $13 – $16. AE, DISC, MC, V. Aberta diariamente de 11 h – 2 h.*

Nossas Dicas de Hotéis

O Mais **Romântico**

★★★ The Gardens Hotel $$$$ *526 Angela St. (p. 183)*

O Melhor para a **Família**

★★★ Hawk's Cay $$$$ *61 Hawk's Cay Blvd., MM 61, Duck Key (p. 187)*

A Melhor **Vista**

★ Ocean Key Resort & Spa $$$$ *0 Duval St. (p. 187)*

O Melhor Hotel **Histórico**

★★ Curry Mansion Inn $$$ *511 Caroline St. (p. 182)*

O Melhor Hotel **Pousada**

★★★ Simonton Court $$-$$$ *320 Simonton St. (p. 188)*

O Melhor **Preço**

★★ Southermost Point Guest House $-$$ *1327 Duval St. (p. 189)*

O Mais **Econômico**

★★ The Grand $ *1116 Grinnell St. (p. 183)*

O Hotel dos **Gatos**

★★ Island City House Hotel $$$ *411 William St. (p. 184)*

O Mais **Elegante**

★★★ Marquesa Hotel $$$ *600 Fleming St. (p. 186)*

O Mais **Moderno**

★★★ Key West Marriott Beachside Hotel $$$$ *3841 N. Roosevelt Blvd. (p. 185)*

O Melhor Hotel para **Fugir da Agitação de Duval Street**

★★★ Parrot Key Resort $$$-$$$$ *2801 N. Roosevelt Blvd. (p. 187)*

O Melhor **Spa**

★★★ Pier House Resort and Caribbean Spa $$$$ *1 Duval St. (p. 187)*

As Melhores **Praias Particulares**

★★★ The Reach Resort $$$ *1435 Simonton St. (p. 188)*

★★★ The Moorings $$$$ *123 Beach Rd., MM 81,5 na costa atlântica, Islamorada (p. 186)*

A Melhor **Ilha Particular**

★★★ Sunset Key Guest Cottages $$$$ *Sunset Key Island (p. 189)*

O Melhor **Bufê de Café da Manhã**

★★★ Ambrosia Key West $$ *662 Fleming St. (p. 180)*

A Melhor **Joia Escondida**

★★★ Weatherstation Inn $$ *57 Front St. (p. 189)*

O Mais **Luxuoso**

★★★ Little Palm Island Resort & Spa $$$$ *US 1 com MM 28,5, Little Torch Key (p. 186)*

O Mais **Descolado**

★★ Casa Morada $$-$$$ *136 Madeira Rd. (p. 181)*

O Melhor Hotel **Submerso**

★★★ Jules Undersea Lodge $$-$$$ *Shoreland Dr. (p. 146)*

O Mais **Confortável**

★★★ Cheeca Lodge & Spa $$$$ *U.S. 1 com MM 82 (P.O. Box 527), Islamorada (p. 182)*

O The Gardens Hotel.

Hotéis da Key West

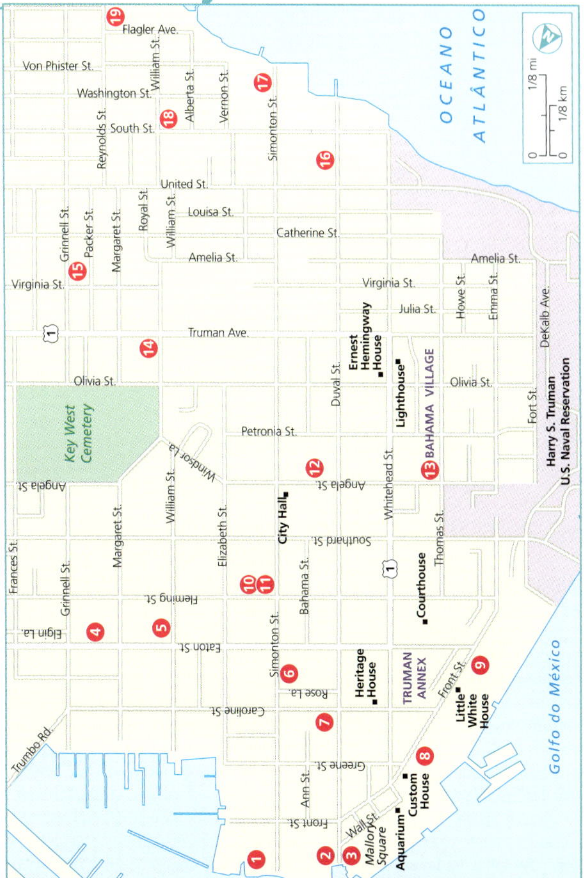

- Hyatt Key West Resort & Marina **1**
- Pier House Resort & Caribbean Spa **2**
- Ocean Key Resort & Spa **3**
- Westwinds Inn **4**
- Island City House Hotel **5**
- Simonton Court **6**
- Curry Mansion Inn **7**
- Westin Key West Resort & Marina **8**
- Weatherstation Inn **9**
- Ambrosia Key West **10**
- Marquesa Hotel **11**
- The Gardens Hotel **12**
- Angelina Guesthouse **13**
- La Pensione **14**
- The Grand **15**
- Southernmost Point Guest House **16**
- The Reach Resort **17**
- Key West International Hostel & Seashell Motel **18**
- Casa Marina Resort & Beach Club **19**

Hotéis das Keys **de A a Z**

Sunset Key Guest Cottages 1
Parrot Key Resort 2
Key West Marriott Beachside Hotel 3
Doubletree Grand Key Resort 4
Little Palm Island Resort & Spa 5
Parmer's Resort 6
Tranquility Bay Beach House Resort 7
Banana Bay Resort & Marina 8

★★★ **Ambrosia Key West** KEY WEST Esta propriedade particular, localizada em um terreno de 1 hectare com jardins tropicais, a apenas uma quadra de Duval Street oferece vários tipos de acomodações, além de 3 piscinas. Aqui você encontrará suítes, casas urbanas e um chalé espalhados pela propriedade. As casas possuem uma sala de estar com sofá cama, cozinha e uma escada em espiral que leva à aconchegante suíte principal com teto abobadado e varanda. Todas as acomodações, muitas das quais foram reformadas recentemente, possuem entradas privativas e portas francesas que dão acesso a áreas externas com varandas, jardins com esculturas, fontes e piscinas. O bufê de café da manhã é de dar água na boca. *622 Fleming St.* ☎ *800/535-9838 ou 305/296-9838. www.ambrosiakeywest.com. 20 unidades. Preço da diária das suítes entre $179 e $609 (inclui café da manhã). Animais de estimação são permitidos. AE, DISC, MC, V.*

★★ **Angelina Guesthouse** KEY WEST No passado, um antigo bordel e cassino, hoje o Angelina é um pequeno hotel, estilo pousada, que oferece os melhores preços de Key West. Os quartos são mobiliados com simplicidade – dois deles oferecem uma cozinha completa; outro, um micro-ondas e uma pequena geladeira e todos, exceto três deles, têm banheiro privativo. Uma grande atração do Angelina é a piscina aquecida, parecida com uma lagoa. Lá, você poderá relaxar deitado em uma rede cercado por uma paisagem tropical. *302 Angela St (com Thomas St).* ☎ *305/294-4480 ou 888/303-4480 (para ligações realizadas nos Estados Unidos). www.angelinaguesthouse.com. 13 unidades. Diária do quarto duplo entre $69 e $169 (inclui café da manhã continental). DISC, MC, V.*

★★ **Banana Bay Resort & Marina** MARATHON Este labirinto de dois andares à beira mar, ocultos por figueiras-de-bengala e palmeiras, oferece quartos de tamanho

Hawks Cay Resort **9**
Conch Key Cottages **10**
The Moorings **11**
Cheeca Lodge & Spa **12**
Casa Morada **13**
Ragged Edge Resort **14**
Kona Kai Resort & Gallery **15**

razoável, muitos dos quais com varandas privativas. O resort possui uma área recreativa com espaço para arremesso de ferradura, canchas de bocha, churrasqueiras e um tabuleiro de xadrez gigante feito de grama. O elegante restaurante oferece café da manhã, almoço e jantar, tanto no salão interno quanto à beira da piscina. O Banana Bay também aluga bicicletas, barcos, jet skis, caiaques, pequenos botes para passeios diurnos e equipamento de pesca. Outra surpreendente atração é a Pretty Joe Rock, a ilha particular do hotel onde você pode hospedar-se durante um fim de semana prolongado ou por uma semana. *U.S. 1, MM 49, 5. ☎ 305/743-3500 ou 866/689-4217 (para ligações realizadas nos Estados Unidos). www.bananabay.com. 61 unidades. Diária do quarto duplo entre $105 e $245 (inclui café da manhã continental). AE, DC, DISC, MC, V.*

★ crianças **Casa Marina Resort & Beach Club** KEY WEST Este elegante resort da rede Waldorf Astoria, com localização privilegiada no sul de Key West, oferece aos hóspedes o conforto de uma praia particular com 300 m de extensão e quartos modernos, alguns dos quais com uma deslumbrante vista da orla. Mas isso não é tudo, o hotel possui duas piscinas externas, um spa completo, e um restaurante ao ar livre. Caso a noite esteja agradável, assista aos filmes apresentados na área da piscina. A pipoca e os salgadinhos são cortesia da casa – um programa ideal para famílias com crianças. *1500 Reynolds St. ☎ 305/296-3535 ou 866/397-6342 (para ligações realizadas nos Estados Unidos). www.casamarinaresort.com. 311 unidades. Diária do quarto duplo entre $149 e $499. AE, DC, MC, V.*

★★ **Casa Morada** ISLAMORADA Localizado em uma rua pacata de Islamorada, este hotel, com 16 suítes, emana tranquilidade e estilo. O Casa Morada está situado em um terreno de cerca de um hectare à beira da baía, e dentre as várias atrações que oferece estão uma gruta construída em calcário e bebidas à beira da

Reserve a suíte com Jacuzzi ao ar livre no Casa Morada.

piscina. Todos os quartos possuem um jardim particular ou uma varanda – reserve a suíte com Jacuzzi ao ar livre e vista para a baía. O hotel é decorado em estilo praiano, sem deixar de ser elegante. *136 Madeira Rd. ☎ 305/664-0044 ou 888/881-3030 (para ligações realizadas nos Estados Unidos). www.casamorada.com. 16 unidades. Diária do quarto duplo entre $249 e $659 (inclui café da manhã continental). Animais de estimação bem comportados são bem vindos. AE, DISC, MC, V.*

★★★ crianças **Cheeca Lodge & Spa** ISLAMORADA Localizado em um deslumbrante terreno de 11 hectares à beira-mar, este resort possui um dos únicos campos de golfe de Upper Keys. Os quartos, com ambiente descontraído e decorados com detalhes tropicais, oferecem ***amenities*** de um resort de nível internacional: banheiros de mármore, lençóis finos, TVs de plasma e Internet sem fio. As atividades recreativas incluem tours ecológicos, cruzeiros ao pôr do sol, excursões de mergulho com ***snorkel***, além do campo de golfe com 9 buracos. Caso deseje passar o dia no Cheeca, pague uma taxa de $39 – que pode parecer um pouco salgada, mas lhe dará direito a usufruir de quadras de tênis (por tempo ilimitado), bicicletas, varas de pescar, caiaques oceânicos, além do campo de golfe. *U.S. 1, MM 82, em Islamorada. ☎ 305/664-4651. www.cheeca.com. 199 unidades. Diária do quarto duplo de luxo entre $269 e $369. AE, DC, DISC, MC, V.*

★ **Conch Key Cottages** MARATHON O Conch Key, localizado em uma pequena ilha particular cujo acesso é feito pela U.S. 1, oferece tranquilidade e isolamento, que são perturbados apenas por uma ou duas lanchonetes. Os apartamentos, pequenos chalés construídos ao longo de 40 anos, dão vista para uma pequena praia particular. *Siga pela saída localizada na U.S. 1, MM 62, 3 até a ilha particular. ☎ 305/289-1377 ou 800/330-1577 (para ligações realizadas nos Estados Unidos). www.conchkeycottages.com. 12 unidades. Diária entre $85 e $349. AE, DISC, MC, V.*

★★ **Curry Mansion Inn** KEY WEST Este charmoso e pequeno hotel já foi a residência do primeiro milionário de Key West – um pobre imigrante vindo das Bahamas que enriqueceu graças à pirataria. Apesar de o Curry Mansion estar incluído na lista do Registro Nacional de Locais Históricos, aqui você não se sentirá em um museu, mas em uma casa com ambiente maravilhosamente acolhedor. Os quartos são espaçosos, decorados com móveis de vime, paredes em tom pastel e camas de dossel. *511 Caroline St. ☎ 305/294-5349 ou 800/253-3466 (para ligações realizadas nos Estados Unidos). www.currymansion.com. 28 unidades. Diária do quarto duplo entre $195 e $300 (inclui bufê de café da manhã). AE, DC, MC, V. O hotel só aceita crianças acima dos 11 anos.*

★ **Doubletree Grand Key Resort** KEY WEST O Doubletree foi recentemente reformado com materiais que não

Hotéis Verdes

O The Gardens (abaixo) foi um dos primeiros hotéis em Key West a participar do programa ***"Florida Green Lodging Program"***, ("Programa de Hotéis Verdes da Flórida"). Dentre as medidas adotadas pelo hotel destacam-se a instalação de lâmpadas de baixo consumo de energia em toda a propriedade, o uso de produtos de limpeza que não agridem o meio ambiente, a não utilização de plástico e isopor, a instrução da equipe e dos hóspedes quanto à importância da reciclagem e a manutenção da temperatura dos quartos em 26°C quando estes não estão sendo usados. Caso queira mais informações sobre o programa e hotéis participantes acesse www.floridagreenlodging.org.

agridem o meio ambiente, e seu interior foi planejado para conservar energia, reduzir a quantidade de lixo não reciclável e preservar os recursos naturais da região. Os quartos são limpos e confortáveis, e alguns dão vista para a piscina. O hotel ainda oferece serviço de transporte para Duval Street, localizada a uma distância considerável do hotel. *3990 S. Roosevelt Blvd. ☎ 305-293-1818. www.doubletreekeywest.com. 216 unidades. Diária do quarto duplo entre $198 e $279. AE, DISC, MC, V.*

No Curry Mansion Inn, você se sentirá em casa, em vez de um hotel.

★★★ **The Gardens Hotel** KEY WEST Uma residência particular no passado um hotel no presente. O The Gardens (cuja sede faz parte da lista do Registro Nacional de Locais Históricos) é um hotel escondido em um exótico jardim botânico. Este refúgio em estilo tropical oferece luxuosos quartos divididos em três instalações. No centro do pátio, há uma piscina com um ***Tiki bar***, onde você pode aproveitar ótimos drinques. Aproveite para relaxar na Jacuzzi escondida pelas folhagens. Os quartos tem piso de madeira de lei, camas em estilo colonial com colchões ***Tempur-Pedic***[1*] e banheiros de mármore. Passeie pelas alamedas que entrecortam os jardins, ao longo das quais há várias áreas tranquilas onde você poderá sentar e relaxar. *526 Angela St. ☎ 305/294-2661 ou 800/526-2664 (para ligações realizadas nos Estados Unidos). www.gardenshotel.com. 17 unidades. Diária do quarto duplo entre $175 e $415 (inclui café da manhã continental). AE, DC, MC, V.*

★★ **The Grand** KEY WEST Jim Brown e Jeffrey Daubman, proprietários do The Grand, oferecem os melhores serviços para satisfazer seus hóspedes. Todos os quartos possuem banheiro, ar condicionado e entrada privativa. O melhor de todos é o quarto nº 2, pois é o

---

*1 *N.C.: Empresa que fabrica colchões, travesseiros e artigos de uso geral com Tempur, material desenvolvido pela NASA e cientistas suecos.*

que oferece mais privacidade e uma varanda, apesar de ser pequeno e de não ter um closet. As suítes também são uma boa opção – além de baratas, têm dois aposentos e uma pequena cozinha. *1116 Grinnell St. (entre Virginia St. e Catherine St.). ☎ 305/294-0590 ou 888/974-2630 (para ligações realizadas nos Estados Unidos). www.thegrandguesthouse.com. 10 unidades. Diária do quarto duplo entre $98 e $208 (inclui um café da manhã continental e estacionamento). DISC, MC, V.*

★★★ crianças **Hawks Cay Resort** DUCK KEY Situado em uma ilha particular de 60 hectares em Middle Keys, o Hawks Cay oferece várias atrações, entre as quais, pesca, vela, mergulho com ***snorkel***, esqui aquático, além da oportunidade de interagir com golfinhos na lagoa natural de água salgada do resort (não deixe de fazer sua reserva com antecedência caso queira participar dessa atividade). Os quartos, decorados em estilo praiano, são amplos, com banheiro espaçoso, varanda com vista para o mar ou para o jardim tropical. O Hawks também oferece atividades especiais para as crianças com temas marinhos e ecológicos. *61 Hawks Cay Blvd., MM 61, em Duck Key. ☎ 305/743-7000 ou 888/395-5539 (ligações realizadas nos Estados Unidos). www.hawkscay.com. 402 unidades. Diária do quarto duplo entre $279 e $539. AE, DC, DISC, MC, V.*

★ **Hyatt Key West Resort & Marina** KEY WEST O Hyatt, com localização privilegiada na costa da baía, oferece uma piscina à beira-mar, uma pequena praia particular, quartos com piso de porcelanato branco, TVs de tela plana e banheiros fantásticos. Nos novos gazebos que circundam a piscina, o spa do Hyatt oferece sessões de massagem de 45 minutos. À noite, saboreie um delicioso jantar no restaurante com vista para o mar – infelizmente, o café da manhã não é tão bom assim. *601 Front St. ☎ 305/809-1234. www.keywest.hyatt.com. 118 unidades. Diária do quarto duplo entre $335 e $550. AE, DISC, DC, MC, V.*

★★ **Island City House Hotel** KEY WEST. Este hotel é formado por três edifícios separados que compartilham a área da piscina e um jardim tropical entrecortado por alamedas. O primeiro deles é um edifício histórico, construído em madeira, com três andares, cada um deles com uma varanda comum. O Island City tem um ambiente aconchegante, com piso de madeira e decorado com antiguidades. Aqui você poderá saborear seu café da manhã continental ao ar livre nos jardins que circundam a piscina ou no pátio externo. ***Atenção:*** Este não é um lugar para os que não são fãs de gatos, pois há uma porção deles no hotel. *411 William St. ☎ 305/294-5702 ou 800/634-8320 (para ligações realizadas nos Estados Unidos. www.islandcityhouse.com. 24 unidades. Diária do quarto duplo entre $150 e $420 (inclui café da manhã). AE, DC, DISC, MC, V.*

A piscina do Key West Marriott Beachside Hotel permite acesso a uma praia particular.

A ilha particular do Little Palm Island Resort & Spa.

Key West International Hostel & Seashell Motel KEY WEST O Key West International Hostel, localizado a três minutos de caminhada da praia e de Old Town, é um albergue bem administrado, onde você terá a oportunidade de conhecer gente nova; vários mochileiros europeus se hospedam aqui. Os dormitórios apesar de escuros e empoeirados são razoáveis, especialmente se você não planeja gastar muito, e estão divididos em três categorias: masculinos, femininos e mistos. Os quartos privativos, alguns dos quais com uma pequena cozinha que, apesar de mais caros, são um bom negócio. O local oferece mesa de bilhar, aluguel de bicicletas, refeições a preços módicos – que incluem café da manhã, almoço e jantar, internet sem fio em toda a área do albergue e do hotel e descontos em mergulho com *snorkel*, mergulho autônomo e cruzeiros ao pôr do sol. *718 South St. ☎ 305/296-5719. www.keywesthostel.com. 92 dormitórios e 10 apartamentos. Diária: $34 por cama; entre $55 e $105 por apartamento. MC, V.*

★★★ Key West Marriott Beachside Hotel KEY WEST Este resort, oferece suítes com um, dois ou três cômodos. Todos os apartamentos e suítes possuem varanda ampla, cozinha, Jacuzzi de mármore e os quartos do terceiro andar ainda contam com um solário privativo. Na área da piscina à beira mar você poderá usufruir do conforto de gazebos e de uma pequena praia particular e degustar drinques no Blue Bar. *3841 N. Roosevelt Blvd. ☎ 305/296-8100 ou 800/546-0885 (para ligações realizadas nos Estados Unidos). www.beachsidekeywest.com. 222 unidades. Diária do quarto duplo entre $299 e $539. AE, DC, MC, V.*

★★★ Kona Kai Resort & Gallery KEY LARGO Este é um elegante hotel, na costa de Florida Bay, somente para adultos. Localizado em uma região privilegiada que proporciona uma maravilhosa vista do pôr do sol, com o Parque Nacional de Everglades ao fundo, o Kona Kai oferece modernos quartos e suítes, decorados com estilo, espalhados pelo terreno de dois hectares que ainda conserva a flora nativa, com árvores frutíferas a seu dispor. Não deixe de visitar o orquidário com mais de 350 flores. O resort ainda oferece uma das maiores praias particulares da ilha. *97802 Overseas Hwy. (U.S. 1, MM 97,8). ☎ 305/852-7200 ou 800/365-7829. www.konakairesort.com. 11 unidades. Diária do quarto duplo ou suíte com uma cama entre $211 e $561. AE, DISC, MC, V (fechado em setembro).*

★★ **La Pensione** KEY WEST Este charmoso hotel estilo pousada, um clássico *bed-and-breakfast* americano, está localizado em uma magnífica e residência de 1891. Todos os quartos são confortáveis e possuem ar-condicionado, ventiladores de teto e camas *king size.* Muitos deles têm portas francesas que se abrem para amplas varandas. Apesar de os quartos não terem TV, a agitação de Duval Street, a poucos passos do La Pensione, com certeza o manterão ocupado. *809 Truman Ave. (entre Windsor St. e Margaret St.). ☎ 305/292-9923 ou 800/893-1193 (para ligações realizadas nos Estados Unidos). www.lapensione.com. 9 unidades. Diária do quarto duplo entre $118 e $328 (inclui café da manhã). AE, DC, DISC, MC, V (não aceita crianças).*

★★★ **Little Palm Island Resort & Spa** LITTLE TORCH KEY Este exclusivo resort localizado em uma ilha particular de dois hectares já hospedou presidentes, membros da realeza e mesmo o controverso Howard Stern. O Little Palm Island Resort & Spa é mais do que um local para se hospedar durante sua estada em Lower Keys, mas, sim, um destino turístico por si só. O acesso a esse paraíso só pode ser feito por barco ou hidroavião. O hotel oferece aos hóspedes suítes de dois andares com telhado de palha, cercadas por plantas, flores tropicais e cervos, muitas das quais com vista para o mar e terraços com redes. As suítes, muito românticas, possuem todo o conforto de um elegante chalé de veraneio, à exceção de telefone, TV ou despertador. *Os barcos que dão acesso à ilha estão localizados na U.S. 1, MM 28,5. ☎ 305/872-2524 ou 800/343-8567 (para ligações realizadas nos Estados Unidos). www.littlepalmisland.com. 30 unidades. Diária do quarto duplo entre $640 e $1.695 (inclui transporte ida e volta da ilha e esportes aquáticos não-motorizados). AE, DC, DISC, MC, V (não aceita crianças e adolescentes com menos de 16 anos).*

★★★ **Marquesa Hotel** KEY WEST O requintado Marquesa é formado por quatro construções, duas piscinas, uma queda d'água que deságua em uma fonte. Duas das construções do hotel são casas em estilo vitoriano restauradas, cujos quartos são decorados com antiguidades e móveis contemporâneos. Os quartos das duas novas construções são ainda mais luxuosos – muitos possuem camas de dossel de ferro forjado decoradas com colchas com motivos florais. *600 Fleming St. (com Simonton St.). ☎ 305/292-1919 ou 800/869-4631 (para ligações realizadas nos Estados Unidos). www.marquesa.com. 27 unidades. Diária do quarto duplo entre $220 e $395. AE, DC, MC, V (não aceita crianças com menos de 12 anos).*

★★★ **The Moorings** ISLAMORADA Neste resort, situado em uma antiga plantação de coqueiros com sete hectares, você pode se dar ao luxo de não ver uma viva alma. Nem

Todos os quartos do Pier House Resort and Caribbean Spa possuem varanda ou terraço.

Os quartos do The Reach Resort foram reformados recentemente.

mesmo as camareiras virão incomodá-lo, a não ser que as chame. Todas as acomodações, desde os aconchegantes chalés até as casas com três quartos, são espaçosas, possuem uma cozinha completa e são decoradas em estilo rústico, mas moderno, com predomínio do branco. A maioria tem máquinas de lavar e secar roupa e aparelho de som e de DVD estão presentes em todas (peça ao fazer sua reserva). Entretanto, o que o Moorings tem de melhor é a praia particular de 300 m (uma das únicas verdadeiras praias da região). *123 Beach Rd, próximo ao MM 81,5, na costa do oceano Atlântico.* ☎ *305/664-4708. www.mooringsvillage.com. 18 unidades. Diária dos chalés menores: entre $250 e $325. Tempo mínimo de permanência: 2 noites. AE, MC, V.*

★ **Ocean Key Resort & Spa** KEY WEST Localizado na extremidade de Mallory Square, aqui você poderá vislumbrar o mais belo pôr do sol das Keys. O resort, com 100 quartos, oferece uma piscina aquecida no lado da costa do Golfo do México e o animado *Sunset Pier*, onde os hóspedes podem passear saboreando coquetéis ao som de música ao vivo. Os quartos de luxo são imensos, com sala de estar e de jantar, enormes Jacuzzis e vista para o Golfo e o porto ou para Mallory Square e Duval Street. *0 Duval St. (próximo a Mallory Docks).* ☎ *305/296-7701 ou 800/328-9815 (para ligações realizadas nos Estados Unidos). www.oceankey.com. 100 unidades. Diária do quarto duplo: entre $239 e $679. AE, DC, MC, V.*

★★★ **Parmer's Resort** LITTLE TORCH KEY Este resort oferece chalés simples, mas confortáveis, a preços acessíveis. Cada um deles tem características únicas: alguns são à beira mar, outros tem pequenas cozinhas, e outros ainda possuem apenas um quarto. O Wahoo (nº 26), projetado para oferecer todo o conforto necessário em um quarto, é particularmente agradável, com uma pequena área, onde você pode sentar e apreciar o mar. Todas as acomodações foram reformadas recentemente e primam pela limpeza. *565 Barry Ave. próximo a MM 28,5.* ☎ *305/872-2157. www.parmersresort.com. 45 unidades. Diária do quarto duplo: entre $99 e $194 (inclui café da manhã continental). AE, DISC, MC, V.*

★★ **Parrot Key Resort** KEY WEST As acomodações do Parrot Key, em estilo Conch Keys, são o suprassumo do luxo. Este resort na realidade oferece verdadeiras casas de dois andares com cozinha gourmet, vista para a baía e varandas nos pisos inferior e superior. Todas são equipadas com TVs de plasma de 42 polegadas, TV a cabo com acesso aos melhores canais e aparelhos de som e de DVD. *2801 N. Roosevelt Blvd.* ☎ *305/809 -2200. www.parrotkeyresort.com. 74 unidades. Diária do quarto duplo: entre $189 e $489. AE, DC, DISC, MC, V.*

★★★ **Pier House Resort and Caribbean Spa** KEY WEST Distante da agitação de Duval Street, localizado em uma pequena faixa de praia particular, o Pier House é um oásis em meio ao burburinho de Key West. O hotel oferece diferente tipos de acomodações, desde um simples quarto executivo a românticas suítes com banheira de hidromassagem e equipamento de som. Apesar de todos os apartamentos terem uma varanda ou terraço, nem todos dão vista para o mar. *1 Duval St. (próximo a Mallory Docks). ☎ 305/296-4600 ou 800/327-8340. www.pierhouse.com. 142 unidades. Diária do quarto duplo: entre $229 e $529. AE, DC, MC, V.*

★★ **Ragged Edge Resort** ISLAMORADA Este pequeno hotel à beira mar, oferece 11 chalés em estilo taitiano, espalhados pela propriedade em meio a um maravilhoso jardim tropical. Todos são confortáveis, imaculadamente limpos e decorados com bom gosto e a maioria deles possui uma cozinha completa. No Ragged, você não encontrará um restaurante, bar ou equipe a seu serviço, mas há bicicletas à sua disposição e o simpático proprietário lhe dará dicas sobre o que a região tem de melhor. *243 Treasure Harbor Rd. ☎ 305/852-5389 ou 800/436-2023 (para ligações realizadas nos Estados Unidos). www.ragged-edge.com. 11 unidades. Diária do quarto duplo: entre $69 e $99. AE, MC, V.*

★★★ **The Reach Resort** KEY WEST Recentemente reformado, ao custo de $37 milhões, este resort estilo hotel boutique, com balaustradas ornamentadas, telhados de zinco e um jardim com alamedas em estilo espanhol, cobertas pela copa das árvores, lembram a Key West antiga. Os amplos quartos foram redecorados em estilo moderno com mobília personalizada. A área da piscina e a faixa de praia particular do hotel com 135 m são perfeitas para a prática de vários esportes aquáticos. *1435 Simonton St. ☎ 305/296-5000 ou 888/397-6427. www.reachresort.com. 150 unidades. Diária do quarto duplo: entre $149 e $499. AE, DC, DISC, MC, V.*

★ **Simonton Court** KEY WEST Localizado em uma antiga fábrica de charutos, hoje o Simonton Court oferece chalés e suítes que foram reformados e decorados, em meio a piscinas cristalinas e jardins exuberantes. Aqui, você encontrará diversas opções de acomodação: quartos *bed-and-breakfast*, chalés, apartamentos privativos com dois andares, quartos espaçosos localizados em uma bela casa em estilo vitoriano e quartos menores localizados na antiga sede da fábrica de charutos. Alguns dos chalés possuem uma piscina privativa. *320 Simonton St. ☎ 305/294-6386 ou 800/944-2687 (para ligações realizadas nos Estados Unidos). www.simontoncourt.com. 30 unidades. Diária do quarto duplo: entre $145 e $515 (inclui café da manhã continental). AE, DISC, MC, V.*

★★ crianças **Southernmost Point Guest House** KEY WEST Um dos poucos hotéis pousada onde os animais de estimação e as crianças são bem-vindos, o romântico Southernmost Point é um verdadeiro achado. Em todos os apartamentos, você encontrará flores frescas, vinho e um decanter cheio de xerez. Mona Santiago, a simpática e descontraída proprietária deixa à disposição dos hóspedes cadeiras e toalhas de praia, a qual está a apenas uma quadra do hotel.

Os quartos do Sunset Key Guest Cottages são amplos e acolhedores.

Dormindo ao Luar

O parque Bahia Honda State Park (☎ 305/872-2353 ou 800/326-3521 (para ligações realizadas nos Estados Unidos), www.abfla.com/parks/bahiahonda/bahiahonda.html) oferece o melhor camping das Keys. Com mais de 200 hectares, o Bahia Honda oferece três áreas de acampamento, com capacidade total para 80 barracas, além de três cabanas espaçosas com dois quartos para até oito pessoas – com roupa de cama, uma pequena cozinha, varanda, cadeiras de balanço e churrasqueiras. A área de camping (para uma a quatro pessoas) custa $26 e as cabanas, entre $75 e $120.

O Oceanside KOA Sugarloaf Key Resort ★★, próximo ao MM 20, oferece 200 lotes para camping, equipados com água, eletricidade e esgoto, ao valor de $94 por noite (os lotes que não contam com essas comodidades custam cerca de $84 por noite). Você ainda tem a opção de montar sua barraca à beira mar no terreno de 5 acres. Aqui, você poderá também alugar um trailer para viajar: o *Dutchman*, que comporta até seis pessoas, custa $120 por dia. 251, County Road 939, Sugarloaf Key. (☎ 305/745-3549 ou 800/562-7731). Para mais informações, acesse www.koa.com ou escreva para P.O. Box 420469, Summerland Key, FL 33042.

Você ainda poderá relaxar na banheira de águas quentes para catorze pessoas enquanto degusta uma deliciosa taça de vinho – tudo por conta da casa. As crianças vão adorar brincar nos balanços do quintal e com os coelhinhos do hotel. O Southernmost também oferece internet sem fio. *1327 Duval St. ☎ 305/294-0715. www.southernmostpoint.com. 6 unidades. Diária do quarto duplo: entre $75 e $200 (inclui café da manhã). AE, MC, V.*

★★★ Sunset Key Guest Cottages KEY WEST Este resort da rede Westin, localizado na isolada Sunset Key, uma ilha particular a apenas 10 minutos de barco ou lancha de Key West, oferece uma bela faixa de areia branca, piscina e hidromassagem, duas quadras de tênis, e o Latitudes Beach Cafe. Os chalés – com um, dois ou três dormitórios – possuem cozinhas completas e entretenimento *high-tech*; TV de tela plana, TV a cabo, aparelho de som, DVD player e conexão para iPod. *Sunset Key Island. ☎ 305/292-5300. www.sunsetkeyisland.com. 215 unidades (incluindo os chalés). Diária: entre $595 e $2.255 (até cinco pessoas). Animais de estimação com até 18 kg são bem-vindos. AE, DC, DISC, MC, V.*

★★ Tranquility Bay Beach House Resort MARATHON Aqui, você se sentirá em sua própria casa de veraneio. O Tranquility Bay oferece maravilhosas casas, literalmente à beira mar, com dois ou três dormitórios, decoradas com primor e que oferecem tudo o que os amantes de praia e de tecnologia precisam, incluindo máquinas de lavar e secadoras. Não deixe de admirar a maravilhosa vista, sentado na varanda de sua "casa", em confortáveis espreguiçadeiras. *2600 Overseas Hwy. ☎ 305/289-0888 ou ☎ 888/755-7486 (para ligações realizadas nos Estados Unidos). www.tranquilitybay.com. 87 unidades. Diária: entre $279 e $539. AE, DC, MC, V.*

★★★ Weatherstation Inn KEY WEST Esta antiga estação meteorológica construída em 1912 foi restaurada e transformada em uma pousada em estilo renascentista a apenas duas quadras de Duval Street – apesar de ter-se a impressão de que ela se encontra a quilômetros de distância. Localizada na antiga estação da marinha de Key West, hoje o Weatherstation é uma propriedade particular. Todos os quartos são espaçosos, decorados de modo especial a fim de

Acomodações Alternativas

A Vacation Key West (☎ 305/295-9500 ou 800/595-5397, www.vacationkw.com) é uma representante de hotéis que oferece descontos entre 20% e 30% no preço da estadia além de conseguir promoções especiais. A Vacation Key West é especializada em grandes e pequenos hotéis, mas também pode conseguir vaga em um hotel pousada. A Vacation Key West está aberta de segunda a sexta, das 9 h às 18 h e aos sábados, das 11 h às 14 h. A **Key West Innkeepers Association** (☎ 305/293-3600 ou 800/492-1911) também pode ajudá--lo a encontrar hospedagem entre seus membros e associados, independente do preço.

Os turistas homossexuais talvez prefiram entrar em contato com a **Key West Business Guild** (☎ 305/294-4603), representante de mais de 50 pousadas e **bed-and-breakfasts**, além de vários outros estabelecimentos dirigidos por gays. Esteja ciente de que a maioria das hospedagens voltadas para o público gay tem normas quanto à vestimenta dos hóspedes. **Big Ruby's** é uma das mais famosas e elegantes, (409 Applerouth Lane. ☎ 305/296-2323 ou 800/477-7829, www.bigrubys.com), localizada em uma pequena travessa de Duval Street. O preço mínimo de um quarto duplo é $125. Pequenos apartamentos circundam um pátio com jardins tropicais, onde o café da manhã é servido diariamente e vinho, ao fim do dia. Os hóspedes, todos do sexo masculino, passeiam pela área da piscina onde se bronzeiam nus.

Reservado apenas para mulheres, o Pearl's Rainbow, (525 United St. ☎ 305/292-1450 ou 800/749-6696, www.pearlsrainbow.com) é uma grande pousada, relativamente bem conservada, que oferece muita privacidade e mimos como duas piscinas e duas banheiras. As diárias variam entre $89 e $369.

combinar com o interior do edifício que possui piso de madeira de lei, pé direito alto e grandes janelas corrediças. *57 Front St. ☎ 305/294-7277 ou 800/815-2707 (para ligações realizadas nos Estados Unidos). www.weatherstationinn.com. 8 unidades. Diária do quarto duplo: entre $180 e $ 335 (inclui café da manhã continental). AE, DISC, MC, V.*

★★ Westin Key West Resort & Marina KEY WEST Com localização privilegiada no coração de Old Town, o Westin Key West Resort & Marina está próximo a Mallory Square e a poucas quadras de Duval Street. O resort possui quartos amplos e bem decorados, que oferecem todas as comodidades modernas e as famosas camas *Westin Heavenly*, que o farão sentir-se nas nuvens. A maioria dos quartos tem vista para o mar e varanda. O restaurante Bistro 245 oferece um café da manhã delicioso e um opulento *brunch* aos domingos. *245 Front St. (no final de Duval St.). ☎ 800/221-2424 ou 305/294 -4000. www.westin.com/keywest. 215 unidades. Diária do quarto duplo: entre $229 e $550. Animais de estimação com até 18 kg são bem-vindos. AE, DC, DISC, MC, V.*

★ Westwind Inn KEY WEST Neste tranquilo e pequeno hotel localizado próximo ao histórico distrito de Seaport, em Old Town, a apenas quatro quadras de Duval Street, você quase se sentirá em casa. Os cinco edifícios, em estilo vitoriano, com paredes de madeira e teto de zinco, construídos em meio a um exuberante jardim tropical, transformam o Westwind Inn em um local exclusivo e isolado, onde, por vezes, você se sentirá o único hóspede. Aqui, você encontrará duas piscinas, uma delas aquecida durante o inverno, cercadas por jardins tropicais, fontes e pelos edifícios de paredes caiadas do hotel. *914 Eaton St. ☎ 305/296-4440 ou 800/788-4150 (para ligações realizadas nos Estados Unidos). www.westwindskeywest.com. 22 unidades. Diária do quarto duplo: entre $90 e $ 220 (inclui café da manhã continental). DISC, MC, V. Não aceita crianças menores de 12 anos.*

Nossas Dicas para Aproveitar a Noite de Key West

A Melhor Conversa sobre Política
★ Captain Tony's Saloon, *428 Greene St. (p. 193)*

O Melhor para se Perder na Pista de Dança
Durty Harry's, *208 Duval St. (p. 194)*

A Melhor Música ao Vivo
★★★ Green Parrot, *601 Whitehead St. (p. 194)*

O Melhor para os Motoqueiros
★★★ Hog's Breath Saloon, *400 Front St. (p. 193)*

O Melhor do Esporte
★★ Island Dogs Bar, *505 Front St. (p. 193)*

O Melhor Karaokê
★★ Irish Kevin's, *211 Duval St. (p. 193)*

O Captain Tony's Saloon.

Curta a música ao vivo do Green Parrot.

O Melhor Barzinho
★ The Lazy Gecko, *203 Duval St. (p. 194)*

O Melhor para os Marujos
★★★ Schooner Wharf, *202 William St. (p. 193)*

O Melhor no Spring Break
★ Sloppy Joe's, *201 Duval St. (p. 193)*

Os Melhores Shows de Drag Queens
801 Bourbon Bar/One Saloon, *801 Duval St. com 514 Petronia St. (p. 193)*

O Melhor em Sofisticação
La Terraza de Martí, *1125 Duval St. (p. 193)*

A Melhor Boate Gay
Aqua, *711 Duval St. (p. 193)*

O Melhor Cabaré
The Crystal Room, *1125 Duval St. (p. 194)*

A Vida Noturna em Key West de A a Z

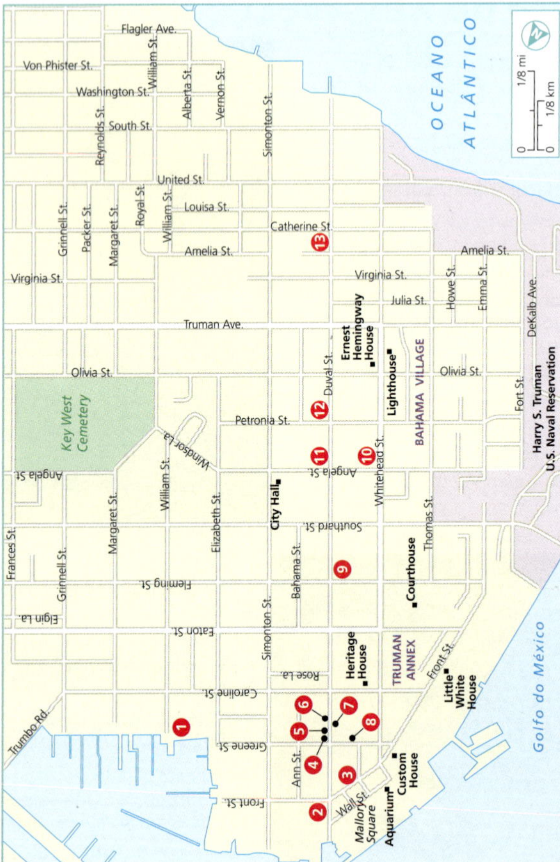

Schooner Wharf 1
Island Dogs Bar 2
Hog's Breath Saloon 3
Sloppy Joe's 4
The Lazy Gecko 5
Irish Kevin's 6
Durty Harry's 7
Captain Tony's Saloon 8
Jimmy Buffett's Margaritaville 9
Green Parrot 10
Aqua 11
801 Bourbon Bar/ One Saloon 12
La Terraza de Martí 13

Bares

★ **Captain Tony's Saloon.** Pertinho da Duval St., o Captain's Tony Saloon continua sendo o mesmo bar enfumaçado onde, dizem, Hemingway bebia, farreava e até mesmo escrevia. *428 Greene St. com Whitehead St. ☎ 305/294-1838. www.capttonyssaloon.com. Aberto de seg. – sáb., de 10 h – 4 h e aos dom., de 12 h – 2 h.*

★★★ **Hog's Breath Saloon.** O mais famoso ponto de encontro de motociclistas oferece um cardápio com diversas opções de frutos do mar, peixes, sanduíches, cervejas e coquetéis, além de boa música ao vivo. *400 Front St. ☎ 800/826-6969. www.hogsbreath.com. Aberto de seg. – sáb., de 10 h – 4 h e aos dom., de 12 h – 2 h.*

★★ **Island Dogs Bar.** Este bar praiano é um lugar para você relaxar enquanto ouve uma boa música ao vivo e assiste a um jogo. A comida, ao contrário da maioria dos bares da área, é boa. As mesinhas ao ar livre são o local ideal para você observar a galera que sai cambaleando dos bares de Duval St. *505 Front St. ☎ 305/509-7136. www.islanddogsbar.com. Aberto diariamente, de 11 h – 2 h.*

★★ **Irish Kevin's.** Não deixe de ir a este bar caso queira cantar com o próprio Irish Kevin, que toca músicas irreverentes enquanto desafia o público a participar de competições de bebida. *211 Duval St. ☎ 305/292-1262. www.irishkevins.com. Aberto de seg. – sáb., de 10 h – 4 h e aos dom., de 12 h – 3 h.*

★★★ **Schooner Wharf.** Vale a pena caminhar até o Schooner Wharf, um pouco afastado do roteiro padrão e localizado no *Key West Seaport*, o porto de Key West, caso goste de bares ao ar livre com chão de terra batida, que oferece três happy hours diários, música ao vivo e a companhia dos pitorescos moradores de Key West. *202 William St. ☎ 305/292-3302. www.schoonerwharf.com. Aberto diariamente, de 9 h – 4 h.*

★ **Sloppy Joe's.** Acadêmicos e beberrões discutem se este bar é o mesmo das histórias de Hemingway. O Sloppy Joe's oferece diariamente música ao vivo, além de um salão de charutos e um martini bar. *201 Duval St. ☎ 305/294-5717. www.sloppyjoes.com. Aberto de seg. – sáb., de 10 h – 22 h e aos dom., de 12 h – 22 h.*

Cenário GLS

Aqua Aqui, você encontrará desde shows de variedades com famosas drag queens até concursos de gays sarados vestindo trajes sumários. *711 Duval St. ☎ 305/294 -0555. www.aquakeywest.com. Entrada permitida somente para maiores de 21 anos. É necessário mostrar identidade.*

801 Bourbon Bar/One Saloon. Este bar e cabaré, cuja clientela é em sua maioria masculina, oferece shows com drag queens e boa música. *801 Duval St. com 514 Petronia Street. ☎ 305/294-4737. www.801bourbon.com. Aberto de seg. – sáb., de 10 h – 4 h e aos dom., de 12 h – 4 h.*

La Terraza de Martí. No La-Te-Da (apelido carinhoso), você poderá saborear o melhor

O Hog's Breath Saloon é o point dos motoqueiros.

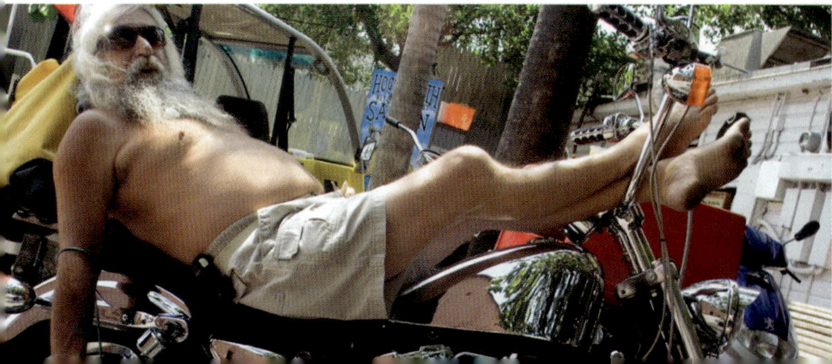

O Sloppy Joe's oferece música ao vivo, um salão de charutos e um martini bar.

martini da cidade (não ligue para a comida) antes de assistir a um dos fantásticos shows de cabaré apresentados no *Crystal Room (☎ 305/296-6706). 1125 Duval St. ☎ 305/296-6706.*

Música ao Vivo

Durty Harry's Aqui, você não encontrará um bar, mas um complexo de entretenimento, no qual bandas de rock tocam ao vivo quase todas as noites. No Durty Harry's (agora chamado Rick's), você poderá passear por qualquer um dos vários bares ao ar livre ou subir até o piso superior e dançar até as quatro da manhã no Rick's Upstairs, a boate mais famosa da cidade. Você pode ainda dar uma passada no Red Garter, um *strip club*, onde casais são bem-vindos. *208 Duval St. ☎ 305/296-4890. Aberto de seg. – sáb., de 10 h – 4 h e aos dom., de 12 h às 2 h.*

Drag Queens se apresentam no 801 Bourbon.

★★★ **Green Parrot.** Inaugurado em 1890, o Green Parrot pouco mudou desde então. Mesmo assim, é um dos mais famosos bares de Key West, onde você encontrará boa música ao vivo e uma clientela bem animada. *601 Whitehead St. (com Southard St.). ☎ 305/294-6133. www.greenparrot.com. Aberto de seg. – sáb., de 10 h – 4 h e aos dom., de 12 h – 4 h.*

★ **The Lazy Gecko.** Apesar de pequeno, este é o lugar ideal para saborear uma das diversas variedades de *frozen daiquiri* (drinque feito a base de rum e frutas) ao embalo de excelente música ao vivo. *203 Duval St. ☎ 305/292-1903. www.thelazygecko.com. Aberto de seg. – sáb., de 10 h – 4 h e aos dom., de 12 h – 3 h.*

Dica

O **Key West Pub Crawl** (☎ 305/744-9804, www.keywestwalkingtours.com) oferece tours de duas horas e meia de duração pelos bares mais famosos da região às terças e sextas, às 20 h por $30, com direito a 5 drinques.

Fique **Esperto!**

Antes de Ir

Escritórios Governamentais de Turismo

Miami: Greater Miami Conventions and Visitors Bureau. 701 Brickell Ave., Miami, FL 33131. ☎ **305/539-3000 ou 800/933-8448;** www.miamiandbeaches.com. Greater Miami and The Beaches Hotel Association. 407 Lincoln Rd., Miami Beach, FL 33139. ☎ **305 -531-3553.**

Como Miami é uma cidade de grandes proporções, as regiões mais populares possuem sua própria câmara de comércio:

- **Miami Beach Chamber of Commerce:** 420 Lincoln Rd, Miami Beach, FL 33139. ☎ **305/672-1270;** www.miamibeachchamber.com.
- **Coral Gables Chamber of Commerce:** 2333 Ponce de Leon Blvd., Sala 650, Coral Gables, FL 33134. ☎ **305/446-1657;** www.gableschamber.org.
- **Coconut Grove Chamber of Commerce:** 2820 McFarlane Rd., Coconut Grove, FL 33133. ☎ **305/444-7270;** www.coconutgrovechamber.com.
- **Fort Lauderdale:** Greater Fort Lauderdale Convention & Visitors Bureau. 1850 Eller Dr., Sala 303, Fort Lauderdale, FL 33316. ☎ **954/765-4466;** www.sunny.org.
- **Palm Beach:** Palm Beach County Convention and Visitors Bureau. 1555 Palm Beach Lakes Blvd., Sala 204, West Palm Beach, FL 33401. ☎ **561/471-3995;** www.palmbeachfl.com.
- **Keys:** Acesse www.florida-keys.fl.us/chamber.htm. Aqui, você obterá informações sobre cada uma das câmaras de comércio da região.

Página anterior: A Key Lime Pie Factory.

- **Everglades:** Tropical Evergla des Visitor Center. 160 U.S. 1, Florida City, FL 33034. ☎ **305/245-9180;** www.tropicaleverglades.com.
- **A Câmara de Comércio Brasil – Flórida (BACCF)** localiza-se em Miami ☎ **305/579-9030 ou 954/965-1184;** www.brazilchamber.org

Quando Viajar

Ao contrário da crença popular, a Flórida não é um local onde o sol brilha 365 dias por ano. Em Miami Beach, no litoral do Oceano Atlântico pode estar caindo um temporal, enquanto no lado de Biscayne Bay, o sol pode estar fritando sua pele. Tirando a chuva, a maior preocupação dos turistas deve ser a alta incidência de furacões, imprevisíveis e incontroláveis. A temporada oficial de furacões vai de junho a novembro e, apesar de ser impossível prever o padrão dos furacões, os meteorologistas do National Hurricane Center de Coral Gables conseguem alertar a população a tempo suficiente para que sejam tomadas as precauções necessárias. Um dos locais mais seguros para se abrigar durante um furacão são os hotéis, pois estes possuem estrutura suficientemente sólida para suportar fortes ventos e geradores em caso de falta de energia elétrica. Na opinião de muitas pessoas, a pior estação para visitar o sul da Flórida é durante o verão (de junho a agosto), quando o calor é abrasador, a umidade relativa do ar faz com que respirar se torne quase impossível e pancadas de chuva ocorrem diariamente às 16 h. A melhor época é durante o inverno (de dezembro a fevereiro), o clima é espetacular, nem muito quente, nem muito frio, embora a temperatura possa cair até cerca de 15 °C durante uma frente fria.

A alta temporada, no sul da Flórida significa mais turistas, ***snowbirds*** e modelos – além de celebridades que chamam a região de sua residência de inverno.

Durante os meses de verão, o sul da Flórida não oferece eventos especiais e atividades culturais aos visitantes, logo, o ritmo da cidade fica mais lento. Entretanto, se você conseguir suportar as altas temperaturas, não enfrentará as longas filas para entrar nos restaurantes e apreciar outras atrações, o que é comum durante a alta temporada.

Festivais e Eventos Especiais

JANEIRO. Nos primeiros dias do ano, os fãs de futebol americano se reúnem em Miami para assistir ao **FedEx Orange Bowl Championship,** um combate entre dois dos times de futebol americano universitário que mais se destacaram no ano anterior. Para adquirir ingressos, ligue ☎ **305/341-4700** ou acesse www.orangebowl.org. Mas não perca tempo, pois os ingressos se esgotam rapidamente. Na segunda semana de janeiro, você poderá participar do **Key West Literary Seminar.** (☎ **888/293-9291;** www.keywestliteraryseminar.com), um encontro literário que dura três dias e a cada ano, apresenta um tema diferente. Por sempre contar com a presença de vários autores de renome e outras personalidades ligadas à literatura, este evento é muito disputado, portanto reserve seu ingresso com bastante antecedência.

FEVEREIRO. O **Everglades City Seafood Festival** (☎ **239/695-4100;** www.evergladesfoodfestival.com) é uma verdadeira festa gastronômica que acontece no primeiro fim de semana do mês. Durante o festival, você poderá degustar desde caranguejos até caudas de jacaré. A entrada é gratuita, mas você terá de pagar pelo que consumir em cada uma das barraquinhas. O **Miami International Film Festival,** (☎ **877/888-6433;** www.miamifilmfestival.com) apresenta **avant-premières** de produções latino-americanas, americanas, independentes e estrangeiras durante o final de fevereiro e início de março. A famosa feira náutica **Miami International Boat Show** (☎ **954/441-3231;** www.miamiboatshow.com) realizada em meados de fevereiro, atrai milhares de amantes do mar ao Miami Beach Convention Center. O último fim de semana do mês é palco do **South Beach Wine & Food Festival** (☎ **877/762-3933;** www.sobewineandfoodfest.com), que oferece além de pratos preparados pelos melhores chefs da famosa rede Food Networks, degustações, palestras, seminários e festas.

MARÇO. A comunidade de gays e lésbicas se reúne no início de março para a **Winter Party** (☎ **305/538-5908;** www.winterparty.com), uma série de festas e eventos em benefício da Dade Human Rights Foundation. O **Calle Ocho Festival** (☎ **305/644-8888;** www.carnavalmiami.com), uma festividade da comunidade cubana, entre outras atrações, um desfile com 23 blocos.

ABRIL. O **PGA Seniors Golf Championship** (☎ **561/624-8400**), normalmente realizado em meados de abril, é o mais antigo e famoso torneio de golfe de veteranos.

JULHO. O **Lower Keys Underwater Music Fest** (☎ **800/872-3722**), realizado no início de julho, é um divertido evento aquático, durante o qual vários barcos se dirigem aos recifes de coral submersos do Looe Key Marine Sanctuary, colocam alto-falantes no fundo do mar que tocam todos os tipos de música, criando um mergulho dançante, espetacular.

OUTUBRO: A tradicional **Columbus Day Regatta**, realizada na segunda semana do mês, é um convite à diversão. Vista-se com poucos trajes para participar desta festa no banco de areia de Biscayne Bay. Você precisará pegar um barco para curtir a festa, portanto alugue um em Key Biscayne, o local mais próximo ao banco de areia. A agitação continua durante o último fim de semana do mês durante o **Fantasy Fest** (☎ **305/296-1871;** www.fantasyfest.net) quando as ruas são tomadas por foliões fantasiados, que não conhecem o significado da palavra vergonha (esta não é uma atividade recomendada para menores de 18 anos).

TABELA DE TEMPERATURAS E ÍNDICE PLUVIOMÉTRICO DE MIAMI (VALORES APROXIMADOS)

	JAN	FEV	MAR	ABR	MAI	JUN
Max (°F)	76	77	80	83	86	88
Min (°F)	60	61	64	68	72	75
Max (°C)	24	25	27	28	30	31
Min (°C)	16	16	17	20	22	24
Chuvas (mm)	51	53	61	76	150	223
	JUL	AGO	SET	OUT	NOV	DEZ
Max (°F)	89	90	88	85	80	77
Min (°F)	76	76	76	72	66	61
Max (°C)	32	32	32	30	27	25
Min (°C)	24	24	24	22	19	16
Chuvas (mm)	152	198	215	178	79	46

NOVEMBRO. Amantes de literatura e alguns dos mais famosos e produtivos autores do mundo se reúnem em Miami em meados de novembro para participar da maior feira de livros dos Estados Unidos, a **Miami Book Fair International** (☎ **305/237-3258**). Todas as palestras são gratuitas, portanto chegue cedo para garantir seu lugar. A **White Party Week** (www.whiteparty.org), um evento em prol das pesquisas sobre a AIDS, também acontece em novembro. A maior parte das atividades são realizadas na Villa Vizcaya.

DEZEMBRO. A grande feira suíça de arte **Art Basel** (www.artbaselmiamibeach.com) instala-se em Miami durante a primeira e segunda semanas de dezembro. Durante o festival **Seminole Hard Rock Winterfest Boat Parade** (☎ **954/767-0686;** www.winterfestparade.com), barcos ornamentados com muitas luzes e enfeites natalinos passeiam pela costa. Caso você não esteja em uma das embarcações, assista à festa de um restaurante à beira mar ou tente achar um lugar na praia entre a multidão. O Seminole Boat Parade é realizado em meados de dezembro.

Sites Úteis

- **www.gomiami.about.com:** Aqui, você encontrará vários sites sobre Miami com links importantes.
- **www.miami.citysearch.com**: Este site oferece uma lista e críticas dos eventos artísticos, entretenimento, restaurantes, lojas e outras atrações de Miami.
- **www.key-west.com:** Um guia completo de Key West que inclui um calendário dos eventos da região e uma lista com as principais atrações, excursões e tours ecológicos, peças de teatro, galerias de arte, restaurantes, hospedagem, pesca e compras.
- **www.gaykeywestfl.com.com:** Um guia que indica locais e atrações voltadas para o público gay.
- **www.miamiherald.com:** Este site oferece notícias locais e informações atualizadas sobre eventos e opções de entretenimento publicados no jornal *Miami Herald.* O *Herald* também possui um fantástico site, o www.miami.com, que cobre todos os eventos, a vida noturna, restaurantes e entretenimento da região.
- **www.timeout.com/miami:** Aqui, você encontrará críticas e dicas sobre atrações, entretenimento, restaurantes, hotéis e compras. O site oferece dicas especiais para famílias com crianças e para gays e lésbicas.
- **www.miaminewtimes.com**: Este é o melhor semanário alternativo de

Miami e inclui dicas sobre música, teatro, cinema e muito mais.

- **www.miami.itamaraty.gov.br/pt-br:** O site oficial do consulado brasileiro em Miami, com informações sobre vistos, passaporte, documentos e contato com o consulado.
- **www.portuguese.brazil.usembassy.gov:** Site do Consulado americano no Brasil, onde você encontra informações e contatos necessários antes de viajar.

Aluguel de Carros

Caso você planeje ficar apenas em South Beach, sugerimos que não alugue um carro e mesmo que queira sair da cidade para um pequeno passeio, alugue um por apenas um dia. É muito melhor pegar um táxi ou caminhar, pois estacionar em Miami é difícil, dispendioso e encher o tanque não é nada barato. Entretanto, se mesmo assim preferir alugar um carro, acesse os sites das empresas de aluguel que oferecem boas ofertas ou das principais agências de viagens online, que também oferecerem esse serviço.

Como Chegar

De Avião

O **Miami International Airport (Aeroporto Internacional de Miami – MIA)** é o segundo aeroporto mais movimentado dos Estados Unidos em tráfego aéreo internacional de passageiros e o décimo do mundo em tráfego de passageiros. Apesar do grande movimento, o aeroporto é bem sinalizado e não é nem um labirinto, nem um lugar tão confuso quanto você possa imaginar. O **Miami International Airport Main Visitor Counter,** Concourse E, no segundo piso (☎ **305/876-7000**), oferece informações aos turistas durante 24 horas por dia, as quais também estão disponíveis em **www.miami-airport.com.** Como o MIA é o mais movimentado do sul da Flórida, talvez seja melhor desembarcar no **Fort Lauderdale Hollywood International Airport** (Aeroporto Internacional de Fort Lauderdale Hollywood – **FLL;** ☎ **954/359-1200**), mais próximo de North Miami do que o MIA, ou no **Palm Beach International Airport** (Aeroporto Internacional de Palm Beach – **PBI;** ☎ **561/471-7420**), a cerca de 30 minutos de Miami.

Várias companhias aéreas oferecem voos sem escala (com cerca de 1 hora) de Miami ao **Key West International Airport,** localizado em South Roosevelt Boulevard (☎ **305/296-5439**), no extremo sul da ilha. As passagens de ida e volta custam entre $120 e $300.

No Brasil, as companhias aéreas mais importantes que operam voos internacionais para Miami são a TAM (☎ **4002-5700** para capitais; 0800 570 5700 para demais localidades; http://www.tam.com.br) e a American Airlines (www.aa.com.br). Você também pode organizar um pacote de viagens pelo site da agência CVC: http://www.cvc.com.br.

De Carro

Apesar de quatro importantes rodovias dos Estados Unidos – **Interstate 95** (I-95), **Palmetto Expressway** (S.R. 826), **Dolphin Expressway** (S.R. 836) e a U.S. 1, terem como destino Miami, além de passarem pela cidade, você provavelmente chegará a Miami e a outras partes do sul da Flórida pela I-95. Esta estrada interestadual, que liga o norte ao sul do país, é extremamente importante para a região, pois liga diferentes áreas de Miami, o aeroporto, as praias e todo o sul da Flórida ao restante do país. A sinalização das estradas de Miami é confusa e, às vezes, inexistente, principalmente quando você mais precisa. Pense duas vezes antes de sair da estrada principal caso não tenha certeza de qual saída pegar – algumas delas podem levá-lo a lugares bem desagradáveis. A **Interstate 10** (I-10) que começa em Los Angeles e termina em Jacksonville, no norte da Flórida, e a **Interstate 75** (I-75), que começa em North

Michigan, no Colorado e segue pelo centro do estado até a costa oeste da Flórida são rotas alternativas.

As leis de trânsito da Flórida permitem que, caso não haja carros passando pela transversal, o motorista pode virar à direita mesmo que o sinal de trânsito esteja fechado – salvo haja alguma placa indicando o contrário. Todos os passageiros devem usar cintos de segurança e crianças com menos de três anos devem ser colocadas em assentos apropriados, aprovados pelo governo. Caso planeje viajar de carro por um período considerável, associe-se a **American Automobile Association** (☎ **800/596-227,** www.aaa.com), que possui centenas de escritórios por todo o país. Os associados podem contar com excelentes mapas, serviço de socorro durante sua viagem e itinerários detalhados, planejados para passeios específicos.

De Trem

Caso não queira viajar de avião ou de carro até o sul da Flórida pegue um dos dois trens da **Amtrak** (☎ **800/872-7245,** www.amtrak.com), que partem diariamente de Nova York. A viagem até Miami dura entre 26 h 30 min e 28 h.

Circulando por Miami

Transporte Público

Oficialmente, o Condado de Miami-Dade optou por criar uma "rede de transporte diversificada e interligada" o que significa que você pode passear pela cidade de metrô, ônibus e táxi. Infelizmente, na prática, o plano não deu certo. Graças à implantação do ***People's Transportation Plan***, que custou $17 bilhões e oferece uma ampla gama de serviços de transporte nos centros comunitários do Condado, o sistema melhorou um pouco. Entretanto, a não ser que você esteja indo do Downtown a alguma área próxima, sugerimos que pegue um táxi ou alugue um carro.

À exceção do centro de Coconut Grove e South Beach, Miami não é uma cidade para se andar a pé, pois por ter grandes proporções, a maior parte das atrações estão distantes umas das outras. Na realidade, os moradores da região estão tão acostumados a usar o carro que o fazem mesmo que tenham de ir a poucas quadras de distância.

Metrô

Há duas linhas de metrô interligadas, administradas pela **Metro-Dade Transit Agency** (☎ **305/770-3131;** www.co.miami-dade.fl.us/transit). O **Metrorail,** o moderno metrô de Miami, tem apenas uma linha elevada de 34 km que liga o Downtown e os subúrbios do sul. Os moradores deram o apelido **Metrofail** a esse sistema semi-inútil de metrô. Caso esteja hospedado em Coral Gables ou Coconut Grove, você pode estacionar seu carro em uma estação de metrô próxima e ir ao Downtown, mas isso é tudo que o Metrorail tem a oferecer. Há planos para a ampliação da linha até o Miami International Airport, mas, nesse meio tempo, o metrô não o levará aos principais pontos turísticos, exceto ao Vizcaya Museum and Gardens (pág. 68) em Coconut Grove. O Metrorail funciona diariamente das 6 h às 24 h e a passagem custa $2. O **Metromover,** uma linha elevada de 7 km, circunda o Downtown e se conecta ao Metrorail na estação Government Center. Esta composição, com apenas um vagão e pneus, circula pelas mais importantes atrações do Downtown, incluindo a área onde estão localizados o centro financeiro de Miami e as melhores lojas da região. O passeio pode não ser muito longo, mas proporciona uma excelente vista. O Metromover funciona diariamente das 6 h às 24 h – passagem gratuita.

Ônibus

Resumindo, o trajeto de ônibus por Miami é cansativo, além de as áreas nos arredores da cidade não serem fáceis de serem transitadas. Há linhas de ônibus operando pela cidade e mapas à disposição dos usuários, mas em vez de conhecer a cidade, você descobrirá o quanto é custoso esperar em um ponto de ônibus. O Greater Miami Convention and Visitors Bureau (ver "Escritórios Governamentais de Turismo" no início do capítulo) pode enviar-lhe um mapa das linhas de ônibus pelo correio, assim como o **Metro-Dade Transit System** (faça seu pedido por escrito: 3300 NW 32nd Ave., Miami, FL 33142). Caso esteja em Miami, você ainda pode telefonar para ☎ **305/770-3131** e pedir informações sobre transporte público. A passagem de ônibus custa $1,50, e é cobrada uma taxa extra de $0,50 caso você pegue outro ônibus. Mas nem tudo está perdido; o **South Beach Local Bus** (☎ **305/770-3131;** www.miamibeach411.com/trans_electrowave.html) oferece um agradável passeio pelas principais atrações de South Beach. Os horários dos ônibus são de segunda a sábado das 7 h 45 min à 1 h e aos domingos e feriados, das 10 h à 1 h e custa somente $0,25 por pessoa.

Carro

Há histórias sobre turistas que conheceram Miami sem usar um carro, mas estes são muito poucos. Não há como explorar a cidade, mesmo que superficialmente, sem um carro. Os restaurantes, hotéis e atrações de Miami são distantes entre si, portanto é praticamente impossível usar outro tipo de transporte. Entretanto, você não terá necessidade de um carro caso planeje ficar somente em um resort, ir para o Porto de Miami para um cruzeiro ou conhecer apenas uma região específica, como South Beach, onde você pode andar sem problemas e os preços de estacionamento são abusivos.

Se tiver de cruzar uma ponte ou passar pelo Downtown, lembre-se de que demorará um pouco mais para chegar ao seu destino, pois há pontes levadiças no caminho. Em algumas delas, o tráfego é interrompido temporariamente a cada 30 minutos para permitir a passagem de grandes embarcações pelos canais e baías que cruzam a cidade.

Informações Úteis

AEROPORTOS Ver "De Avião", no início deste capítulo.

AMERICAN EXPRESS Você encontrará agências do American Express no Downtown, no endereço 100 North Biscayne Boulevard, (☎ **305/358-7350**, de seg.-sex., das 9 h às 17 h); em Bal Harbour, 9700 Collins Ave., (☎ **305/865-5959**, de seg.-sáb., das 10 h às 18 h) e em Coral Gables, 32 Miracle Mile, (**305/446-3381**, de seg.-sex., das 9 h às 17 h e aos sábados, das 10 h às 16 h). Para informações sobre perda ou furto de **traveler's checks**, entre em contato com ☎ **800/221-7282.**

CÓDIGO DE ÁREA O primeiro código de área de Miami e de todo o Condado é 305, usado nas linhas de telefone mais antigas; entretanto, a partir de julho de 1998, o novo código de área passou a ser 786. Ao fazer chamadas locais, mesmo que seja para um restaurante do outro lado da rua, você deve discar o código de área (seja ele 305 ou 786). Apesar do código de área nas Keys ser 305, as chamadas feitas de Miami são consideradas chamadas de longa distância e o número chamado deve ser precedido do código 1-305. (as chamadas feitas entre as Keys não precisam ser precedidas do código de área). O código de área de Fort Lauderdale é 954 e o de Palm Beach, Boca Raton, Vero Beach e Port St. Lucie, 561.

BRASIL: Para ligar do Brasil para Miami, disque **00-número da operadora-código da cidade-número do telefone**. Para ligar dos Estados Unidos para o Brasil, ligue 011-55-DDD-número da operadora-número do telefone. A Embratel oferece o BrasilDireto, um serviço de ligação a cobrar do exterior. Os números de atendimento do Brasil direto nos Estados Unidos são:

1800 344 10 55

1800 283 10 55

1800 809 22 92

1800 745 55 21

1888 883 47 83

HORÁRIO COMERCIAL O horário de funcionamento dos bancos varia, mas a grande maioria está aberta de segunda a sexta, das 9 h às 15 h. Muitos ficam abertos até as 17 h, aproximadamente, pelo menos um dia na semana. A maior parte dos bancos oferece caixa automático 24 horas. As lojas estão abertas geralmente todos os dias, das 10 h às 18 h, mas há várias exceções. De forma geral, Miami é uma cidade de negócios de 9 h às 17 h.

CONSULADOS E EMBAIXADAS Todas as embaixadas se localizam em Washington, D.C. Você pode entrar em contato com qualquer uma delas usando o serviço de auxílio à lista telefônica em Washington pelo ☎ **202/555-1212,** ou acessando www.embassy.org/embassies. Endereço da embaixada da **Austrália:** 1601 Massachusetts Ave. NW, Washington DC 20036 (☎ **202/797-3000;** www.usa.embassy.gov.au). Endereço da embaixada do **Canadá:** 501 Pennsylvania Ave. NW, Washington DC 20001 (☎ **202/682-1740;** www.canadianembassy.org). Endereço da embaixada da **Irlanda:** 2234 Massachusetts Ave. NW, Washington DC 20008 (☎ **202/462-3939;** www.embassyofireland.org). Endereço da embaixada da **Nova Zelândia:** 37 Observatory Circle NW, Washington DC 20008 (☎ **202/328-4800;** www.nzembassy.com). Endereço da embaixada do **Reino Unido:** 3100 Massachusetts Ave. NW, Washington DC 20008 (☎ **202/462-1340;** ukinusa.fco.gov.uk/en). Endereço da embaixada **do Brasil:** 3006 Massachusetts Avenue, NW, Washington DC (☎ **202/238-2805**, www.brasilemb.org). Endereço do **Consulado do Brasil em Miami**: 80 SW 8th Street – 26th Floor (☎ **305/285-6200;** miami.itamaraty.gov.br/pt-br).

TOQUE DE RECOLHER Apesar de não ser estritamente aplicado, há um toque de recolher para menores após as 23 h nos dias de semana e as 00 h nos fins de semana em todo o Condado de Miami-Dade. Após esse horário, menores de 17 anos não podem sair ou dirigir sem estarem na companhia de um dos pais ou a caminho do trabalho.

ALFÂNDEGA O que Você Pode Levar para os Estados Unidos Qualquer turista com mais de 21 anos pode entrar nos Estados Unidos, sem pagar taxas alfandegárias, com um litro de vinho ou outra bebida alcoólica, 200 cigarros, 100 charutos (à exceção dos cubanos) ou 1,5 kg de tabaco e $100 dólares em presentes. Esses itens estão liberados para aqueles que permanecerão em território americano por no mínimo 72 horas, mesmo que não declarados anteriormente. É proibido entrar nos Estados Unidos trazendo quaisquer tipos de produtos alimentícios (especialmente frutas, carnes e enlatados) e plantas ou hortaliças (legumes, sementes, plantas tropicais, e similares). Os turistas estrangeiros podem trazer ou levar até $10.000, ou o equivalente em moeda estrangeira sem declará-los, quantias superiores devem ser declaradas na alfândega durante sua entrada ou saída do país e é necessário preencher o formulário CM 4790. Para mais detalhes sobre as leis alfandegárias ou sobre o controle de fronteiras, consulte a embaixada ou consulado americano mais próximo ou **U.S. Customs** (Alfândega dos Estados Unidos), ☎ **202/927-1770;** www.cbp.gov).

O que Você Pode Trazer dos Estados Unidos

Todo viajante que ingressa no Brasil, ou dele sai, com recursos em espécie, em moeda nacional ou estrangeira, em montante superior a $10.000, é obrigado a apresentar a Declaração Eletrônica de Porte de Valores (e-DPV). No seu retorno ao Brasil, você pode trazer mercadorias, sem o pagamento de tributos, desde que estejam incluídas no conceito de bagagem, não pareçam importadas para fins comerciais ou industriais e respeitem simultaneamente os limites de valor e quantidade da alfândega ($500 para via aérea ou marítima; $300 para via terrestre, fluvial ou lacustre).

O limite de quantidade corresponde a:

Na via aérea ou marítima:

a) bebidas alcoólicas: 12 litros, no total.

b) cigarros: 10 maços, no total, contendo, cada um, 20 unidades.

c) charutos ou cigarrilhas: 25 unidades, no total.

d) tabaco: 250 gramas, no total.

e) bens não relacionados nos itens "a" a "d" (souvenires e pequenos presentes), de valor unitário inferior a $10: 20 unidades, no total, desde que não haja mais do que 10 unidades idênticas.

f) bens não relacionados nos itens "a" a "e": 20 unidades, no total, desde que não haja mais do que 3 unidades idênticas.

Caso você viaje por terra:

a) bebidas alcoólicas: 12 litros, no total.

b) cigarros: 10 maços, no total, contendo, cada um, 20 unidades.

c) charutos ou cigarrilhas: 25 unidades, no total.

d) tabaco: 250 gramas, no total.

e) bens não relacionados nos itens "a" a "d" (souvenires e pequenos presentes), de valor unitário inferior a $5: 20 unidades, no total, desde que não haja mais do que 10 unidades idênticas.

f) bens não relacionados nos itens"a" a "e": 10 unidades, no total, desde que não haja mais do que 3 unidades idênticas.

Acesse www.receita.fazenda.gov.br/Aduana/Viajantes/DicaViajantes.htm. ou ligue para o RECEITAFONE, nº 146 – o serviço telefônico da Receita Federal e da Procuradoria Geral da Fazenda Nacional – PGFN, disponibilizado por meio do 146, para ligações realizadas no Brasil, ou ☎ 5511/3003 0146 para chamadas originadas do exterior.

DENTISTAS **A&E Dental Associates.** 11400 N. Kendal Dr., Mega Bank Building, ☎ **305/271-7777.** Há dentistas de plantão 24 horas por dia.

MÉDICOS Em caso de emergência chame uma ambulância, discando ☎ **911** de qualquer telefone (ligação gratuita). A **Dade County Medical Association** administra um serviço de encaminhamento médico, o **Physician Referral Service** (☎ **305/324-8717**) que funciona de segunda a sexta, das 9 h às 17 h. O **Health South Doctors' Hospital,** 5000 University Dr. (☎ **305/666-2111**), indicado para casos urgentes, conta com uma equipe médica de plantão para emergências 24 horas.

EMERGÊNCIAS Para entrar em contato com a polícia, chamar uma ambulância ou os bombeiros, ligue gratuitamente para **911** de qualquer telefone. Outros serviços de linha direta em caso de emergência incluem o **Crisis Intervention** (☎ **305/358-4357**) e o **Poison Information Center** (☎ **800/222-1222**), em caso de suspeita de envenenamento.

ÓTICAS **O Pearle Vision Center**, 7901 Biscayne Blvd (☎ 305/754-5194), em geral recebe e atende clientes com receita em aproximadamente uma hora.

TURISTAS **HOMOSSEXUAIS** A **Miami-Dade Gay and Lesbian Chamber of Commerce** (www.gogaymiami.com) possui um excelente site com várias informações para gays e lésbicas. A **International Gay and Lesbian Travel Association** (IGLTA, ☎ 800/448-8550 ou 954/776-2626, www.iglta.org), é a associação de comércio que regulamenta o turismo homossexual. O site da IGLTA oferece uma lista de agências de turismo especializadas no público gay.

FERIADOS Os bancos, escritórios governamentais e correios não funcionam nos seguintes feriados nacionais: primeiro de janeiro (Ano Novo), terceira segunda-feira de janeiro (dia de Martin Luther King Jr.), terceira segunda-feira de fevereiro (dia dos Presidentes), última segunda-feira de maio (***Memorial Day***), 4 de julho (dia da Independência), primeira segunda-feira de setembro (***Labor Day*** – dia do trabalho para os americanos, diferente do Dia Mundial do Trabalho – 1° de maio), segunda segunda-feira de outubro (***Columbus Day*** – descoberta da América por Cristóvão Colombo), 11 de novembro (dia dos Veteranos de Guerra), quarta quinta-feira de novembro (dia de Ação de Graças), 25 de dezembro (Natal). A cada quatro anos, a terça-feira seguinte à primeira segunda-feira de novembro é dia de eleição presidencial, e, portanto, feriado nacional. A próxima eleição será em 2012. Lojas, museus e restaurantes normalmente ficam abertos durante os feriados, exceto no dia de Ação de Graças, Natal e Ano Novo.

SEGUROS O custo dos seguros de viagem varia amplamente, dependendo do destino, do custo e da duração da sua viagem, sua idade e saúde e o tipo de viagem que estiver fazendo, mas espere gastar entre 5 e 8% das férias com isso.

A maioria das grandes agências de viagens oferece seu próprio seguro e provavelmente irá tentar vender o seu pacote quando você fizer a sua reserva. Pense antes de assinar.

Existem muitas empresas que oferecem serviços de seguros para viagens, algumas delas são a GTA Seguros (http://www.seguroviagemgta.com.br), a Assist-Card (http://www.assist-card.com.br) e a VitalCard (http://www.touroperator.com.br/portal/vtc01).

Cancelamento de viagem: um seguro de cancelamento de viagem vai ajudá-lo a recuperar seu dinheiro caso desista de uma viagem ou tenha que partir mais cedo, ou caso a sua agência de viagens acabe falindo. Os cancelamentos de viagens tradicionalmente se aplicam a situações como doenças, desastres naturais e alertas do Departamento de Estado. A últimas novidade em termos de seguros é a possibilidade de cancelamento "***por qualquer razão***" – que custa mais, mas cobre todos os tipos de cancelamentos. Você não recuperará 100% do valor da viagem, mas receberá de volta uma quantia substancial.

Seguro médico: Embora não seja uma exigência para os viajantes, o seguro médico é altamente recomendado. A maioria das apólices de seguro cobre se você ficar doente fora de casa – mas verifique antes de partir.

ACESSO À INTERNET Você pode acessar a internet no Kafka's Cyber Café, em 1464 Washington Ave. (☎ **305/673-9669**), no South Beach Internet Café, no endereço 1106 Collins Ave. (☎ **305/532-4331**) ou no posto de gasolina da rede Mobil, 2500 NW 87th Ave. (☎ **305-4772501**).

SERVIÇOS DE LAVANDERIA A Clean Machine Laundry, no endereço 226 12th St. (☎ **305/534-9429**) é ideal para os que estão hospedados nos hotéis Art Déco de South Beach, além de estar aberta 24 horas por dia. A Coral Gables Laundry & Dry Cleaning, em 250 Minorca Ave. (☎ **305/446-6458**), lava, seca e passa sua roupa no mesmo dia e está aberta de segunda a sexta, das 7 h às 19 h e aos sábados, das 8 h às 15 h.

CONSUMO DE BEBIDAS ALCOÓLICAS Na Flórida, apenas maiores de 21 anos podem consumir e comprar bebidas alcoólicas. Os menores de 21 podem frequentar os bares caso estes também sirvam comida. A lei é cumprida à risca, portanto, se você tem aparência jovem, ande sempre com documento. A maioria dos supermercados e lojas de conveniência vende vinho e cerveja. As lojas de bebida do centro de Miami estão fechadas aos domingos, mas as de Miami Beach estão abertas diariamente.

ACHADOS E PERDIDOS Em caso de roubo ou perda de sua carteira, informe imediatamente sua empresa de cartão de crédito e preencha um boletim de ocorrência na delegacia mais próxima (☎ **311**) – sua empresa de cartão de crédito pode exigi-lo antes de cobrir quaisquer prejuízos. A maior parte das empresas de cartão de crédito possuem um número de telefone para o qual você pode ligar gratuitamente em caso de roubo ou perda de seu cartão, e farão uma transferência bancária para sua conta em dinheiro imediatamente ou enviarão um novo cartão de crédito em um ou dois dias. O número para emergências da Visa nos Estados Unidos é ☎ **800/847-2911** ou 410/581-9994. Aqueles que possuem um cartão de crédito ou ***traveler's checks*** da American Express devem ligar para ☎ **800/307-7309** ou 636/722-7111. Para informações sobre outras empresas, entre em contato com o serviço de auxílio à lista **800/555-1212**. Em caso de emergência ou durante o fim de semana, quando os bancos e os escritórios da American Express estiverem fechados, peça uma transferência bancária em uma agência da **Western Union** (☎ **800/325-6000, www.westernunion.com**).

Caso tenha perdido algum objeto no aeroporto, ligue para **Airport Lost and Found** (☎ **305/876-7377**); no ônibus, no Metrorail ou no Metromover, entre em contato com a **Metro-Dade Transit Agency** (☎ **305/770-3131**). Mas caso tenha perdido algo em qualquer outro lugar, ligue para **Dade County Police Lost and Found** (☎ **305/375-3366**). Nesses casos, talvez seja interessante fazer um boletim de ocorrência e enviá-lo para sua empresa de seguros.

SEGURANÇA DE BAGAGEM Além de poder despachar sua bagagem no Miami International Airport, muitos hotéis oferecem armários com fechaduras onde você pode guardar sua bagagem. Caso esteja saindo em um cruzeiro do Porto de Miami, suas malas podem ser guardadas no terminal de seu navio.

JORNAIS E REVISTAS O **Miami Herald** é o único jornal diário de Miami em língua inglesa, o qual é particularmente famoso por sua ampla cobertura das notícias da América Latina. O jornal também oferece às sextas-feiras um guia com as principais atrações do fim de semana. O *New Times*, o mais respeitado tabloide semanal, é distribuído gratuitamente e contém críticas e listas atualizadas de restaurantes, filmes, peças de teatro, música e qualquer outro tipo de evento que esteja ocorrendo na cidade. A revista de celebridades *Ocean Drive* também é distribuída gratuitamente, entretanto é difícil encontrá-la sendo distribuída.

Caso esteja procurando jornais e revistas internacionais, tente encontrá-los em uma das grandes livrarias ou no News Cafe, no endereço 800 Ocean Dr. (☎ **305/538-6397**), na banca de jornais ao lado do Van Dyke Cafe; 846 Lincoln Rd. (☎ **305/534-3600**), na Eddie's News; 1096 Normandy Dr. (☎ **305/866-2661**) ou na Worldwide News; 1629 NE 163rd St. (☎ **305/940-4090**).

ESTACIONAMENTO Sempre tenha consigo vários *quarters* (moedas de $0,25) para alimentar os famintos parquímetros, que estão caindo em desuso e sendo substituídos pelas *parking payment stations* (cabines onde você deposita o dinheiro em uma máquina, retira um recibo e o coloca no para-brisa). Caso esteja em Miami Beach, estacione na Câmara de Comércio, em 1920 Meridian Ave ou em qualquer loja Publix e adquira um cartão magnético de estacionamento no valor de $10, $20 ou $25. Encontrar uma vaga para estacionar seu carro não costuma ser difícil (exceto em South Beach e Coconut Grove), mas caso não encontre, não se arrisque – as multas por estacionamento proibido costumam ser bem salgadas. Além de estacionamentos, muitos estabelecimentos oferecem serviços de manobrista, que são muito usados apesar de caros, principalmente em South Beach e Coconut Grove – em especial à noite ou quando há algum evento especial (seja este de dia ou de noite). Os preços de estacionamento nessas regiões costumam variar entre $5 e $15.

PASSAPORTES Requerer um passaporte ou a renovação deste tornou-se mais fácil: você pode entrar no site da Polícia Federal, www.dpf.gov.br/servicos/passaporte/requerer-passaporte, e agendar local, dia e hora para tirar seu passaporte. Você pode agendar um horário no posto central da Polícia Federal ou em outros locais disponíveis.

DICA: Os viajantes devem sempre manter consigo uma cópia do passaporte. Em caso de perda ou roubo, isso facilita o processo de pedido de 2ª via no consulado local ou embaixada. Por motivo de segurança, guarde seu passaporte e outros objetos de valor no cofre de seu quarto ou na recepção do hotel.

FARMÁCIAS A rede **Walgreens** possui várias filiais em Miami, nos endereços: 8550 Coral Way (☎ 305/221-9271), 1845 Alton Rd. (☎ 305/531-8868) e 6700 Collins Ave. (☎ 305/861-6742). A filial no endereço 5731 Bird Rd. com SW 40th Street (☎ 305/666-0757) fica aberta 24 horas, assim como a farmácia **CVS**; 6460 S. Dixie Hwy. (☎ 305/661-0778).

FOTOS A **One Hour Photo,** em Bayside Marketplace (☎ **305/377-3686**), tem preços salgados (cobra cerca de $20 pela revelação de um filme com 36 poses), mas revela suas fotos em uma hora e está aberta de segunda a sábado, das 10 h às 22 h e aos domingos, das 12 h às 20 h. A rede Walgreens (ver "FARMÁCIAS", acima) e a farmácia Rite-Aid (☎ 305/888-5598) revelam suas fotos por $10, mas elas ficam prontas somente no dia seguinte.

CORREIOS A agência postal de Miami, está localizada a oeste do Aeroporto Internacional de Miami, no endereço 2200 Milam Dairy Rd. (☎ **800/275-8777**). Há outras agências localizadas em áreas mais próximas como a de South Beach, em 1300 Washington Ave. e a de Coconut Grove, em 3191 Grand Ave. Para informações sobre todas as agências de correio, entre em contato com ☎ **800/257-8777.**

Correspondência nacional, enviada pelo serviço ***First-class***, custa $0,44 por 30 gramas e a correspondência internacional custa $0,98 pelo mesmo peso. Para mais informações sobre serviços e tarifas, acesse www.usps.com e clique em **calculate postage.**

SEGURANÇA Não deixe de usar o bom senso e fique de olhos bem abertos ao que se passa ao redor. Não caminhe sozinho à noite, e seja bem cauteloso caso esteja caminhando ou dirigindo pelo Downtown e arredores. Em virtude da repercussão de vários crimes cometidos contra turistas há vários anos, tanto o governo municipal quanto o estadual criaram várias medidas para proteger os turistas, as quais incluem patrulhas policiais na região do aeroporto e redondezas e melhor sinalização nas rotas mais utilizadas pelos turistas.

IMPOSTOS Uma taxa de 6% de impostos estaduais (mais 1% de impostos locais, totalizando 7%) é acrescentada ao valor de todos os produtos comprados e todos os serviços contratados no Condado de Miami-Dade (que vai da região de Homestead até North Miami). Além disso, a maioria dos estabelecimentos municipais cobra taxas extras sobre os preços de hospedagem e alimentação. Em Surfside é cobrado 10,5% sobre o total gasto em hospedagem; em Bal

Harbour, 9,5%; em Miami Beach (incluindo South Beach), 11,5% e pasme, nas outras regiões do Condado de Dade, 12,5%. Em Miami Beach, Surfside e Bal Harbour o mesmo imposto cobrado por hospedagem é aplicado a restaurantes de hotéis e restaurantes que vendam bebidas alcoólicas.

TELEFONES Disque 411 para auxílio à lista telefônica. Os hotéis cobram taxas extras por ligações de longa distância e preços abusivos por ligação local, portanto use seu celular ou um telefone público. As ligações locais realizadas de telefones públicos em Miami em geral custam $0,50. Mas fique esperto: os telefones públicos não aceitam moedas de um *penny* ($0,01), ou moedas de valor superior a um *quarter*.

GORJETAS Nos hotéis, é praxe oferecer aos carregadores de malas $1 por mala e, às camareiras, $1 ou $2 por dia. Ofereça uma gorjeta ao porteiro ou ao recepcionista apenas no caso de eles terem executado um serviço especial, como chamar um táxi. Para o manobrista, ofereça $1 todas as vezes que ele estacionar seu carro.

Nos restaurantes, bares e boates, acrescente entre 15% e 20% à conta para os garçons, ofereça entre 10% e 15% para o barman, $1 para o pessoal da chapelaria por peça de roupa e $1 para o serviço de manobrista por carro.

Para outros serviços, os valores costumam ser: motoristas de táxi, 15% sobre o valor da corrida; carregadores de mala em aeroportos, $1 por mala e cabeleireiros e barbeiros entre 15% e 20% sobre a conta. Preste atenção se o serviço já não está incluso na conta – os restaurantes de South Beach em geral já incluem uma gratificação entre 15% e 20% ao valor da conta, mas não se preocupe, você pode ajustar esse valor ao seu bolso.

BANHEIROS Desista de usar banheiros públicos. É melhor procurar os do lobby de hotéis, de bares, de restaurantes fast-food, de museus e de lojas de departamento. Evite usar os banheiros de parques e praias, pois geralmente pecam pela falta de limpeza.

ARMADILHAS PARA VIAJANTES Caso esteja planejando assistir a alguma atração esportiva ou a um show, cuidado com os cambistas. Compre seu ingresso nos postos oficiais, pois vários ingressos vendidos por cambistas são falsos (além disso, procurar cambistas pode chamar a atenção dos policiais que patrulham os estádios antes dos eventos).

VIAJANTES PORTADORES DE DEFICIÊNCIA O **America the Beautiful Access Pass**, (conhecido antigamente como *Golden Access Passaport*), oferece àqueles com incapacidade física ou com deficiência permanente (independentemente da idade) um passe livre vitalício aos centros de recreação federais administrados pelo **National Park Service** (NPS), como o Parque Nacional de Everglades, o **Fish and Wildlife Service**, o **Forest Service**, o **Bureau of Land Management** e o **Bureau of Reclamation**. Este passe permite acesso a parques, monumentos, locais históricos e áreas de recreação nacionais e deve ser adquirido pessoalmente em um dos escritórios do National Park Service, mediante pagamento de uma taxa. É necessária a apresentação de comprovação da deficiência. Além de acesso gratuito às atrações, o passe oferece um desconto de 50% sobre alguns dos impostos federais cobrados em instalações que oferecem camping, piscinas, estacionamento, passeios de barco e excursões. Para mais informações, acesse www.nps.gov/fees_passes.htm. ou entre em contato pelo ☎ **888/467-2757.**

Dentre outras organizações que oferecem uma gama de recursos e assistência aos turistas com deficiência, destacam-se a **MossRehab** (☎ **800/2255-6677**, www.mossresourcenet.org); a **American Foundation for the Blind**, para deficientes visuais (AFB; ☎ **800/232-5463,** www.afb.org) e a **SATH** (Society for Accesible Travel & Hospitality; ☎ **212/447-7284;** www.sath.org). A www.airambulancecard.com, agora trabalha em parceria com a SATH e permite que, em caso de emergência, você escolha um hospital de primeira linha. A **Access-Able Travel Source** (☎ **303/232-2979;** www.access-able.com) oferece uma vasta lista de agências de viagem em todo o mundo especializadas em organizar viagens para deficientes e links para empresas que oferecem animais treinados para acompanhar deficientes, aluguel de equipamentos e guias com lugares que oferecem acesso preferencial.

Muitas agências de viagem oferecem itinerários personalizados para turistas com deficiência. Dentre elas destacam-se a **Flying Wheels Travel** (☎**507-451-5005;** www.flyingwheelstravel.com) e a **Accessible Journeys** (☎ **800/846-4537** ou 610/521-0339; www.disabilitytravel.com).

CLIMA A temporada de furacões em Miami dura de junho a novembro. Caso deseje um relatório atualizado das condições climáticas e a previsão do tempo ligue para ☎ **305/229-4522.**

Miami e Sul da Flórida: **Uma Breve História**

MIAMI A cidade de Miami surgiu pouco tempo depois de a Flórida ter se tornado o 27° estado dos Estados Unidos. Durante as guerras contra os índios Seminole, os Estados Unidos construíram o Fort Dallas, na margem norte de um rio que corria pelo sul da Flórida. Após os soldados terem partido do forte, William H. English fundou um pequeno vilarejo chamado Miami, nome derivado da palavra indígena ***Mayami***, que significa "grande água".

Em 1862, o ***Homestead Act***, lei aprovada no governo Lincoln, concedia 64 hectares de terra gratuitamente a todos que a cultivassem por cinco anos, no mínimo. Edmund Beasley foi atraído pela oferta e em 1868 mudou-se para a região conhecida hoje como Coconut Grove. Após dois anos, William Brickell comprou terras na margem sul de Miami River, e Ephraim Sturtevant tomou posse da região chamada Biscayne. Em 1875, sua filha Julia Tuttle veio visitá-lo e apaixonou-se pela região, para onde só retornou após 16 anos, quando então se dedicou a transformar a cidade. Nesse meio tempo, Henry Flagler, que havia acumulado uma fortuna de $50 milhões trabalhando com John Rockfeller na ***Standard Oil Company***, mudou-se para a Flórida no final do século XIX e construiu uma estrada de ferro que cortava a costa leste da Flórida e um hotel em cada uma das principais cidades. Henry Plant, outro tubarão da indústria ferroviária, construiu uma ferrovia na costa oeste, ligando Jacksonville a Tampa.

Quando o marido de Julia Tuttle faleceu, em 1886, ela decidiu mudar-se de Cleveland para a Flórida e pediu a Plant que ampliasse a estrada de ferro até Miami. Ele não concordou e assim Tuttle decidiu falar com Flagler, cuja ferrovia terminava a 106 km da atual região de Palm Beach. Flagler riu do pedido de Tuttle, dizendo que ele não via o que Miami tinha a oferecer em termos de turismo. Após um inverno devastador, que acabou com toda a safra do norte do estado, Tuttle enviou a Flagler um punhado de flores de laranjeira a fim de mostrar que Miami tinha, sim, algo a oferecer. Após Tuttle ter concordado em ceder a Flagler parte de suas terras assim como William Brickell, o empresário concordou em ampliar a estrada de ferro.

Em 15 de abril de 1896, quando o primeiro trem chegou a Miami, todos os 300 moradores da região lá estavam e os jornais e revistas começaram a divulgar Miami como "o refúgio ensolarado dos Estados Unidos onde o inverno transforma-se em verão".

KEYS Não se sabe exatamente quando os primeiros europeus chegaram às Keys, mas é fato que com o aumento do número de expedições e da exploração da região, as ilhas passaram a ter destaque nas cartas náuticas. Muitas vidas foram perdidas nos traiçoeiros recifes de coral que circundam a região. As ilhas do arquipélago foram chamadas de "Keys" por causa do termo espanhol ***cayos***, que significa "pequenas ilhas".

Em 1763, quando os espanhóis cederam a Flórida aos ingleses em troca do porto de Havana, um comissário do rei da Espanha alegou que as ilhas, abundantes em peixes, tartarugas e mogno (madeira própria para a construção de navios) faziam parte de Cuba, pois ele temia que os ingleses construíssem fortalezas e passassem a dominar as rotas marítimas. Os ingleses, mesmo percebendo que o acordo firmado com os espanhóis era ambíguo, declararam que as ilhas faziam parte da Flórida e como tal deveriam ser ocupadas e defendidas. Tal alegação nunca foi contestada oficialmente e, ironicamente, em 1783, os ingleses devolveram as ilhas à Espanha, para que não caíssem nas mãos dos Estados Unidos. Todavia, em 1821, a Flórida inteira, incluindo as ilhas, tornou-se oficialmente parte do território americano.

Muitos dos moradores de Key West eram imigrantes vindos das Bahamas conhecidos como ***conchs*** (que se pronuncia "conks"), que chegaram em grande número à região a partir de 1830. No século XX, muitos dos moradores de Key West passaram a se autodenominar "conchs" e hoje o termo refere-se a qualquer um que viva em Key West. Em 1982, Key West e todas as outras ilhas do arquipélago declararam sua independência dos Estados Unidos, passando a se chamar ***Conch Republic*** como forma de protesto a um bloqueio organizado pela Patrulha de Fronteira Norte Americana, que foi montado na rodovia U.S.1, perto de Florida City, onde o extremo norte da Overseas Highway conecta-se ao continente. Este bloqueio foi montado em resposta ao êxodo de Mariel. Houve um congestionamento de 27 km que paralisou as Keys, pois os policiais paravam cada um dos carros que saía das ilhas à procura de potenciais imigrantes ilegais. 23 de abril é o dia da Celebração da Independência de Conch Republic, durante o qual ocorrem vários desfiles e festas.

EVERGLADES Graças aos esforços do mais importante defensor de Everglades, Ernest F. Coe, o Congresso aprovou, em 1934, o projeto de lei para a criação de um parque. Chamado pelos opositores de "lei dos jacarés e cobras do pântano", a lei não entrou em vigor durante o período da Grande Depressão e da Segunda Guerra Mundial. Finalmente, em 6 de dezembro de 1947, o presidente Harry S. Truman inaugurou oficialmente o Parque Nacional de Everglades e, no mesmo ano, Marjory Stoneman Douglas, lançou seu livro mais importante, ***The Everglades: River of Grass.***

FORT LAUDERDALE O nome Fort Lauderdale origina-se de uma série de três fortes construídos pelos Estados Unidos durante a Segunda Guerra Seminole. Entretanto, a cidade só começou a se desenvolver 50 anos após o fim do conflito. Os três fortes construídos foram chamados "Fort Lauderdale": o primeiro na bifurcação do rio New River, o segundo na região de Tarpon Bend e o terceiro perto de Bahia Mar Marina. O nome foi uma homenagem ao major William Lauderdale, comandante do destacamento de soldados que construiu o primeiro forte.

A região onde a cidade de Fort Lauderdale viria a ser fundada, foi habitada por mais de 1000 anos pelos índios Tequesta. No século XVI, o contato com os exploradores espanhóis foi desastroso para os índios, pois os europeus trouxeram consigo doenças, como a varíola, contra as quais os índios não tinham resistência. Para os Tequesta, as doenças e os constantes conflitos com seus vizinhos, os índios Calusa, contribuíram em grande parte para a diminuição de sua população ao longo dos dois séculos subsequentes. Em 1763, restavam poucos Tequesta na Flórida e a maior parte deles foi levada para Cuba quando a Espanha transferiu a posse da região à Inglaterra em 1763, sob os termos do Tratado de Paris (1763) que pôs fim à Guerra dos Sete Anos. Apesar do controle da região ter passado das mãos da Espanha para a Inglaterra, depois para os Estados Unidos e para os Estados Confederados da América, esta pouco se desenvolveu até o século XX. Somente em 1893, quando Frank Stranahan chegou à região para operar uma balsa ao longo do rio New River, e a estrada de ferro Florida East Coast Railroad chegou à região em 1896, é que Fort Lauderdale começou a se desenvolver de forma organizada. A cidade foi criada em 1911 e em 1915 foi designada oficialmente como parte do então recém-criado Condado de Broward.

Fort Lauderdale começou a crescer realmente nos anos de 1920. Em 1926, um grande furacão que devastou a cidade de Miami e a Crise de 1929 causaram um grande revés econômico, e no início da Segunda Guerra Mundial, Fort Lauderdale tornou-se uma grande base naval americana. Após o fim da guerra, vários militares retornaram à região, o que causou uma explosão demográfica maior que a dos anos de 1920. Atualmente, Fort Lauderdale é um importante centro de iatismo, um dos destinos turísticos mais importantes dos Estados Unidos e o centro de uma região metropolitana com mais de 1,8 milhão de habitantes.

PALM BEACH O Condado de Palm Beach foi criado em 1909. O nome originou-se do primeiro assentamento da região, Palm Beach, em virtude das palmeiras (*palms*) e praias (*beaches*) da região. o local surgiu a partir da metade norte do Condado de Dade. Após isso, a parte sul de Dade originou a parte norte do Condado de Broward, em 1915. No início dos anos de 1900, Henry Flagler teve um papel fundamental no desenvolvimento da região ao ampliar a ***Florida East Coast Railway*** desde Jacksonville, até Key West, passando por Palm Beach. Nos anos de 1920, o arquiteto Addison Mizner construiu várias casas cor de rosa, em estilo mediterrâneo, na região, as quais são amadas por uns e odiadas por outros. Palm Beach, além de ter-se tornado refúgio dos ricos e famosos, tornou-se também foco político durante a controversa recontagem de votos na eleição presidencial de 2000, dando 537 votos de vantagem para George W. Bush.

Índice

Veja também os índices de restaurantes e hospedagem.

Crédito das **Fotos**

p. viii: © Ken Ross / Viestiphoto.com, p. 3 acima: © Steve Vidler / Photolibrary.com, p. 3 abaixo: © Ken Ross / Viestiphoto.com, p. 4 acima: © Greg Johnston Photography, p. 4 abaixo: © Joe Viesti / Viestiphoto.com, p. 5 acima: © Alex Segre / Alamy Images, p. 5 abaixo: © Greg Johnston Photography, p. 6 acima: © Ken Ross / Viestiphoto.com, p. 6 abaixo: © Ken Ross / Viestiphoto.com, p. 7: © Andrew Itkoff Photography, p. 9: © Greg Johnston Photography, p. 10 acima: © Ken Ross / Viestiphoto.com, p. 10 abaixo: © Ken Ross / Viestiphoto.com, p. 11 acima: © Jeffrey Greenberg / Alamy Images, p. 11 abaixo: © Ken Ross / Viestiphoto.com, p. 13 © Ken Ross / Viestiphoto.com, p. 14 acima: © Marjorie Ochstein / cortesia Heritage Schooner Cruises, p. 14 abaixo: © Joe Viesti / Viestiphoto.com, p. 16: © Joe Viesti / Viestiphoto.com, p. 17: © Ken Ross / Viestiphoto.com, p. 19: © Ken Ross / Viestiphoto.com, p. 20 acima: © Greg Johnston Photography, p. 20 abaixo: © Joe Viesti / Viestiphoto.com, p. 21: © Greg Johnston Photography, p. 22: © Joe Viesti / Viestiphoto.com, p. 23: © Jeffrey Greenberg / Alamy Images, p. 25: © Andrew Itkoff Photography, p. 27: © Ken Ross / Viestiphoto.com, p. 28 acima: © Ken Ross / Viestiphoto.com, p. 28 abaixo: © Ken Ross / Viestiphoto.com, p. 29: © Ken Ross / Viestiphoto.com, p. 31: © Joe Viesti / Viestiphoto.com, p. 32 acima: © Richard I'Anson / Lonely Planet Images, p. 32 abaixo: © Joe Viesti / Viestiphoto.com, p. 33 acima: © Joe Viesti / Viestiphoto.com, p. 33 abaixo: © Joe Viesti / Viestiphoto.com, p. 35: © Ken Ross / Viestiphoto.com, p. 36: © Joe Viesti / Viestiphoto.com, p. 37: © Ken Ross / Viestiphoto.com, p. 39 acima: © Joe Viesti / Viestiphoto.com, p. 39 abaixo: © Joe Viesti / Viestiphoto.com, p. 40 acima: © Andrew Itkoff Photography, p. 40 abaixo: © Andrew Itkoff Photography, p. 41 acima: © Andrew Itkoff Photography, p. 41 abaixo: © Andrew Itkoff Photography, p. 42 acima: © Joe Viesti / Viestiphoto.com, p. 42 abaixo: © Joe Viesti / Viestiphoto.com, p. 43: © Joe Viesti / Viestiphoto.com, p. 44: © Joe Viesti / Viestiphoto.com, p. 48: © Andrew Itkoff Photography, p. 49 acima: © Andrew Itkoff Photography, p. 49 abaixo: © Joe Viesti / Viestiphoto.com, p. 50: © Andrew Itkoff Photography, p. 51: © Joe Viesti / Viestiphoto.com, p. 52 acima: © Andrew Itkoff Photography, p. 52 abaixo: © Jeffrey Greenberg / Alamy Images, p. 53: © Joe Viesti / Viestiphoto.com, p. 54 acima: © Joe Viesti / Viestiphoto.com, p. 54 abaixo: © Ken Ross / Viestiphoto.com, p. 55: © Joe Viesti / Viestiphoto.com, p. 56: © Ken Ross / Viestiphoto.com, p. 58: © Ken Ross / Viestiphoto.com, p. 59 acima: © Ken Ross / Viestiphoto.com, p. 59 abaixo: © Ken Ross / Viestiphoto.com, p. 61 acima: © Ken Ross / Viestiphoto.com, p. 61 abaixo: © Ken Ross / Viestiphoto.com, p. 63: © Ken Ross / Viestiphoto.com, p. 64 acima: © Ken Ross / Viestiphoto.com, p. 64 abaixo: © Ken Ross / Viestiphoto.com, p. 65: © Ken Ross / Viestiphoto.com, p. 67: © Joe Viesti / Viestiphoto.com, p. 68: © Ken Ross / Viestiphoto.com, p. 69: © Ken Ross / Viestiphoto.com, p. 70: © Ken Ross / Viestiphoto.com, p. 71: © cortesia Andrew Meade / Meat Market Restaurant, p. 72: © Joe Viesti / Viestiphoto.com, p. 75: © Joe Viesti / Viestiphoto.com, p. 77: © cortesia Michael Katz Photography / Blue Door at Delano, p. 78: © Joe Viesti / Viestiphoto.com, p. 79 acima: © Ken Ross / Viestiphoto.com, p. 79 abaixo: © Ken Ross / Viestiphoto.com, p. 82: © Joe Viesti / Viestiphoto.com, p. 83: © Ken Ross / Viestiphoto.com, p. 84: © Ken Ross / Viestiphoto.com, p. 85: © Joe Viesti / Viestiphoto.com, p. 87 acima: © Ken Ross / Viestiphoto.com, p. 87 abaixo: © Jeffrey Greenberg / Alamy Images, p. 88: © Ken Ross / Viestiphoto.com, p. 89: © Ken Ross / Viestiphoto.com, p. 90: © Ingolf Pompe 9 /Alamy Images, p. 92: © Ken Ross / Viestiphoto.com, p. 94: © Ken Ross

/ Viestiphoto.com, p. 95: © cortesia Mokai, p. 96: © Ken Ross / Viestiphoto.com, p. 97: © Ken Ross / Viestiphoto.com, p. 98: © Ken Ross / Viestiphoto.com, p. 99: © cortesia Jonas Grabamick / SET, p. 100: © Ken Ross / Viestiphoto.com, p. 102: © Ken Ross I Viestiphoto. com, p. 103: © Larry French / Getty Images, p. 104: © Robin Hill/cortesia Ballet Flamenco La Rosa, p. 107 acima: © Ken Ross / Viestiphoto.com, p. 107 abaixo: © cortesia Gary T'To / New World Symphony, Miami, p. 108: © Ken Ross / Viestiphoto.com, p. 109, © Ken Ross / Viestiphoto.com, p. 110: © Ken Ross / Viestiphoto.com, p. 111: © Clive Brunskill / Getty Images, p. 112 acima: © Jeffrey Greenberg / Alamy Images, p. 112 abaixo: © Lynne Sladky / AP Wide World Photos, p. 113: © cortesia Viceroy, Miami, p. 114: © Ken Ross / Viestiphoto. com, p. 119: © Ken Ross / Viestiphoto.com, p. 120: © Joe Viesti / Viestiphoto.com, p. 121: © Joe Viesti / Viestiphoto.com, p. 122: © Ken Ross / Viestiphoto.com, p. 123: © Ken Ross / Viestiphoto.com, p. 124 acima: © cortesia The Raleigh, p. 124 abaixo: © Andrew Itkoff Photography, p. 125 acima: © Jeffrey Greenberg / Alamy Images, p. 125 abaixo: © Ken Ross / Viestiphoto.com, p. 126: ©Ken Ross/Viestiphoto.com, p. 127: © cortesia The Standard, Miami, p. 129: © Greg Johnston Photography, p. 131 acima: © Joe Viesti / Viestiphoto.com, p. 131 abaixo: ©Joe Viesti/ Viestiphoto.com, p. 132 acima: © Joe Viesti / Viestiphoto.com, p. 132 abaixo: © Andrew Itkoff Photography, p. 133: © Joe Viesti / Viestiphoto.com, p. 135: © Flagler Museum, p. 136: © Joe Viesti / Viestiphoto.com, p. 137: © Joe Viesti / Viestiphoto. com, p. 139: © Ken Ross / Viestiphoto.com, p. 140: © Witold Skrypczak / Lonely Planet Images, p. 141: © Ken Ross / Viestiphoto.com, p. 143: © Greg Johnston Photography, p. 145:

Notas

Notas

Notas